U0362084

产业智能化背景下员工技能培训研究

张双志 著

南开大学出版社

天　津

图书在版编目(CIP)数据

产业智能化背景下员工技能培训研究 / 张双志著
. 一天津：南开大学出版社，2022.12(2023.9 重印)
ISBN 978-7-310-06372-7

Ⅰ.①产… Ⅱ.①张… Ⅲ.①企业管理－职工培训
Ⅳ.①F272.921

中国版本图书馆 CIP 数据核字(2022)第 242105 号

产业智能化背景下员工技能培训研究
CHANYE ZHINENGHUA BEIJINGXIA YUANGONG JINENG PEIXUN YANJIU

南开大学出版社出版发行
出版人：陈　敬
地址：天津市南开区卫津路 94 号　　邮政编码：300071
营销部电话：(022)23508339　营销部传真：(022)23508542
https://nkup.nankai.edu.cn

河北文曲印刷有限公司印刷　全国各地新华书店经销
2022 年 12 月第 1 版　　2023 年 9 月第 2 次印刷
230×170 毫米　16 开本　14.75 印张　2 插页　232 千字
定价：75.00 元

如遇图书印装质量问题，请与本社营销部联系调换，电话：(022)23508339

前　言

　　随着经济全球化红利的递减，中国经济的发展动能也开始从要素驱动转向创新驱动。技能作为驱动创新发展中一股不可忽视的人力资本力量，受到越来越广泛的关注。塑造产业工人人力资本的技能形成体系，可分为以员工技能培训为主的内部培训供给系统和以职业学校、市场化培训机构为主的外部培训供给系统。相较而言，已有文献对职业学校开展培训的研究颇为丰富，而员工技能培训作为技能形成的内部积累方式，却没能引起学界的足够重视。二战后德国和日本的工业复兴史都表明，调动企业投资员工技能培训以充分开发人力资源，对于促进经济社会的快速发展至关重要。那么，在众多影响企业投资员工技能培训的因素中，技术进步是广受关注的焦点之一。人工智能在与产业的融合发展过程中，会给员工技能培训带来怎样的影响，需要在经验层面得到系统性研究，以期为劳动技能的培养提供职业技术教育学视野的学科关照。

　　一般来说，"机器换人"并非当前劳动力市场面临的主要问题，人工智能引发工作任务变革的不确定性才是问题的关键。那么，企业需要培育一种鼓励员工不断学习的文化，以适应不断被技术变革的工作任务，从而在智能增强型工作场景中提升企业的创新绩效。鉴于此，本书的研究问题可表述为，探讨产业智能化是否会提升企业对员工技能培训的投资力度，继而从人力资本的角度给企业带来创新收益。为了系统解决此问题，可将其进一步分解为以下三个子问题：首先，产业智能化对员工技能培训是否具有提升效应；其次，在提升效应的基础上，进一步论证员工技能培训对创新的影响效应，以及产业智能化加持员工技能培训是否会产生更大的创新绩效；最后，结合计量分析结果，阐述如何从政策主体、议题和工具层面去系统推进员工技能培训。

　　技术进步虽然是塑造技能形成体系的内生动力，但从研发创新到商业化生产之间存在一段"知识距离"，需要借助员工的劳动技能形成组织吸收能力，从而产生员工劳动技能的创新收益。然而，现有文献却大多绕过组织来考察技术进步是如何影响制度变迁的，无形之中将组织场域视为"黑箱"，忽略了组织选择是技术进步诱发制度变迁的重要因素。因此，在新制度主义的"技术—制度"分析维度中引入组织要素，并进一步对西方发达国家的技能形成体系展开考察，本研究发现在解决员工技能培训所面临的市场失灵问题时，英国和德国选择了截然不同的施政策略。不同的政策选择导致不同的发展结果，即奉行自由市场模式的英国已滑入低技能均衡发展的陷阱，与之相反，德国的嵌入社会模式推动了高技能均衡发展的形成。鉴于此，"技术→组织→制度"分析框架的建构，有助于在产业智能化背景下，为员工技能培训的研究提供切入视角。

"人机共生"是指智能化生产背景下的一种新型雇佣方式，强调人工智能在拓展人类能力的同时，人类也在不断优化人工智能的技术性能，这明显区别于流水线生产系统里的"机器换人"。那么，中国情境下的产业智能化，是否提升了企业对员工技能培训的投资，需要在经验层面得到相关数据的检验。接下来，基于技术—组织维度，对产业智能化提升员工技能培训进行分析，并通过特征事实描述和计量模型检验，分别论证产业智能化对员工技能培训的提升效应。实证结果提示，产业智能化与员工技能培训都具有技术偏向性，即技术水平越高的产业越有可能与人工智能实现融合发展，也越有动力投资员工技能培训。进一步，对人工智能技术进行"智能""云""数据""物联"以及"机器学习"等关键词区分后，本研究发现产业智能化对员工技能培训的提升效应仍然成立。

但企业投资员工技能培训并不是主要目的，而在于通过培训优化其人力资本结构，为企业在创新驱动发展时代筑牢竞争优势。鉴于此，先从组织—制度维度出发，对员工技能培训塑造创新进行分析；接着基于技术—组织—制度维度，对产业智能化加持员工技能培训塑造创新进行分析。计量分析结果显示，产业智能化在提升员工技能培训的同时，也会对员工技能培训的创新绩效产生调节作用。换言之，随着产业智能化水平的提升，企业对员工技能培训的投资力度会逐渐增大，员工技能培训的创新绩效也会更加明显。可见，产业智能化与员工技能培训在提升创新绩效的过程中，产生了"1+1>2"的协同效应。上述实证研究结果，在产业异质性、技术异质性以及考虑内生性问题后的检验中仍然成立，说明研究结论具有较高的可信度。

　　结合实证研究结果，构建以政府为主导、企业为主体、社会伙伴广泛参与的新时代产业工人技能形成体系，既是服务创新驱动发展战略的重要任务，也是牵引全书研究内容展开的价值导向。鉴于此，本书从多元平等的政策主体、协商共治的政策议题以及多管齐下的政策工具出发，对员工技能培训的政策进行系统化设计；提出"区块链+培训"的政策信息化构想，认为区块链在破解中心化治理难题的同时，有助于员工技能培训政策从理论设计到应用落地，从而增强技能形成体系的治理效能。接下来，基于研究结论提出以下几条实施路径：一是发挥技能人才作用，助推智能制造发展；二是整合优化资源配置，构建技能形成体系；三是统筹实训基地建设，推动员工技能培训；四是完善学分银行制度，赋值技能培训成果；五是以信息技术为媒介，提升培训政策效能。

目 录

第一章　绪论

第一节　研究背景

在中国经济发展动能从要素驱动转向创新驱动的过程中,以人工智能为代表的新一代信息技术,正在全面重塑产业的生产系统,也相应引发了劳动技能需求的不确定性变革。基于未来工作模型,麦肯锡全球研究院预测到 2030 年,大约有 30% 的中国劳动者(多达 2.2 亿人口),可能会由于产业智能化的不断推进而面临着职业变更的危机[①]。这就要求政府、企业、员工等利益攸关方对此引起高度重视,并积极探索如何实现技能的转型升级。由于学历教育在提供技能发展资源和获取渠道方面的作用较为有限,以培训为主要组成部分的非正式学习,开始受到各方的广泛关注。突破了时间和空间限制的培训,能够为所有人(不局限于学龄人群),提供实时在线的覆盖所有内容(从"硬技能"到"软技能")的终身学习。那么,企业投资员工技能培训作为终身学习的一部分,不仅有助于为自身塑造持续性的竞争优势,还能有效填补市场需求与人才培养之间存在的技能缺口,成为当前推动技能转型升级的重要举措。

一、员工技能培训丰富现代职业教育

2017 年,习近平总书记在党的十九大报告中,明确提出要"完善职业教育和培训体系"[②],这标志着构建学历教育和培训一体化的现代

---

① Jonathan Woetzel, Jeongmin Seong, Nick Leung, et al. Reskilling China: Transforming the World's Largest Workforce into Lifelong Learners[R]. McKinsey Global Institute, 2021.

② 习近平. 决胜全面建成小康社会 夺取新时代中国特色社会主义伟大胜利——在中国共产党第十九次全国代表大会上的报告[EB/OL]. (2017-10-27) [2021-05-15]. http://www.xinhuanet.com/politics/19cpcnc/2017-10/27/c_1121867529.htm.

职业教育体系，上升为国家战略安排。《国家职业教育改革实施方案》也再次确认"完善学历教育与培训并重的现代职业教育体系，畅通技术技能人才成长渠道"[①]。从"层次教育"转向"类型教育"的职业教育，也更加明确其自身的定位、功能和作用，确立在国家人才培养体系中的独特位置[②]。产教融合作为深化教育链、人才链与产业链、创新链有机衔接的载体，推动了企业与职业学校在课程设置、教材编撰、实训基地、技术研发等领域展开深入合作，这也符合职业教育"服务发展、促进就业"的办学方向。2019年颁布的《职业院校全面开展职业培训 促进就业创业行动计划》也明确提出"实施学历教育与培训并举是职业院校（含技工院校）的法定职责"[③]，这有助于进一步突破学历教育的束缚，从终身学习的角度重新审视职业技能培训对培养技术技能人才的重要价值。

现有文献对职业学校开展职业技能培训的相关研究颇为丰富，而企业作为开展职业技能培训的重要主体性角色，却没能引起学界的足够重视。企业作为直接面向生产系统的组织，提供职业技能培训，无疑有助于在提升员工技能水平的同时，从技能角度塑造企业的创新能力，继而为构建新发展格局提供有力的人才支撑。2017年，中共中央、国务院印发了《新时期产业工人队伍建设改革方案》，明确提出"建立完善政府为主导、企业为主体、职业院校为重点、校企合作为基础、社会各方面包括工会广泛参与的多层次、多结构的职业教育培训格局"[④]。将企业确立为职业技能培训的主体，是我国构建新时代产业工人技能形成体系的关键性举措。当然，企业在职业教育体系中的地位，也经历了从参与主体到举办主体的演化过程。

---

① 国务院关于印发国家职业教育改革实施方案的通知[EB/OL].（2019-02-13）[2021-05-15]. http://www.gov.cn/zhengce/content/2019-02/13/content_5365341.htm.

② 教育部职业教育与成人教育司. 从"层次"到"类型" 职业教育进入高质量发展新阶段——"十三五"期间职业教育发展有关情况介绍[EB/OL].（2020-12-08）[2021-03-17]. http://www.moe.gov.cn/fbh/live/2020/52735/sfcl/202012/t20201208_503998.html.

③ 教育部办公厅等十四部门关于印发《职业院校全面开展职业培训 促进就业创业行动计划》的通知[EB/OL].（2019-11-18）[2021-05-15]. http://www.moe.gov.cn/srcsite/A07/zcs_zhgg/201911/t20191118_408707.html.

④ 中共中央、国务院印发《新时期产业工人队伍建设改革方案》[EB/OL].（2017-06-19）[2021-05-15]. http://www.gov.cn/xinwen/2017-06/19/content_5203750.htm.

1991 年，国务院在《关于大力发展职业技术教育的决定》中，将企业的作用表述为"要充分发挥企业在培养技术工人方面的优势和力量"。随着经济社会的发展，企业在职业教育体系中的地位也愈发受到重视。2017 年，国务院办公厅在《关于深化产教融合的若干意见》中，首次专章提出"强化企业重要主体作用"，并要求"强化企业职工在岗教育培训"①。2021 年，《中华人民共和国国民经济和社会发展第十四个五年规划和二〇三五年远景目标纲要》也明确提出"鼓励企业开展岗位技能提升培训"②。

当然，我国为"落实企业职工培训制度，足额提取教育培训经费"，主要从需求侧改革出发，设计了相关税收优惠政策，以拉动企业在员工技能培训方面的需求。从 2006 年开始，财政部和税务总局在《关于企业职工教育培训经费提取与使用管理的意见》中，将此项税收优惠政策进一步细化，职工教育培训经费的税前扣除比例也从工资总额的 1.5%一路提升至 8%。可见，"国家在场"是我国现代职业教育体系改革的鲜明特色，国家主导了产业工人技能形成的制度设计。时隔 26 年，新修订的《中华人民共和国职业教育法》在 2022 年 5 月 1 日正式施行，对企业提取和使用职工教育经费的规则作了明确规定，且要求将企业开展职业教育的情况纳入企业社会责任报告之中③。

表 1-1 列举了 20 世纪 90 年代以来，涉及企业参与职业教育的 31 项政策清单，这里不再对政策中的相关表述进行赘述。

表 1-1　企业参与职业教育相关的政策汇总

政策名称	颁布部门	颁布时间
关于大力发展职业技术教育的决定	国务院	1991 年
中华人民共和国职业教育法	全国人大常委会	1996 年
关于大力推进职业教育改革与发展的决定	国务院	2002 年
关于大力发展职业教育的决定	国务院	2005 年

---

① 国务院办公厅关于深化产教融合的若干意见[EB/OL].（2017-12-19）[2021-05-15]. http://www.gov.cn/zhengce/content/2017-12/19/content_5248564.htm.

② 中华人民共和国国民经济和社会发展第十四个五年规划和 2035 年远景目标纲要[EB/OL].（2021-03-13）[2021-05-15]. http://www.gov.cn/xinwen/2021/03/13/content_5592681.htm.

③ 中华人民共和国职业教育法[EB/OL].（2022-04-20）[2022-04-26]. http://www.npc.gov.cn/npc/c30834/202204/04266548708f44afb467500e809aa9cf.shtml.

续表

政策名称	颁布部门	颁布时间
关于进一步加强高技能人才工作的意见	中共中央办公厅等	2006 年
关于企业职工教育培训经费提取与使用管理的意见	财政部等	2006 年
关于企业工资薪金和职工福利费等支出税前扣除问题的公告	税务总局	2009 年
国家中长期教育改革和发展规划纲要（2010—2020年）	国务院	2010 年
关于加快发展现代职业教育的决定	国务院	2014 年
现代职业教育体系建设规划（2014—2020 年）	教育部等	2014 年
关于开展现代学徒制试点工作的意见	教育部	2014 年
新时期产业工人队伍建设改革方案	中共中央、国务院	2017 年
关于深化产教融合的若干意见	国务院办公厅	2017 年
关于企业职工教育经费税前扣除政策的通知	财政部等	2018 年
关于推行终身职业技能培训制度的意见	国务院	2018 年
职业学校校企合作促进办法	教育部等	2018 年
关于全面推行企业新型学徒制的意见	人社部等	2018 年
关于在院校实施"学历证书+若干职业技能等级证书"制度试点方案	教育部等	2019 年
建设产教融合型企业实施办法（试行）	国家发改委等	2019 年
职业技能提升行动方案（2019—2021 年）	国务院	2019 年
国家职业教育改革实施方案	国务院	2019 年
关于实施中国特色高水平高职学校和专业建设计划的意见	教育部等	2019 年
职业院校全面开展职业培训 促进就业创业行动计划	教育部等	2019 年
国家产教融合建设试点实施方案	国家发改委等	2019 年
关于实施职业技能提升行动"互联网+职业技能培训计划"的通知	人社部等	2020 年
关于支持企业大力开展技能人才评价工作的通知	人社部办公厅	2020 年
现代产业学院建设指南（试行）	教育部办公厅等	2020 年
本科层次职业教育专业设置管理办法（试行）	教育部办公厅	2021 年

政策名称	颁布部门	颁布时间
"技能中国行动"实施方案	人社部	2021 年
关于推动现代职业教育高质量发展的意见	中共中央办公厅等	2021 年
中华人民共和国职业教育法	全国人大常委会	2022 年

二、产业智能化背景下员工技能培训推动技能转型升级

2019 年 9 月，国际机器人联盟（IFR）在其发布的新闻通稿中，对世界主要制造业大国的自动化水平进行了评估排名，韩国以每万名员工拥有 774 台机器人的数量位居全球第一，远远高于日本的 327 台、美国的 217 台和中国的 140 台[①]。已成为"世界工厂"的中国，在全球制造业价值链中占据了关键的一环，也在劳动力成本持续上涨的压力下，加快推动产业链从"微笑曲线"的低端向中高端迈进。2019 年的《政府工作报告》，首次提出"智能+"概念，并且明确要求"打造工业互联网平台，拓展'智能+'，为制造业转型升级赋能"。可见，以人工智能为代表的新一代信息技术，在赋能生产系统自动化、数字化和智能化的过程中，助推我国从制造业大国转向制造业强国，"智能+"也自然成为推进我国社会主义现代化建设的重要战略安排。

然而，提升每万名员工拥有的机器人数量，也就意味着从事重复性体力劳动的工作岗位将会大幅减少。若不能及时更新和丰富生产车间一线工人的技能组合，承担了全国约 20% 就业岗位的制造业，可能会成为失业的重灾区，这将对整个经济社会发展带来不可忽略的负面影响。换言之，在中国经济发展动能从要素驱动转向创新驱动的过程中，数据不仅引发生产要素的重组，也相应推动技术、资本、劳动力、土地等传统生产要素的智能化转型。在此过程中，产业工人为了适应生产系统的新变化，需要主动接受新技术下的技能培训，以便在生产车间熟练掌握和使用智能化生产工具的解决方案。20 世纪 80 年代初，东南沿海地区盛行的"三来一补"（来料加工、来样加工、来件装配和补偿贸易）模式，所采取的简单培训即可上岗的用工方式，已不适应当前的生产系统

---

① World Robot Summit 2018. The World Robotics Report[R]. International Federation of Robotics (IFR), 2019.

的实际需要。

人工智能时代的劳动力市场，将面临着职业的快速更迭，工作岗位的任务也愈发具有不确定性，劳动者需要不断接受再培训以掌握新的技能，一场规模空前的技能转型势在必行。然而，当前的教育体系很难完全满足生产系统对劳动技能的需求，高学历、高技能人才的缺口，可能会对中国经济社会的中长期发展带来消极影响。

根据人力资源社会保障部的统计数据可知，技能劳动者在制造业的缺口可能在 2025 年超过 3000 万[①]，这引起了决策层的高度重视。与工业发达国家相比，我国的高技能人才仅占就业人员的 6.2%，而德国的这一比例高达 50%，日本的占比也在 40% 以上[②]。因此，2019 年的《政府工作报告》提出"从失业保险基金结余中拿出 1000 亿元，用于 1500 万人次以上的职工技能提升和转岗转业培训"。随后，国务院办公厅出台《职业技能提升行动方案（2019—2021 年）》，明确要求到 2021 年底培训 5000 万人次以上，实现技能劳动者占就业人员总量的比例达到 25% 以上，高技能人才占技能劳动者的比例达到 30% 以上[③]。

为了达成此目标，单纯依靠学历教育显然是不足以应对的，故以培训为代表的非正式学习，开始受到社会各界的青睐。人工智能加持下的产业结构转型升级，在推动劳动力市场技能需求类型的深层次变革的同时，也凸显出由企业提供技能培训，在应对技能转型升级方面的重要性。通常来说，培训在面向所有人（不局限于学龄人群），提供全天候、全覆盖的所有知识学习方面具有独特优势，可以满足劳动者日益增长的多元化学习需求。

那么，员工技能培训之所以能够推动技能转型升级，主要在于其满足以下三点关键要素：

一是员工技能培训对象不局限于 2.43 亿人口的学龄人群，将学习者的范围拓展到整个劳动力队伍，这一人口数量将大幅增至 7.75 亿人

---

① 教育部 人力资源社会保障部 工业和信息化部关于印发《制造业人才发展规划指南》的通知[EB/OL].（2017-02-14）[2021-04-12]. http://www.moe.gov.cn/srcsite/A07/moe_953/201702/t20170214_296162.html.

② 我国技能劳动者超 1.65 亿人 高技能人才占就业人员仅 6%[EB/OL].（2018-01-25）[2021-05-15]. http://news.china.com.cn/2018-01/25/content_50298983.htm.

③ 国务院办公厅关于印发职业技能提升行动方案（2019—2021 年）的通知[EB/OL].（2019-05-24）[2021-04-08]. http://www.gov.cn/zhengce/zhengceku/2019-05/24/content_5394415.htm.

口[①]。技术以指数级的速度进行迭代更新，导致教科书里的知识在墨迹尚未干燥之时就面临着已经过时的窘境。劳动者为了适应智能时代的工作任务变化，需要采取更加灵活和便捷的学习方式，以提升自身的知识、技能与能力。岗位技能培训作为与工作任务紧密联系的学习方式，也一跃成为学习者能够持续终身学习的有效抓手。

二是员工技能培训内容不局限于阅读、数学等"硬技能"的传授，更加重视高认知技能、社会和情感沟通技能等"软技能"的培养。一般来说，"机器换人"并非当前劳动力市场面临的主要问题，人工智能引发工作任务变革的不确定性才是问题的关键。产业智能化在将劳动者从脏、乱、危险的工作岗位中解放出来的同时，也加快了体力与人工操作技能、基本认知技能所匹配职业的消失速度。而不能被机器人在短时间内所取代的程序性工作，也成为劳动力市场中新的就业增长点，刺激了劳动者对与之相关的技能培训需求。

三是员工技能培训方式不局限于线下的课堂教学，积极借助互联网、虚拟现实、增强现实、数字孪生等信息技术拓展学习方式。知识生产模式从 2.0 向 3.0 转型的过程中，也引发了以"学习者为中心"的教育理念与实践的转向，即教育系统应服务于学习者的个性化、可持续与终身化学习。新一代信息技术赋能下的学习变革，有助于告别传统课堂教学存在的"满堂灌"弊病，也能通过虚拟现实、数字孪生等技术，将课堂教学内容比较快地投射到虚拟空间进行全息演习，实现从理论到实践的无缝衔接。

第二节 研究问题与价值

一、研究问题

《中共中央关于制定国民经济和社会发展第十四个五年规划和二〇三五年远景目标的建议》对"十四五"时期"建设高质量教育体系"作

① Jonathan Woetzel, Jeongmin Seong, Nick Leung, et al. Reskilling China: Transforming the World's Largest Workforce into Lifelong Learners[R]. McKinsey Global Institute, 2021.

出整体谋划，明确要求"加大人力资本投入，增强职业技术教育适应性"①。塔尔科特·帕森斯在"AGIL"社会系统理论中，将"适应性"（Adaptation）定义为能够确保从环境中获得系统所需要的资源，并在系统内加以分配，认为这对系统整体的生存、均衡和整合发挥着必不可少的作用②。当前，新一轮科技创新席卷产业革命汹涌而来，颠覆了福特流水线生产系统所创造的"以产定销"模式，要求加快生产系统的重组与再造，以适应消费市场的下沉细分变化。特别是，人工智能的第三次发展热潮，引发了学科交叉融合、科学与技术并重以及场景应用导向的多重变革，也深刻影响了全球主要大国综合国力的竞争格局。

对此，习近平总书记指出"劳动者素质对一个国家、一个民族发展至关重要。当今世界，综合国力的竞争归根到底是人才的竞争、劳动者素质的竞争"。那么，职业技术教育作为与经济社会发展联系最为密切的类型教育，为社会主义现代化建设提供了强有力的技术技能人才支撑。由此可知，增强职业技术教育的适应性，在于造就一支高素质的产业工人队伍，继而从人力资本的视角，推动我国从制造大国向制造强国转变、深化产业结构转型升级以及实现经济社会高质量发展，筑牢人力资源梯次合理的根基。

涵盖职业教育和培训体系的职业技术教育，在培养产业工人队伍的过程中存在两条基本路径：一条是通过职业学校为产业工人提供必要的阅读、计算等基础知识学习；另一条是通过职业技能培训为产业工人提供基于工作现场的知识学习。第二次世界大战后德国和日本的工业复兴史表明，调动企业投资员工技能培训以充分开发人力资源，对于促进经济社会的快速发展至关重要。

马克思曾指出：人是生产力中最活跃的因素③。技能依附于人存在，而人也因技能主导生产系统的运转。换言之，人作为技能得以依附的载体，也使得技能这一主题始终围绕着人运转，也只有人才能将技能转化

① 中共中央关于制定国民经济和社会发展第十四个五年规划和二〇三五年远景目标的建议[EB/OL].（2020-11-03）[2021-05-15]. http://news.cnr.cn/native/gd/20201103/t20201103525318585.shtml.

② 塔尔科特·帕森斯. 现代社会的结构与过程[M]. 梁向阳译. 北京：光明日报出版社，1988：132.

③ 本报评论员. 努力建设高素质劳动大军——三论深入学习贯彻习近平总书记在全国劳动模范和先进工作者表彰大会上的重要讲话[N]. 光明日报，2020-11-27（001）.

为生产力。那么，企业作为直接面向生产系统的一线组织，其提供职业技能培训，无疑有助于提升员工的技能水平和创新能力，从而为构建新发展格局提供有力的人才支撑。

美国在 20 世纪的崛起，与其制造业的强盛息息相关，然而从 70 年代末开始的"去工业化"战略，形成了"研发在国内、生产在国外"的产业格局。制造业的衰落引发美国经济"脱实向虚"，大卫·梯斯对此无不忧虑地认为"对于一个创新型国家而言，没有必要的制造业基础，创新企业可能也无法生存，即使他们最擅长创新"[①]。从奥巴马政府开始，美国先后制定了一系列复兴制造业的政策措施。当然，美国复兴的制造业并不是传统制造业，而是新一代信息技术和制造业深度融合的先进制造业。

随着美国制造业岗位需求发生新的变化，掌握科学、技术、工程和数学（STEM）知识与技能的劳动力出现供给短缺现象。为避免由于劳动者技能不匹配，而减缓先进制造业的发展速度，美国政府先后实施了"制造工作者培训计划""STEM 学徒培训计划"等措施，通过政府的强势介入整合各方资源，以加大职业技能培训的投资，弥补劳动技能与制造业需求之间存在的差距。

可见，新一代信息技术加持的产业革命，对劳动技能提出了更高层次要求，"懂技术会创新"的产业工人成为实施创新驱动发展的骨干力量。那么，在众多影响企业投资员工技能培训的因素中，技术进步是广受关注的焦点之一。从工场手工生产系统的技术技能并重、流水线生产系统的去技能化到信息化生产系统的再技能化，都揭示了技术进步是驱动技能演化的内生动力。人工智能作为当前技术进步的最主要代表，其与产业的融合发展，会对企业投资员工技能培训造成怎样的影响，需要在经验层面得到系统性的实证研究。

技能形成体系既是推进国家创新的基础制度安排，也是产业工人分享发展成果、融入社会的基本路径。从加里·贝克尔到德隆·阿西莫格鲁为代表的一大批经济学家，都认为劳动技能有助于推动一国经济社会的发展，特别是对于长期经济增长来说是不可忽视的因素[②]。但贝克尔

---

① David J. Teece. Explicating Dynamic Capabilities: The Nature and Microfoundations of (Sustainable) Enterprise Performance[J]. Strategic Management Journal, 2007, 28(6): 1319-1350.

② 王星. 制度优化促本土技能形成[N]. 中国社会科学报, 2017-05-17（005）.

对技能的二元划分过于理想化，且没能找到造成企业投资员工技能培训疲软的根源。基于工资挤压效应，阿西莫格鲁对企业投资通用性技能培训的组织选择进行了系统性研究，认为企业能够获取劳动生产率产出绩效与通用性技能培训投资之间的"剪刀差"利润，从而回应了通用性技能培训可能会存在的"挖人外因"、收益不确定等外部性问题，为驱动企业投资员工技能培训提供了理论解释。

技能均衡理论认为，企业的研发创新投入强度决定了其能否为劳动力市场创造"好工作"，当有好工作出现的时候劳动力就会有足够的动力去参与职业技能培训，以提升自身的劳动技能去竞争好工作从而获取高工资。因此，"技能短缺"问题的解决，不仅需要考虑如何提高技能供给量，还需要考虑如何刺激技能需求量。2020年12月，中央经济工作会议从扩大内需这个战略基点，提出"要完善职业技术教育体系，实现更加充分更高质量就业"①，也正是从依靠科技创新促进制造业高质量发展的角度来刺激技能需求量，从而推动职业技能培训的供给侧结构性改革。人工智能进入劳动力市场的关键问题，不在于它是否会通过取代劳动力来引发工作岗位数量的变化，而在于其通过对工作任务的变革来创造新产品和新服务。由此，企业需要培育一种鼓励员工不断学习的文化，以适应不断被技术变革的工作任务，从而在智能增强型工作场景中提升创新能力。可见，研究员工技能培训对于完善现代职业教育体系，从劳动技能视角服务国家创新驱动发展战略具有重要的现实价值。

鉴于此，本书的研究问题可表述为，探讨产业智能化是否会提升企业对员工技能培训的投资力度，继而从人力资本的角度带来创新绩效。显然，企业投资员工技能培训并不是主要目的，而在于通过培训优化其人力资本结构，为企业在激烈的市场竞争中筑牢发展优势。因此，为了系统化解决研究问题，将其进一步分解为以下三个子问题：第一，产业智能化对员工技能培训是否具有提升效应；第二，在提升效应的基础上，进一步论证员工技能培训的创新绩效，以及产业智能化加持员工技能培训的创新绩效；第三，结合实证结果，论述在产业智能化背景下，如何从政策层面去推进员工技能培训。显然，该问题的解决为加快推进"制

---

① 中央经济工作会议在北京举行——习近平李克强作重要讲话 栗战书汪洋王沪宁赵乐际韩正出席会议[EB/OL].（2020-12-19）[2021-05-15]. http://politics.people.com.cn/n1/2020/1219/c1024-31971922.html.

造强国"战略的中国实践，提供了职业技术教育学视野的学科思考，也为塑造产业工人技能的政策制定带来了相关启示。

二、研究价值

现有文献主要从学历教育视角，探讨外部供给对产业工人技能形成的影响，相对忽视了作为内部供给的员工技能培训对产业工人技能形成所带来的积极作用。显然，这种绕过员工技能培训来考察技术是如何影响技能形成体系变革的研究，无形之中将技能的内部积累方式视为"黑箱"，忽略了企业投资员工技能培训是技术进步诱发技能形成体系变革的重要因素。换言之，既有文献对技术在社会治理中的变革角色及作用多有关注，却对技术如何实现社会治理创新的具体路径仍然语焉不详。那么，当前文献的不足为梳理本研究的价值留下了有效的边界拓展空间。接下来，依次论述本研究的学术价值和应用价值。

（一）学术价值

第一，培训作为现代职业教育体系的重要组成部分，突破了学历教育的时间和空间限制，能够为所有人提供从"硬技能"到"软技能"的知识学习。那么，作为现代职业教育重要主体的企业，自然也是推动培训高质量发展的行动者。企业投资员工技能培训，不仅有助于为自身塑造持续性的竞争优势，还能有效填补市场需求与人才培养之间存在的技能缺口，成为当前推动技能转型升级的重要举措。鉴于此，本研究基于"技术→组织→制度"的分析框架，对产业智能化背景下的员工技能培训展开系统性研究，对于拓展现有的职业教育文献的研究边界具有一定价值。

第二，通过对德国、日本、美国、英国等发达国家的工业发展史进行梳理，研究发现技能形成体系的差异化，会导致这些国家在产业创新能力方面存在分化现象，随之引申出技能形成领域的"比较制度优势"概念。换言之，技术进步虽然是塑造技能形成体系的内生动力，但从研发创新到批量生产之间存在一段"知识距离"，需要借助员工的劳动技能形成组织吸收能力，从而实现产业工人技能形成体系的创新绩效。因此，本研究先基于技术—组织维度，对产业智能化提升员工技能培训进行分析；在此基础上，从组织—制度维度出发，对员工技能培训的创新绩效进行分析；最后，基于技术—组织—制度维度，对产业智能化加持员工技能培训的创新绩效进行分析。上述分析是否正确，需要在经验层面得到相关数据的检验。鉴于此，本研究通过大数据挖掘方法，从企查查全样本数据库中搜集、清洗和整理出一套可以测度产业智能化的微观数据，为实证研究的有效推进奠定了基础，在一定程度上有效拓展了现有文献的研究视野。

第三，现有文献缺乏对产业智能化背景下员工技能培训政策设计的探讨，这对于加快推进"制造强国"战略而言显然是不足的。鉴于此，本研究结合实证结果，从多元平等的政策主体、协商共治的政策议题以及多管齐下的政策工具出发，系统性架构了产业智能化背景下的员工技能培训政策；提出"区块链+培训"的政策信息化构想，认为区块链在破解中心化治理难题的同时，有助于员工技能培训政策从理论设计到应用落地，从而增强技能形成体系的治理效能。

（二）应用价值

社会科学一个基本和传统的学术议题就是理论指导实践，即系统性探讨产业智能化背景下员工技能培训的提升效应、创新绩效与政策设计，不是单纯为了研究而研究，而是为了在新一代信息技术革命下更好地塑造产业工人的劳动技能，从而为服务创新驱动发展战略的实施，提供职业技术教育学视野的学科关照。因此，本研究的应用价值体现在以下两个方面。

就政府治理而言，通过一系列实证分析获得了产业智能化具有技能偏向性、产业智能化可以提升员工技能培训水平、员工技能培训有助于塑造创新、产业智能化加持员工技能培训更能塑造创新的研究结论，为政府在推进新一代信息技术与制造业深度融合的背景下，设计服务于产业工人技能形成体系的员工技能培训政策提供了事实依据，增强了科技创新、技能提升以及劳动就业等相关政策之间的科学性、有效性和协同性。

从企业治理来说，投资员工技能培训是缩短研发创新到绩效产出之间"知识距离"的有效手段，实证分析结果的稳健性，有助于让企业坚信开展员工技能培训是有重要商业价值的，从而激发企业投资员工技能培训的内驱动力，使得政府构建起以企业为主体的职业技能提升行动政策更能发挥杠杆效应，推动知识型、技能型、创新型劳动者大军的建设。

第三节　主要概念的界定

主要概念的科学界定，既是安排研究内容的逻辑起点，也是规制研究边界的参考依据，是完成一部学术著作的基础性工作。基于研究问题，可知技能形成体系、员工技能培训、产业智能化构成了本研究的主要概念。技术进步作为产业工人技能形成体系演化的内生动力，也必然会影响形成产业工人技能的组织选择，即企业是否应投资员工技能培训。一般来说，企业是选择自行开展员工技能培训的内部技能积累方式，还是选择以职业学校、市场化培训机构为主的外部技能积累方式，或者是两者兼有之，明显是受到"成本—收益"机制约束的组织选择行为[①]。

当前，学术界探讨技能作为经济社会发展的长期"增长引擎"，主要关注技能是否能够提升劳动生产率和形成国家可持续发展的创新能力。那么，在人工智能融合产业发展的背景下，以员工技能培训为主体的内部技能积累方式能否有效提升产业创新能力，从而服务于创新驱动发展战略，构成了整个研究的逻辑叙事主线。换言之，"技术→组织→制度"之间的关系探讨是本研究的主要研究内容。接下来，依次对此三个主要概念的界定展开论述。

一、技能形成体系

2017 年 6 月，中共中央、国务院印发的《新时期产业工人队伍建设改革方案》，明确提出产业工人是创新驱动发展的骨干力量，也是实施"制造强国"战略的有生力量，并要求"构建产业工人技能形成体系"[②]，着力提升产业工人的劳动技能。这是"技能形成体系"概念第一次出现在中央文件之中，既体现了国家对产业工人技能素质的重视，也彰显了产业工人技能对推动国家发展的作用。2017 年 10 月，党的十九大报告正式明确要"完善职业教育和培训体系"，将职业技能培训上

[①] 加里·贝克尔. 人力资本（第三版）[M]. 陈耿宣等译. 北京：机械工业出版社，2016：25-28.

[②] 中共中央、国务院印发《新时期产业工人队伍建设改革方案》[EB/OL]. (2017-06-19) [2021-05-15]. http://www.gov.cn/xinwen/2017-06/19/content_5203750.htm.

升为职业教育的主体部分之一，这也在 2019 年 1 月印发的《国家职业教育改革实施方案》中再次得以强调和确认。发达资本主义国家的工业革命发展史,进一步揭示了技术进步是推动技能形成体系演化的内生动力,技能形成体系的差异化会导致不同国家的创新能力存在分化现象[①]。可见,技能形成体系涉及了技术、技能与创新,是一个较为宽泛的学术概念,如果不对其进行概念界定,可能会影响本研究的顺利开展。

因此,本研究根据图 1-1 对"技能形成体系"做一个较为清晰的概念解构,并为接下来深入理解"员工技能培训"奠定基础。

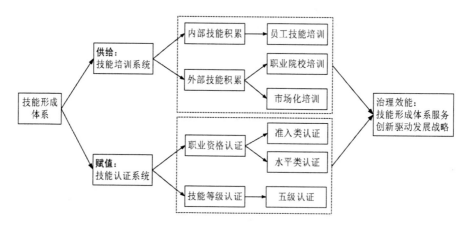

图 1-1　技能形成体系的概念解构

技能形成体系是一个源于演化经济学的学术概念,比职业教育和培训体系更宽泛,将技能置于一个更加复杂的视野下加以考察,考虑利益攸关方对产业工人技能形成的影响。也就是说,技能形成体系作为一种制度安排,是社会力量参与建构的结果,涉及技能供给制度、技能评价制度、技能投资制度以及技能使用制度。德国的技能形成体系之所以被视为发达国家的成功典范,在于以下两个关键点:一个关键点是企业主导产业工人的技能培训渠道,另一个关键点是国家统一产业工人的技能认证标准[②]。"双元制"教育体系有效衔接了技能培训渠道与技能认证标

① 王星. 技能形成的社会建构：中国工厂师徒制变迁历程的社会学分析[M]. 北京：社会科学文献出版社，2014：55.

② 马振华. 技能积累与经济发展的关系模式——兼论我国技能积累的模式选择[J]. 工业技术经济，2009（8）：73-76.

准，通过利益攸关方之间的协商合作，成功化解了劳动力市场存在的"挖人外因""搭便车"等集体行动困境，为产业工人的技能积累提供了制度保障。

工具理性导向的技能形成体系强调发挥治理效能，目前形成了以英国为代表的低技能均衡发展模式和以德国为代表的高技能均衡发展模式，二者也分别对应了不同类型的国家创新体系。鉴于此，本研究认为技能培训系统和技能认证系统是构成产业工人技能形成体系的主体要素。就技能培训系统而言，其指涉技能供给问题，可分为内部技能积累方式和外部技能积累方式。其中，内部技能积累方式以员工技能培训为主，外部技能积累方式以职业院校培训和市场化培训为主。就技能认证系统来说，其指涉技能赋值问题，可分为职业资格认证标准和技能等级认证标准。其中，职业资格认证标准以准入类认证和水平类认证为主，技能等级认证标准以从初级工、中级工、高级工到技师、高级技师的五级认证为主。

那么，自古强调"重道轻艺"的中国传统文化，使得职业教育一直被视为"差生"教育[①]，固守与学术教育类似的传统教学方式，缺乏与工作场所密切合作的有效教学机制，自然不可能培养出熟练的高素质产业工人。因此，打破条块分割，构建以政府为主导、企业为主体、社会伙伴广泛参与的新时代产业工人技能形成体系，是加快推进创新驱动发展战略的重要任务。

二、员工技能培训

由诺贝尔经济学奖得主罗伯特·索洛教授领衔指导的麻省理工学院工业生产率委员会，于1989年出版了一份极具影响力的调查报告《美国制造：恢复生产优势》。该报告基于独特而又新颖的视角，认为美国并没有丧失汽车、钢铁、轮胎等传统制造业的竞争优势，因为其仍然拥有全球最强大的作为引发经济繁荣的关键要素，即工厂、车间、机床等物质资本。然而，这份调查报告还是没能找到美国经济之所以一直称雄

---

① 李忠. 民国时期劳工教育述论（1927—1937）[J]. 山东师范大学学报（人文社会科学版），2011（1）：86-90.

世界的根源①。加州大学伯克利分校的保罗·罗默教授敏锐捕捉到,从20世纪90年代开始,美国经济复苏朝着以信息技术、个人电脑、生物技术、金融服务、软件开发等为代表的知识密集型产业发展,知识已成为经济增长的内生动力,"知识经济"时代悄然来临。

制造业是创新的基础,美国联邦政府通过赠款资助建立了一批制造业创新研究所,并据此形成了制造业创新国家网络(NNMI)。创新能力越发成为一国获得竞争优势的关键性因素,高素质的技术技能人才越发重要,土地、自然资源、建筑等物质资本越来越次之。一般而言,被视为能够创造和推动国家创新能力的知识,主要有三个不同类型的来源,即研究与开发、大学和科研机构的研究以及产业工人的人力资本②。

其中,塑造产业工人人力资本的技能,是指劳动者根据个人知识和经验积累处理相对复杂的生产问题,以及借此实现企业生产操作规程未能完全描述的技巧能力。那么,员工技能培训作为塑造产业工人人力资本的内部积累方式,需要做一个较为清晰的概念解构,便于论述其是如何将技术(产业智能化)和制度(技能形成体系的创新绩效)有效衔接起来的,具体如图1-2所示。

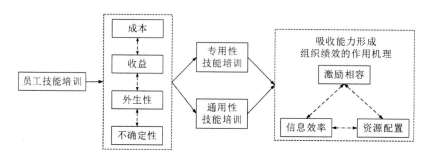

图1-2 员工技能培训的概念解构

关于产业工人人力资本的衡量,现有文献要么从最高学历、受教育

---

① 罗伯特·戈登. 美国增长的起落[M]. 张林山,刘伟现,孙凤仪等译. 北京:中信出版集团,2018:426-428.

② 埃里克·莱曼,戴维·奥德兹. 德国的七个秘密:全球动荡时代德国的经济韧性[M]. 颜超凡译. 北京:中信出版集团,2018:62.

年限等正规教育的视角来予以测算①，要么从职业资格证书、职业技能等级证书等非正式学习的角度来进行评估②。与正规教育的学习途径相比，员工技能培训对企业创新能力的塑造更具有现实价值，可能是相对于学校教育而言，岗位技能提升培训是直接面向工作现场情境的。技术进步不会自动转化为劳动生产力，知识创新的商业化运作需要解决其中存在的"知识距离"问题。正如德国哲学家歌德曾告知的一样，"仅仅知道是不够的，必须加以运用；仅仅愿意是不够的，必须真正行动"。1989年，科恩和利文索尔首次提出组织"吸收能力"（Absorptive Capa-city）概念，认为作为提高员工掌握通用性知识和专用性知识的员工技能培训，是塑造组织吸收能力的主要途径③，其可通过激励相容、信息效率和资源配置的机制来影响企业的技术创新过程。

贝克尔基于"成本—收益"机制，对企业投资员工技能培训从理论解读到实证检验做了开创性研究，认为员工技能培训能够提高企业劳动生产率，企业能够完全获取专用性技能培训的全部收益，而对通用性技能培训的投资缺乏动力④。然而，完全竞争劳动力市场假设在现实经济生活中是不成立的，很多企业通常表现出对通用性技能培训的选择偏好，甚至将其作为对优秀员工的一种奖励。基于此，阿西莫格鲁从不完全竞争劳动力市场假设出发，创新性提出"工资挤压效应"（Compressed Wage Structure）理论，对企业投资何种类型的技能培训进行了收益比较研究⑤。该理论认为，在不完全竞争性劳动力市场中，投资员工通用性技能培训，在显著提升企业劳动生产率的同时，又会因为员工的工资报酬并不会随之无限增长，这样就形成了劳动生产率产出绩效与通用性技能培训投资之间的利润"剪刀差"，使得企业能够获取投资员工通用

① 雷钦礼，王阳. 中国技能溢价、要素替代与效率水平变化的估计与分析[J]. 统计研究，2017（10）：29-41.

② 肖凤翔，张双志. 高管海外经历、员工技能培训与企业创新——来自中国微观企业数据的经验证据[J]. 统计与决策，2020（18）：180-184.

③ Cohen W. M., Levinthal D. A. Innovation and Learning: The Two Faces of R&D[J]. The Economic Journal, 1989, 99 (397): 569-596.

④ 加里·贝克尔. 人力资本（第三版）[M]. 陈耿宣等译. 北京：机械工业出版社，2016：24-50.

⑤ Acemoglu D. Training and Innovation in an Imperfect Labour Market[J]. The Review of Economic Studies, 1997, 64(3): 445-464.

性技能培训后的经济收益①。

工资挤压效应理论比较好地回答了企业投资员工技能培训，尤其是通用性技能培训可能会存在的"知识外溢""挖人外因""搭便车"等外部性问题，为企业加大对员工技能培训投资的动力提供了理论解释。第二次世界大战后德国和日本的工业复兴史也说明，调动企业投资员工技能培训以充分开发人力资源，对于促进经济社会的快速发展至关重要。简言之，员工技能培训作为企业形成人力资本主要的干预措施②，在交互式学习中形成组织吸收能力，从而塑造了企业的技术创新能力。鉴于此，本研究认为员工技能培训是技术进步与产业工人技能形成体系的互动结果，实质是一种企业生产性组织行为。

三、产业智能化

1956 年夏季，麦卡赛、明斯基、申农等一批富有远见卓识的科学家齐聚美国达特茅斯学院，正式提出"人工智能"（Artificial Intelligence）概念，预示着一个全新的"人工智能时代"即将来临。随着技术演化的不断深入，强调对机器从数据喂养到结果输出进行控制的理论建制派，在神经科学异军突起之后逐渐失势，而主张机器直接从数据中进行训练的"深度学习"算法逐渐成为人工智能研究的主流趋势③。然而，大规模使用深度学习需要大量的结构化训练数据对其进行喂养，由于早期数据的匮乏和计算机运算能力较弱，所以深度学习算法的相关研究一直进展缓慢。

从 20 世纪 90 年代初开始，个人计算机、移动通信设备等新一代信息技术的突飞猛进，为大规模获取数据提供了可能性，数据逐渐成为推动经济社会发展的核心元素。2006 年，杰弗里·欣顿等学者将数据划分为非结构化、半结构化及结构化类型，并据此提出无监督学习与监督学习交替训练深层神经网络的方法④，为深度学习算法创造了关键性的

---

① 肖凤翔，张双志. 企业员工技能培训的影响因素研究——基于第十一次民营企业调查数据的分析[J]. 职业技术教育，2019（4）：51-56.

② 张志强. 在岗培训提升企业绩效和员工的议价能力吗？——基于中国制造业企业的证据[J]. 中央财经大学学报，2018（10）：105-113.

③ 孙志军，薛磊等. 深度学习研究综述[J]. 计算机应用研究，2012（8）：2806-2810.

④ 肖凤翔，张双志. 算法教育治理：技术逻辑、风险挑战与公共政策[J]. 中国电化教育，2020（1）：76-84.

技术转机，这也开启了人工智能的第三次发展热潮。因此，本研究根据图 1-3 对"产业智能化"做一个较为清晰的概念解构，并为接下来人工智能企业数据的搜集奠定基础。

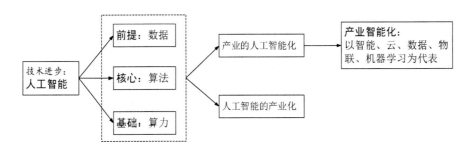

图 1-3　产业智能化的概念解构

纵观人工智能的发展史，可知其经历了推理期、知识期和学习期三个不同的阶段。当前，处于学习期的人工智能是新一代信息技术最具代表性的前沿技术，数据、算法和算力是其重要的组成要素。

就数据而言，当其数量规模和复杂程度超出人力或计算机在合理时间内所能承受的计算能力之后，即可被视为"大数据"（Big Data），但它又与"海量数据"有本质性差异。海量数据可能更多的是从数据体量方面来说，而大数据除了数据体量大之外，还具有类型丰富、更新迅速、价值密度低等特点。但是，数据作为人工智能得以快速发展的前提，本身并不产生价值，只有通过挖掘、整理和解读数据中蕴藏的信息才能形成有价值的知识。换言之，大数据就像等待开采的矿藏一样，只有借助能够处理和挖掘大数据的算法，其才能被称为"金矿"。

因此，算法作为人工智能的核心，涉及输入、输出、明确性、有限性及有效性等基本特征，通过一系列计算步骤实现数据输入到信息输出的转化。一般而言，算法是随着信息技术的发展而动态更新的，算法的运算时间和存储空间成为当前评判算法优劣的标准。由此可见，遵循效率优先的算法，自然需要底层基础网络平台的技术支持。

那么，算力就成为人工智能的基础，相关基础设施的建设就显得至关重要。"十四五"时期，作为国内大循环重要基础设施支撑的"新基建"被誉为开启"工业 4.0"革命的钥匙，5G、大数据、云计算、物联网、区块链等通信设施的建设将会给产业智能化带来前所未有的发展机遇。例如，区块链加持物联网设想的提出，将在去中心化的数字信任中赋予互联网极大的灵活性和敏捷性，能够切合万物互联时代下瞬息万变的业务环境需求[①]，给经济社会发展注入新的动力。

那么，人工智能与产业融合发展的实质就是新一代信息技术嵌入企业生产系统的融合共生过程，可以归结为两个方面：一方面是"人工智能的产业化"，就是把大数据、算法、算力等数字技术进行产业化；另一方面是"产业的人工智能化"，其涉及的发展面特别广，主要是通过技术赋能促进传统产业的转型升级。

简言之，产业智能化就是指以算法为核心，涵盖以数据为主体的信息资源和以网络为基础平台的一种知识型、科技型发展方式。以算法水平为分界点，将人工智能与产业的融合发展，分为"强"产业智能化和"弱"产业智能化。当前，我国人工智能与产业的融合发展正处于"弱"产业智能化阶段，也是"产业的人工智能化"的发展阶段，"智能""云""数据""物联"以及"机器学习"等关键词代表了这一阶段的技术水平。因而，本研究正是基于这五个关键词来识别不同类型的人工智能企业，以此形成产业智能化的数据样本，为实证研究部分系统性探讨人工智能促进传统产业的转型升级提供微观数据。

第四节 国内外研究综述

探讨产业智能化是否会驱动企业投资员工技能培训，继而从产业工人人力资本的角度提升产业创新能力，有助于为加快推进"制造强国"战略的中国实践提供相关学理思考。因此，研究将从技术进步与劳动技能的动态演化、产业工人技能对知识经济的价值、技术性失业与技能形成体系建构、产业智能化推动劳动技能的变革、员工技能培训塑造产业创新能力方面对国内外相关文献进行系统性回顾，梳理"技术（产业智能化）→组织（员工技能培训）→制度（技能形成体系的创新绩效）"的发展脉络并进行总结性述评。

---

① 徐恪，李沁. 算法统治世界：智能经济的隐形秩序[M]. 北京：清华大学出版社，2017：21-22.

一、技术进步与劳动技能的动态演化

技术进步作为推动产业结构变化的主导力量[①]，亦是影响产业工人技能需求变化的直接因素，引起了不同学科领域的学者从不同视角对此进行多重探讨。技术与技能的关系演化，在一定程度上反映了历史唯物主义关于"生产力—生产关系"的辩证论断，其中任何一方的变化都会明显触及生产系统要素的根基。一方面，技术的每一次突破性进步都会直接推动生产系统的重大变革，例如蒸汽机塑造工场手工生产方式、电气塑造流水线生产方式以及信息技术塑造自动化生产方式；另一方面，生产系统的重大变革也会相应地引起生产要素投入结构的变动，例如技术、资本、劳动力、土地等生产要素对生产力贡献度的此消彼长。特别是，以大数据、人工智能、云计算、区块链等为代表的新一代信息技术，加快了数字经济时代来临的步伐，也相应变革了生产系统的要素组成结构。

2020 年 4 月，中共中央、国务院颁布的《关于构建更加完善的要素市场化配置体制机制的意见》，提出要"加快培育数据要素市场"[②]，将数据视为与土地、劳动力、资本、技术同等重要的生产要素，其中，推进政府数据开放共享是培育数据要素市场的重要内容之一。中央期望通过政府数据开放共享，激活生产要素市场，为中国经济的转型升级赋能[③]。与数据要素紧密相关的数字技术，被广泛使用于社会生产系统，并带来了生产方式的数字化转型[④]，"云办公""零工经济""直播带货"等新业态也随之层出不穷。

那么，数据要素成为事关经济社会发展的主要生产要素，也相应变革了劳动力的技能结构。"数字技能"（Digital Skills）概念的提出，既是劳动力市场主动适应经济社会发展的重要表现，也要求教育系统的人

[①] 张兴. 技术进步、就业与养老保障[M]. 北京：社会科学文献出版社，2017：6-7.

[②] 中共中央、国务院《关于构建更加完善的要素市场化配置体制机制的意见》[EB/OL].（2020-04-09）[2020-10-24]. http://www.gov.cn/zhengce/2020/04/09/content_5500622.htm.

[③] 刘典. 加快数据要素市场运行机制建设[N]. 经济日报，2020-09-04（012）.

[④] 桂从路. 新服务 数字技术开创未来——生活新亮点折射"十三五"辉煌成就[⑤][N]. 人民日报，2020-10-20（005）.

才培养目标要与之相适应①。由此可知，劳动技能具有主观能动性，与技术进步存在动态适配的关系。然而，纵观劳动技能的发展史，我们发现其与技术的关系却不总是如理论分析那般顺畅衔接，甚至以技能为代表的劳动者和以技术为代表的资本家之间还爆发了流血冲突事件，即19世纪三四十年代的欧洲三大工人运动②。

工人运动的此起彼伏，主要源于大规模先进生产设备的投入使用导致工人劳动技能退化，使得只能依靠出卖劳动力为生的无产阶级更加贫困，激化了其与先进技术持有者资产阶级的矛盾。其实，欧洲三大工人运动亦是技术—技能替代论的立论依据：大规模生产设备的使用，压缩了技术工人在生产现场对生产过程的控制权，使得传统手工技能不断被技术进步所稀释。作为产业工人精英代表的技术工人为了重新夺回对生产现场的控制权，利用其在工会组织中的领导权与资本家展开了一系列的利益斗争活动。然而，技术—技能替代理论将生产要素简单相互对立，无助于完整勾勒技术进步与劳动技能之间的复杂关系，难免有为政治斗争立论服务之嫌③。

纵观世界各国的经济社会发展史，我们发现绝大多数技术进步都是带有偏向性的，要么偏向于资本，要么偏向于技能。就资本偏向型技术进步而言，资本的边际产出高于技能的边际产出，企业通过大量投资来研发、制造或引进先进的生产设备，在提升生产效率的同时也在降低对劳动力的需求，特别是运用信息控制技术实现工业机器人全程自主生产的"无人工厂"正是当下"机器换人"现象的真实写照④。

从技能偏向型技术进步来说，虽然技术进步导致的劳动力需求规模减少是不可避免的趋势，但其对劳动力技能素质的要求却越来越高，特别是不容易被程序化生产设备所取代的创意类、情感类与社会类工作岗

---

① 张地珂，杜海坤. 欧盟数字技能人才培养举措及启示[J]. 世界教育信息，2017（22）：27-28.

② 19世纪三四十年代的欧洲三大工人运动是指：法国里昂丝织工人两次起义、英国宪章运动以及德国西里西亚纺织工人起义。

③ 杨斌，魏亚欣，田凡. 技术进步与劳动技能的动态适配——基于生产系统"硬件—软件—人件"互补演化机制的分析[J]. 南开管理评论，2020（3）：4-13.

④ 许辉. "世界工厂"模式的终结？——对"机器换人"的劳工社会学考察[J]. 社会发展研究，2019（1）：143-162；245.

位，对劳动技能的要求越来越高[1]。换言之，技术进步对劳动技能的影响并不是完全线性的，两者之间存在着复杂的不确定性关系。例如，卡茨和马戈通过对美国人力资本发展史的梳理，发现在生产技术快速迭代更新的背景下，以中等技能为主的工作岗位处于被生产机器压缩的状态，而低技能和高技能的工作岗位却获得了一定程度上的数量增长[2]。其实，上述研究结论大多是在新古典经济学视角下获得的分析结果，忽略了劳动力不仅只是"投入—产出"模型中的一个生产要素，而是拥有情感、知识、思考、创造等能够发挥主观能动性的人。在一定范围内，具有不同技能水平的劳动力使用同一生产设备获得的产出结果是不一样的[3]。美国经济学家托马斯·达文波特也提出"人机共生"的概念，倡导"员工第一，机器第二"的企业经营战略，认为技术与技能在生产现场是互补的，需要在系统论视角下探讨两者之间的不同组合方式对劳动生产率带来的差异化影响[4]。

二、产业工人技能对知识经济的价值

早在 17 世纪，英国经济学家威廉·配第就认为恰当地评估劳动技能是理解一个国家经济社会发展的重要切入点。这一观点也同样出现在 18 世纪亚当·斯密的经典著作《国富论》之中，虽然相较于市场调节、自由贸易、劳动分工等议题而言，劳动技能可能并没有那么显眼。然而，两个多世纪之后，我们比以往任何时候都深刻认识到，在处于知识经济的今天，劳动技能已成为各个领域不可忽略的关键性要素[5]。大量富有高技能素质的劳动力，能够在实际生产过程中产生并采用一些新思想、新观点，激发创新能力和技术进步，从而确保一国或地区具备可持续的

① 陈明生. 人工智能发展、劳动分类与结构性失业研究[J]. 经济学家，2019（10）：66-74.

② Kate L. F., Margo R. A. Technical Change and the Relative Demand for Skilled Labor: The United States in Historical Perspective[C]. Human Capital in History: The American Record[M]. Chicago: University of Chicago Press, 2014: 15-27.

③ Spenner K. I. Skill: Meanings, Methods, and Measures[J]. Work and Occupations, 1991, 18 (2): 123-147.

④ 托马斯·达文波特，茱莉娅·柯尔比. 人机共生：智能时代人类胜出的 5 大策略[M]. 李盼译. 杭州：浙江人民出版社，2018：248-252.

⑤ 雷·马歇尔，马克·塔克. 教育与国家财富：思考生存[M]. 顾建新，赵友华译. 北京：教育科学出版社，2003.

竞争力与繁荣。

劳动技能成为知识经济社会中宝贵的资源财富，并成为国家综合竞争力的战略资产。然而，预设的经济社会发展目标，并没有因为那么多人力资本政策的实施接踵而至。对此可能存在的解释是，政策制定者并没有真正重视劳动力的技能素质，而是把注意力放在与学历教育、财政支出、学校硬件设施等代理指标上。在发达国家，这一代理指标表现为高中教育完成率，近期演变为高等教育入学率；而发展中国家，相应转变为义务教育入学率，特别是初中教育入学率。但这并没有宣告人力资本投资的失败，而只是利用升学率、在校学习时间、班级规模等模糊不清的测量指标的失败，特别是在国际范围内比较时更是如此。因此，配第与斯密的结论依旧正确：劳动技能有助于推动一国经济社会的发展，特别是对于长期经济增长来说是不可忽视的因素。

多个国家的长期发展经验也表明，要摆脱仅仅把正式的学校教育体系作为劳动技能提供方式的观点，而要特别重视企业、社会培训机构等在非正式教育供给方面对劳动技能形成的关键性影响。技能形成体系作为一种涵盖从培训供给到资格认证全过程的技能人才开发模式，其基本内涵是为劳动力提供技能习得的所有制度安排。这些安排基于工作本位，利用全职或在岗培训等多种学习形式实现，其目标是提高劳动力的工作能力。可见，企业作为产业技能形成体系的重要主体，在劳动技能形成过程中承担着关键性的技能培训供给方角色[①]。

从理论上来说，员工技能培训是一种准公共产品，具有"知识外溢"效应。因而，企业通常缺乏对员工进行技能培训的内生动力。但是，在现实生活中，发达国家的许多企业不仅会对员工进行专用性技能培训，而且对于通用性技能培训也表现出明显的偏好[②]。一般而言，知识作为推动创新发展和保持竞争优势的核心因素，其主要来源于研究与开发、大学和科研机构的研究以及产业工人的人力资本[③]。就研究与开发而言，

---

① 王星，徐佳虹. 中国产业工人技能形成的现实境遇与路径选择[J]. 学术研究，2020（8）：59-64；177.

② Noorliza Karia, Muhammad Hasmi Abu Hassan Asaari. The Effects of Total Quality Management Practices on Employees' Work-Related Attitudes[J]. The TQM Magazine, 2006, 18(1): 30-43.

③ 埃里克·莱曼，戴维·奥德兹. 德国的七个秘密：全球动荡时代德国的经济韧性[M]. 颜超凡译. 北京：中信出版集团，2018：64.

美国无论是研发投资的绝对数值还是其所占 GDP 的比重，从第三次工业革命以来都是全球无可争议的领袖[1]。

从大学和科研机构的研究来说，常年占据"泰晤士高等教育世界大学排名"（THE）、"世界大学学术排名"（ARWU）、"美国新闻与世界报告全球大学排名"（US News）等各大排行榜前 10 名的高校，除了英国的牛津大学与剑桥大学之外，其余高校一般均归属于美国。就产业工人的人力资本而言，无论是获得高等教育文凭的工人数量，还是产业工人所享受的继续教育、技能培训等职业发展福利[2]，美国都可谓无出其右者。这也是虽然美国技能形成体系奉行以个人投资为主的自由市场主义，但其产业工人劳动技能所构成的人力资本仍然领先世界其他国家的重要原因。

产业工人技能作为形成"知识"的三大来源之一，也同样会相应推动知识经济的发展。经历了 20 世纪 70 年代"滞胀经济"折磨后的美国，在 80 年代同样危机四伏，一方面是源于冷战对手苏联在军事和科技方面的竞争表现得咄咄逼人，另一方面是作为资本主义阵营同盟的日本、西欧（主要是德国）在经济发展方面大有与美国一争高下的趋势。为了继续维持其世界头号资本主义强国的地位，美国在 90 年代初开始着手一系列改革以期恢复经济霸权，也因此迎来了经济和就业双赢的"黄金时代"。在《喧嚣的九十年代》一书中，斯蒂格利茨教授揭示了以信息技术、个人电脑、生物技术、金融服务、软件开发等为代表的新兴行业，正在引领美国经济增长和竞争力的大幅提高，隐藏在繁荣背后的内生动力正是"知识"。本该大规模出口资本密集型产品的美国，实际上出口的却是劳动密集型产品，这也被称为"里昂惕夫悖论"[3]。

其实，由知识引发的创新显然不能自动转化为实际行动，并获取相应的积极回报，需要一个组织学习机制来缩短客观存在的"知识距

---

① 贾根良，楚珊珊. 制造业对创新的重要性：美国再工业化的新解读[J]. 江西社会科学，2019（6）：41-50；254-255.

② 例如，美国电子商务的巨头亚马逊于 2019 年高调宣布，将在未来三年投入 7 亿美元对员工进行人工智能相关的技能培训，以期帮助他们熟练掌握新技术，并运用大数据为客户提供更优质的个性化高端服务。

③ 华民. 新"里昂惕夫之谜"：贸易失衡的超边际分析——兼论中美贸易摩擦的理论根源与演变趋势[J]. 探索与争鸣，2018（6）：4-12；27；141.

离"①。那么，这个组织学习机制的结果就是产业工人的人力资本，因为美国大量出口的劳动密集型产品极富有人力资本元素，属于人力资本兼知识密集型产品②。对德国经济崛起的类似研究，也在说明拥有高技能素质的产业工人是"德国制造"走向世界的一个鲜明比较优势③。毋庸置疑，将"职业"（Beruf）根植于德意志文化的"双元制"教育体系，为企业提供了一大批训练有素且灵活机动的高技能产业工人，也成为第二次世界大战后德国经济能够迅速崛起的主要因素④。

三、技术性失业与技能形成体系建构

蒸汽动力加持的珍妮纺纱机，成为第一次工业革命刚开始几十年中最节省人力的纺织技术，也严重威胁和挤压了工场手工生产时代全能技术工人代表纺织师傅的生存空间，从 1811 年至 1816 年不间断发生了英国纺织工人以破坏机器为手段反对资本家压榨剥削的工人运动。"卢德运动"也开启了流传两百余年的"卢德谬论"（Luddite Fallacy），本该是提升效率的技术进步，在导致一部分劳动力过剩或者失业的同时，新的工作岗位也处于相对增长状态。然而，在 20 世纪 30 年代全球经济遭受高失业率困扰的时候，约翰·梅纳德·凯恩斯精辟地指出"技术性失业"存在的新弊病，号召政府、社会、企业等认真正视技术进步所带来的失业问题，即技术进步的步伐明显快于社会解决其所产生失业问题的步伐⑤。

诺贝尔经济学奖得主詹姆斯·米德，早在 1964 年出版的《效率、平等和财产所有权》一书中就认为技术进步将会在很大程度上危及劳动者的工资收入，这将会带来十分棘手的新型贫困，呼吁政策制定者必须

① 艾琳·舒克，马克·克尼克雷姆. 智企业，新工作：打造人机协作的未来员工队伍[R]. 埃森哲公司（Accenture），2018.

② Kirsty Hughes. The Role of Technology, Competition and Skills in European Competitiveness [M]. Cambridge UK: Cambridge University Press, 1993: 133-160.

③ 乌尔里希·森德勒主编. 工业 4.0：即将来袭的第四次工业革命[M]. 邓敏，李现民译. 北京：机械工业出版社，2014：46-47.

④ 埃里克·莱曼，戴维·奥德兹. 德国的七个秘密：全球动荡时代德国的经济韧性[M]. 颜超凡译. 北京：中信出版集团，2018：52.

⑤ 凯文·拉古兰德，詹姆斯·J. 休斯. 未来的就业：技术性失业与解决之道[M]. 艾辉，冯丽丽译. 北京：中国工信出版集团，2018：45.

重视未来几十年可能会广泛出现的技术性失业问题。近年来，打破"摩尔定律"的新一代信息技术，在未来十几年里是否会带来大面积的技术性失业问题，已成为学术界探讨的一个重要议题。人工智能重组了当下生产系统的组成元素，将数据提升至与技术、资本、劳动力、土地相提并论的地位[①]，也必将给工作岗位带来革命性的影响，特别是对以程序性、重复性为主要特征的中等技能工作造成了替代趋势。

然而，从事中等技能工作的主要群体，就是那些受过高等教育和获得高额收入的中产阶层，倘若他们的工作岗位在工业4.0浪潮中成为最先被自动化技术所取代的对象，势必对当前经济社会的运行结构产生前所未有的冲击。以往技术进步所带来的技术失业，主要是针对低技能工作岗位而言，这有助于将人类从危险、烦琐的工作中解放出来，为劳动者创造工资收入更高的工作岗位，从而刺激整个社会的消费能力。也就是说，纵观整个资本主义的发展史，技术进步所带来的"创造性破坏"是对过去三次工业革命所取得的经济社会发展成就最好的描述，其总体上创造的工作岗位远比它所破坏掉的要多得多[②]。

但人工智能技术直接给社会消费主力中产阶层的工作岗位带来了替代隐忧，让社会普遍担心掌握中等技能的劳动者很有可能最先成为智能时代的"无用阶层"。那么，大规模"机器换人"趋势的出现，在一定程度上预示着人类劳动与提高生产力之间的"重大脱钩"已经开始发生，如何在旧的社会生产方式消解之前，找到重塑人工智能时代新的社会生产方式，就显得十分重要[③]。

在某种程度上，研究技术进步所产生的剩余劳动力问题的"技术性失业"，可能是一个比较枯燥的学术议题，但对于那些已经经历了、正在经历或者即将经历技术性失业的劳动者来说，这应该是一个非常消极、黑暗和痛苦的人生经历[④]。鉴于此，我们不妨站在劳动者的立场，

① 王磊，刘泉红，曾铮. 健全基础性制度，培育数据要素市场[N]. 经济日报，2020-10-28（011）.

② Acemoglu D., P. Restrepo. Robots and Jobs: Evidence from US Labor Markets[R]. NBER Working Paper, 2017.

③ Auto D., Salomons A. Robocalypse Now: Dose Productivity Growth Threaten Employment? [R]. Paperpared for the ECB Forumon Central Banking, 2017.

④ 凯文·拉古兰德，詹姆斯·J. 休斯. 未来的就业：技术性失业与解决之道[M]. 艾辉，冯丽丽译. 北京：中国工信出版集团，2018：48-49.

去探讨智能时代的技术性失业问题,这可能会在凸显学术研究价值理性与工具理性的同时,使得相关政策建议更加具有人文关怀的温度。

针对这种充满不确定性的未来,达成技术进步与社会福祉之间相互妥协的制度安排显得尤为重要,即使这一妥协过程是一个艰难的社会转型过程。那么,产业工人的技能形成体系,就是彰显人文关怀温度的一项政策设计,旨在为劳动者预留足够的转圜空间,以积极应对未来技术进步可能会带来的失业和贫困。技能形成体系作为一种制度安排,是社会力量参与建构的结果,涉及技能供给制度、技能评价制度、技能投资制度以及技能使用制度。这些安排基于工作本位,利用全职或在岗培训等多种学习形式实现,其目标是提高劳动力的工作能力。

总体来说,当前的人工智能属于"弱"人工智能技术,主要通过与现有产业进行嫁接,从而为产业转型升级赋能,在本质上仍然属于技能偏向型技术进步。换言之,人工智能技术可能会对人类劳动产生积极意义上的重大改组,例如为"没人干""不能干"等危险、烦琐的工作提供技术解决方案,在孕育新机遇、新工作的同时,让每个人的生活都能变得更加美好。

鉴于此,无论是重回学校接受更高一级的学历教育、学习新职业发展需要的课程,还是通过在岗提升培训、转岗技能培训、社会化培训等来丰富劳动者的技能,都是旨在向公众提供弹性技能形成体系中的必不可少的一部分。面对快速更迭的技术进步,劳动力市场对未来技能的需求也是充满着不确定性,终身学习已超越了教育的范畴,成为劳动者适应未来智能生活的一种战略性投资。其中,作为塑造渐进式劳动力市场弹性的员工技能培训,相对于投资较大且形式不够灵活的学校教育而言,是一个比较不错的选择项①。

四、产业智能化推动劳动技能的变革

通用信息技术与产业的融合发展研究,一直是学术界关注的重点议题。20 世纪 90 年代中后期以来,随着半导体、通信技术设备、计算机硬件及软件等价格的下降,信息技术的产业融合越来越普遍,相关研究

① 凯文·拉古兰德,詹姆斯·J.休斯.未来的就业:技术性失业与解决之道[M].艾辉,冯丽丽译.北京:中国工信出版集团,2018:116.

也逐渐完善和丰富。早期文献围绕信息技术与产业融合的内涵、结构及经济效益展开研究[①]，特别是产业自动化与经济增长的研究，奠定了后来人工智能与经济学研究的理论基础。随着大数据、云计算、人工智能等新一代信息技术的商业化应用蓬勃发展，信息技术与产业融合发展的内涵与形态也越加丰富，"互联网+""智能＋"等概念被不断提出。这一阶段的研究拓展了早期文献，探讨不同类型信息技术与产业（制造业、服务业），以及与价值链（研发、生产、营销）融合所产生的一系列经济效益（生产率提升、创新变革、产业发展），这一系列的研究主题也延续到后来的人工智能研究领域[②]。

在新一轮技术变革中，人工智能是大数据、云计算等信息通讯技术的集大成者。特别是 2006 年，杰弗里·欣顿深度学习神经网络提出以后，人工智能进入感知与认知智能的新阶段，人工智能与经济学的研究也因此进入崭新的时期[③]。研究取向从 21 世纪初期，关注如何利用经济学来促进人工智能的社会化发展，转向了当前重点探讨人工智能对经济学研究范式的影响[④]和人工智能及其与产业融合发展的经济影响[⑤]。当前，人工智能作为技术进步的最前沿代表，对劳动技能需求结构已经开始产生了复杂的不确定性影响[⑥]。

简单来说，产业智能化的发展，使劳动力市场呈现"岗位极化"与"人机协作"的发展特征。"岗位极化"是指在基于技能、任务划分的劳动分工中，中等技能需求的岗位减少或被替代，高技能需求和低技能需求的岗位数量增加，岗位分布呈现中部压缩、两级增长的"沙漏型"状态。"人机协作"则是指智能化生产背景下的一种新型雇佣方式，明显区别于自动化生产环境下的"机器换人"[⑦]。

① Zeira J. Workers, Machines, and Economic Growth[J]. Quarterly Journal of Economics, 1998, 113(4): 1091-1117.

② Aghion P., Jones B. F., Jones C. I. Artificial Intelligence and Economic Growth[R]. NBER Working Papers, 2017.

③ 孙志军,薛磊,许阳明,王正.深度学习研究综述[J].计算机应用研究,2012(8):2806-2810.

④ 黄乃静,于明哲. 机器学习对经济学研究的影响研究进展[J]. 经济学动态, 2018（7）: 115-129.

⑤ 曹静,周亚林. 人工智能对经济的影响研究进展[J]. 经济学动态, 2018（1）: 103-115.

⑥ Acemoglu D., Restrepo P. Artificial Intelligence, Automation and Work[R]. NBER Working Papers, 2018.

⑦ 孙早,侯玉琳.工业智能化如何重塑劳动力就业结构[J].中国工业经济,2019(5):61-79.

　　无法适应技术变革的员工队伍，或许是实现大规模创新、推动未来增长的主要障碍。已有 40% 的雇主表示急缺人才，随着技能要求越来越高，人才短缺状况必然更为严峻①，工作内容的变化所导致的技能结构变革，至今仍然未能引起足够的关注。大多数工作岗位未来所需的技能组合，将有相当一部分是由今天尚未被重视的技能所组成。

　　因此，人工智能与产业的融合发展，直接变革了劳动技能的需求结构，也引发利益攸关方之间不同的合作方式，从而塑造了不同实践样态的产业工人技能形成体系。技能形成体系是一个源于演化经济学的学术概念，比职业教育和培训体系更宽泛，将技能置于一个更加复杂的视野下加以考察，考虑利益攸关方对产业工人技能形成的影响。其中，技能培训系统和技能认证系统是技能形成体系的主体要素。进入新世纪以来，联合国教科文组织继 1972 年《学会生存——教育世界的今天和明天》和 1996 年《教育——财富蕴藏其中》之后，2015 年发布了第三份教育报告《反思教育：向"全球共同利益"的理念转变？》。

　　由此，从终生教育向终身学习转向的教育，更加强调整体性战略思维，主张利益相关者广泛参与的"人人皆学、处处能学、时时可学"的学习型社会正在来临。那么，将学校教育视为获取知识主要渠道的传统观点也应及时更新改变，以员工技能培训为代表的非正式学习，逐渐成为知识生产 3.0 时代获取知识的重要渠道。2019 年颁布的《国家职业教育改革实施方案》，明确提出"完善学历教育和培训并重的现代职业教育体系"。

　　可见，置于终身学习背景下的技能形成体系，已成为应对劳动技能快速迭代更新的制度载体。未来劳动力就业和技能需求的空间分布，将很大程度上取决于产业智能化所触发的新兴产业分布格局②。产业智能化的实施主体是企业，需要企业主动适应新技术革命带来的深刻影响，重新架构企业经营理念、模式和组织，特别是重新审视企业人力资源开发的多重作用。企业作为产业工人技能形成体系的主体，在劳动技能形成过程中承担着关键性的技能培训供给方角色。然而，在借助产业智能化推动产业基础高级化、产业链现代化的背景下，我国企业开展员工技

---

① 艾琳·舒克，马克·克尼克雷姆. 智企业，新工作：打造人机协作的未来员工队伍[R]. 埃森哲公司（Accenture），2018.

② 悬而未决的 AI 竞赛：全球企业人工智能发展现状[R]. 德勤有限公司（Deloitte），2019.

能培训的积极性却处于低迷状态。与此同时，发达国家或地区的企业已成为实施员工技能培训的关键主体。欧美地区近1/3的受访企业高管，认为他们已充分准备好应对工业4.0对其员工队伍产生的变革影响，而亚太地区受访企业高管对此传递出的信心却仅为10%①。

五、员工技能培训塑造产业创新能力

从贝克尔开始，早期文献主要基于生产函数分析员工技能培训与劳动生产率之间的关系，学术界普遍接受在完全竞争劳动力市场下，企业投资员工技能培训能够提高劳动生产率的观点，认为企业能获得专用性知识培训的全部经济收益②。然而，现实经济生活并不能满足劳动力供需曲线是完全富有弹性的假设，员工技能培训的外部性在市场失灵的情况下，显示出较强的外溢效应，即存在企业开展技能培训的"集体行动困境"现象③。

有鉴于此，贝克尔的完全竞争劳动力市场假设在现实经济生活中是不成立的，很多企业不仅表现出对通用性技能培训的选择偏好，甚至还将这类培训机会作为对优秀员工的一种奖励④。阿西莫格鲁对此创新性地提出"工资挤压效应"理论，对企业投资通用性技能培训的选择偏好进行了系统性研究，认为在不完全竞争劳动力市场中对员工的技能培训同样会为企业带来经济收益。具体来说，由于存在信息不对称的情况，员工在接受技能培训后重新寻求工作的离职成本反而会增加。因此，企业可以通过压缩员工的工资薪酬，使其低于边际劳动生产力，从而获取利润的"剪刀差"⑤。此后，也有文献基于工资挤压效应理论，对西班牙企业的技能培训进行了实证分析，发现员工在接受技能培训后边际劳

---

① 第四次工业革命来临——你准备好了吗？[R]．德勤有限公司（Deloitte），2018.

② 加里·贝克尔．人力资本（第三版）[M]．陈耿宣等译．北京：机械工业出版社，2016：24-50.

③ Stevens M. Transferable Training and Poaching Externality, in A. L. Booth e D. J. Snower (Eds.), Acquiring Skills. Market Failures, Their Symptoms and Policy Responses[M]. Cambridge UK: Cambridge University Press, 1996: 12-18.

④ Noorliza Karia, Muhammad Hasmi Abu Hassan Asaari. The Effects of Total Quality Management Practices on Employees' Work-Related Attitudes[J]. The TQM Magazine, 2006, 18(1): 30-43.

⑤ Acemoglu D. Training and Innovation in an Imperfect Labour Market[J]. The Review of Economic Studies, 1997, 64(3): 445-464.

动生产率提升所带来的经济收益,明显高于企业用于技能培训的成本支出[1]。

与早期文献相比,后续文献将企业绩效的分析维度,从劳动生产率拓展到了创新绩效、财务绩效、吸收能力等方面,研究结论仍然揭示了企业投资员工技能培训具有积极的正向作用。最新文献的研究内容更为丰富,视角也更为多元,不仅研究了不同行业异质性与企业异质性下的技能培训绩效,还进一步区分了不同类型技能的培训所带来的绩效差异,也有文献探讨员工技能培训在研发投入对企业创新绩效影响过程中所发挥的作用[2]。由于发达国家企业开展员工技能培训的积极性比较高,因而国外文献更多关注于员工技能培训对企业绩效的影响,仅少数文献从规范研究层面探讨人力资源战略、创新战略对员工技能培训行动选择的影响。然而,员工技能培训作为企业人力资源开发的一种方式,仍然可以从企业人力资源开发影响因素的文献中得到驱动员工技能培训的有益借鉴。

自从舒尔茨、贝克尔、明瑟尔等人力资本理论先驱提出人力资源投资的决策模型后,学者们从不同维度研究了企业人力资源开发的影响因素,且相关研究至今仍在不断深入。已有文献探讨了高管(性别、年龄、任期、教育背景),企业(资产规模、员工规模、现金流、融资约束、研发创新、治理结构),产业(产业规模、技术特征、价值链、产业链),政策(劳动力流动、财政补贴、税收优惠、金融支持)等多个维度对企业投资员工技能培训的影响机制。

德国作为由众多中小型企业构成的全球制造业强国,大多数属于非研发密集型(低技术)企业,但它们依旧是德国经济社会发展的主力军,甚至与高技术、研发密集型企业在经济绩效方面相比,差距似乎也没有那么明显[3]。纵观德国制造业的发展史,我们发现创新并不一定来源于制度化的内部研发活动,传统企业可以充分组合各种非研发投入要素来

① Carlos Peraita. Testing the Acemoglu-Pischke Model in Spain[J]. Economics Letters, 2001, 72(1): 107-115.

② 王万珺,沈坤荣,周绍东,秦永. 在职培训、研发投入与企业创新[J]. 经济与管理研究, 2015, 36 (12): 123-130.

③ 奥利弗·索姆,伊娃·柯娜尔主编. 德国制造业创新之谜:传统企业如何以非研发创新塑造持续竞争力[M]. 工业 4.0 研究院译. 北京:中国工信出版集团,2016:推荐序二.

实现某种程度上的创新，以形成企业的持续竞争优势。非研发密集型企业也被赫尔曼·西蒙称为主导全球利基市场的"隐形冠军"，这与其根植于"职业"（Beruf）文化的职业教育和培训体系息息相关。"双元制"教育体系为德国中小型企业提供了一大批训练有素且灵活机动的高技能产业工人，也创造了高达 42% 份额的工业增加值，这被德国著名智库弗劳恩霍夫协会称为非高密度投入下获得的持续创新。

其中，员工技能培训作为德国中小型企业形成技术创新能力的主要措施，在正式或非正式的开放、多维和立体学习中整合、吸收和利用知识，从而塑造组织吸收能力以提升企业的创新绩效[①]。创新不一定非得是从无到有的突变型创新，也可以是基于已有产品和工艺进行的累积型创新[②]。那么，专注于中低端技术的中小型企业，主要凭借高技能产业工人实现将技术、知识、管理等进行混合式创新，继而在为大型企业服务的产业供应链中实现市场价值的不断攀升[③]。以高技能、高工资以及产品和服务高附加值为主要特征的德国高技能均衡发展模式，对我国当前处于产业转型升级迷茫期的传统制造业而言，无疑具有非常有价值的借鉴意义。

六、总结性评价

一般来说，以自然科学技术为代表的技术进步可分为两种类型，一种是"突变型"技术进步，另一种是"累积型"技术进步。

就"突变型"技术进步而言，其属于具有重大认识突破的基础性科学原理，往往能给经济社会发展带来开创性或颠覆性的深远影响。纵观工业发展史可知，18 世纪 60 年代发生于英国的蒸汽机革命开启了工场手工生产时代，19 世纪 70 年代发生于德国的电气革命开启了流水线生产时代，20 世纪 50 年代发生于美国的信息技术革命开启了自动化生产

---

① 肖凤翔，张双志. 民营企业员工培训的经济回报研究——基于企业利润的视角[J]. 中国职业技术教育，2019（3）：53-59.

② William J. Abernathy, James M. Utterback. A Dynamic Model of Product and Process Innovation [J]. Omega, 1975, 3(6): 639-656.

③ 奥利弗·索姆，伊娃·柯娜尔主编. 德国制造业创新之谜：传统企业如何以非研发创新塑造持续竞争力[M]. 工业 4.0 研究院译. 北京：中国工信出版集团，2016：20-22.

时代[①]。

　　从"累积型"技术进步来说，其是在已有的科学原理范畴内进行渐变性技术创新，往往更加注重从理论到实践的场景运用。那么，以大数据、人工智能等为代表的新一代信息技术，就属于"累积型"技术进步，其最基础的逻辑运算原理还是属于信息技术革命的范畴，因此仍然归属于第三次工业革命。最先提出"工业4.0"概念的德国，更多是从"工业物联网"（IIOT）的角度来探讨信息技术对制造业发展的巨大潜力，以期重塑"德国制造"的全球领先地位[②]。"工业4.0"概念跨出欧洲莱茵河畔之后，在中国形成了"中国制造2025"概念，在美国转化为"先进制造业"概念。

　　但是，学术界对以"智能制造+智能服务"为标志的生产及服务革命，能否称为第四次工业革命的界定尚未达成共识，大多数文献认为"工业4.0"还只是一个战略概念。其实，无论第四次工业革命是否真正到来，人工智能都作为新一代信息技术的集大成者，引领了最前沿的技术进步。2019年中央政府的工作报告，首次提出"智能+"概念，并且明确要求"打造工业互联网平台，拓展'智能+'，为制造业转型升级赋能"。那么，人工智能在与产业融合发展的过程中，也在深刻影响着产业工人技能需求的变化。简单来说，从"机器换人"到"人机共生"的演化，推动了产业工人从去技能化转向再技能化。

　　从哲学范畴来看，基于人的技术亦可称为"具身"技术，表现为技能[③]。那么，劳动过程在本质上就是以人为中心的技术与技能双重转化过程，可分为技能分工和等级分工[④]。从工场手工生产到机器大工业生产，技术的更新迭代也形塑了技能的演化轨迹，即从蒸汽时代技术与技能并重、电气时代劳动去技能化到信息时代劳动再技能化的发展历程。不同的技能分工，也相应决定了劳动者在生产系统中的等级分工，工人对生产过程的控制权不断被技术削弱，其也被"异化"为生产流程上的

　　① 贾根良. 第三次工业革命与新型工业化道路的新思维——来自演化经济学和经济史的视角[J]. 中国人民大学学报，2013（2）：43-52.
　　② 国务院发展研究中心课题组. 借鉴德国工业4.0推动中国制造业转型升级[M]. 北京：机械工业出版社，2018：序二.
　　③ 姜大源. 技术与技能辨[J]. 高等工程教育研究，2016（4）：71-82.
　　④ 王星. 技能形成的社会建构：中国工厂师徒制变迁历程的社会学分析[M]. 北京：社会科学文献出版社，2014：30.

一道工序。

哈里·布雷弗曼认为，设计与执行的分离以及"局部工人"是资本家利用技术控制工人生产过程的两种方式[1]。泰勒科学管理流程和福特流水线生产模式共同完成了对劳动者的去技能化，技术或者说是资本加持的技术，从根本上完全控制了生产系统。然而，一味地追求技术理性化的生产车间，带来了产品品种单一、质量下降和销售疲软的现象。20世纪70年代后期，日本丰田汽车公司在逐渐挑战美国福特汽车公司全球霸主地位的过程中，也将重新注重劳动技能的精益生产模式推广到世界各国。丰田汽车公司的精益生产模式，就是指"人件—软件—硬件"有机结合的柔性生产系统。其实，从贝克尔到阿西莫格鲁为代表的一大批经济学家，都认为技能有助于推动一国经济社会的发展，特别是对于长期经济增长来说是不可忽视的因素[2]。

深度学习的成熟，助推人工智能技术在21世纪初迎来第三次崛起，这也从技术赋能的视角深刻变革了经济社会发展的方方面面。作为经济增长重要引擎之一的劳动技能，如何在人工智能时代获得重构，需要在理论与实践层面予以高度关注。21世纪以来，全球主要大国纷纷制定人工智能发展战略，通过资金投入、政策激励、人才支撑和风险管理等渠道，推进人工智能技术在实践层面的扎根应用。2019年2月，美国政府在颁布的《美国人工智能倡议》行政命令中，专章论述如何进一步强化STEM（科学、技术、工程和数学）加持的学徒制培训，希望在积极应对人工智能可能会产生的就业危机的同时，也为美国塑造一大批高质量的产业工人。

换言之，赢得人工智能竞争的关键很可能在于如何有效执行，具备一技之长的员工，将从人力资本视角弥补广泛存在于智能生产系统的"技能鸿沟"[3]。企业也因员工在掌握人工智能技能方面的差异，被划分为初级应用型、技术娴熟型和成熟专精型三种类型，这对企业的创新能力产生了相应的差异化影响。因此，"人机共生"将开启工作方式的新

① 哈里·布雷弗曼. 劳动与垄断资本——二十世纪中劳动的退化[M]. 方生，朱基俊等译. 北京：商务印书馆，1978：55-57.

② Acemoglu D., Pischke Jorn-Steffen. Beyond Becker: Training in Imperfect Labour Markets[J]. The Economic Journal, 1999, 109(2): F112-F142.

③ 悬而未决的AI竞赛：全球企业人工智能发展现状[R]. 德勤有限公司（Deloitte），2019.

纪元，在环境扫描视域中全面塑造和提升企业的竞争优势[①]。简言之，产业智能化作为形成劳动技能的内生动力，规定了产业工人技能形成体系的工具理性导向。

目前，产业工人技能形成体系在塑造产业创新能力的过程中，形成了以英国为代表的低技能均衡发展模式和以德国为代表的高技能均衡发展模式。然而，当前的文献研究，主要从学历教育视角探讨外部供给对产业工人技能形成的影响，相对忽视了作为内部供给的员工技能培训对产业工人技能形成所带来的积极作用。员工技能培训有助于形成企业对知识的吸收能力，从而有效缩短从研发创新到绩效产出之间存在的"知识距离"。那么，产业智能化是否会对企业投资员工技能培训的组织选择产生影响，进而是否会影响企业的创新绩效，这在现有文献中没有找到较为明确的答案。

毫无疑问，针对该问题的研究，不仅能在一定程度上丰富产业智能化与员工技能培训的相关文献，还有助于为人工智能时代产业工人技能形成体系的学理探讨提供相关经验证据。鉴于此，本研究尝试从"技术→组织→制度"的分析框架切入，对产业智能化背景下的员工技能培训进行理论分析，利用微观数据对产业智能化对员工技能培训的提升效应、员工技能培训的创新绩效以及产业智能化加持员工技能培训的创新绩效展开一系列的计量研究，并将实证结果转化为设计员工技能培训政策的相关依据。

第五节　研究设计与内容

一、研究目标

本书的研究问题是探讨产业智能化是否会提升企业对员工技能培训的投资力度，继而从人力资本的角度带来创新绩效。显然，该问题的解决为加快推进"制造强国"战略的中国实践，提供职业技术教育学视

---

① 托马斯·达文波特，茱莉娅·柯尔比. 人机共生：智能时代人类胜出的5大策略[M]. 李盼译. 杭州：浙江人民出版社，2018：275-277.

野的学理思考。这就要求接下来的研究内容安排需要紧紧围绕研究问题进行，在写作过程中坚持问题导向的研究思路。那么，确定研究目标是落实问题导向的重要举措，有助于达成纲举目张的研究效果。因此，本书将研究目标分解为以下三点：

首先，明确分析框架的构建。

技术进步虽然是塑造技能形成体系的内生动力，但从研发创新到商业化生产之间存在一段"知识距离"，需要借助员工的劳动技能形成组织吸收能力，从而实现技能形成体系的创新绩效。简言之，在技术·组织·制度分析框架下，运用学理术语对产业智能化提升员工技能培训、员工技能培训塑造创新、产业智能化加持员工技能培训更能塑造创新展开论述。

其次，明确理论分析的检验。

基于技术—组织维度，对产业智能化与员工技能培训展开分析，论证企业对员工技能培训的投资力度是否会随着产业智能化水平的提升而增加。基于组织—制度维度，对员工技能培训的创新绩效展开分析，论证员工技能培训是否有助于提升产业创新能力。基于技术—组织—制度维度，对产业智能化加持员工技能培训的创新绩效展开分析，论证在智能化水平越高的产业中，员工技能培训是否越能带来更大的创新促进效应。

最后，明确政策设计的依据。

实证研究最主要的目的，不仅是在经验层面证实或证伪理论分析，更重要的是通过研究结果为解决问题或改善系统提供富有建设性的事实依据。换言之，提升效应和创新绩效的实证结果需要进一步提炼为研究结论，同时结合公共政策的主体、议题和工具要素，对产业智能化背景下的员工技能培训政策进行系统化设计。本书提出"区块链+培训"的政策信息化构想，认为区块链在破解中心化治理难题的同时，有助于员工技能培训政策从理论设计到应用落地，从而增强技能形成体系的治理效能。

二、总体框架

围绕研究问题及目标，可将本书的总体框架分为六章，除了第一章绪论和第六章研究结论与启示之外，其余四章将围绕研究问题展开系统性分析。接下来，依次对主体研究内容进行说明：

（一）产业智能化背景下员工技能培训研究的分析框架

既有研究对于技术进步在技能形成体系变革中的角色和作用多有关注，但对其中的具体路径仍然语焉不详。鉴于此，本研究引入新制度主义的"技术—制度"分析框架，将组织视为从技术到制度的一种调节变量，探究组织是如何在工具与价值、设计与行动以及动机与结果之间搭建起衔接彼此的纽带，从而为阐述模式多样的技能形成体系提供切入视角。

具体研究内容包括：

（1）技术·组织·制度：分析框架的建构。"技术—制度"研究范式的演化；组织场域的介入、耦合与变革；技术、组织与制度的协同共生。（2）技术维度：技能演化的技术动因。蒸汽时代的技术技能并重；电气时代的劳动去技能化；信息时代的劳动再技能化。（3）组织维度：技能培训的企业选择。劳动技能锁定还是升级；培训塑造组织吸收能力；从"机器换人"到"人机共生"。（4）制度维度：技能形成的创新绩效。自由市场模式的创新绩效；嵌入社会模式的创新绩效；国家在场模式的创新绩效。

（二）产业智能化背景下员工技能培训的提升效应

"人机共生"是指智能化生产背景下的一种新型雇佣方式，强调人工智能在拓展人类能力的同时，人类也在不断优化人工智能的技术性能，这明显区别于流水线生产系统里的"机器换人"。那么，中国情境下的产业智能化，是否提升了企业对员工技能培训的投资，需要在经验层面得到相关数据的检验。研究产业智能化对员工技能培训的提升效应，有助于回答基于技术—组织维度下的理论分析，也为后文创新绩效和政策设计的展开奠定了基础。

具体研究内容包括：

（1）技术—组织维度下的理论分析。员工技能培训填补技能缺口的理论分析；产业智能化背景下员工技能培训提升的理论分析。（2）产业智能化背景下员工技能培训提升的特征事实。产业智能化的特征事实；员工技能培训的特征事实；产业智能化提升员工技能培训的特征事实。（3）产业智能化背景下员工技能培训提升的计量分析。研究设计；产业智能化提升员工技能培训的基本计量结果；产业智能化提升员工技能培训的进一步分析。

（三）产业智能化背景下员工技能培训的创新绩效

在技术—组织维度下，对产业智能化与员工技能培训展开了理论分析，并从特征事实与计量分析角度进行了相关验证。但企业投资员工技能培训并不是主要目的，而在于通过培训优化其人力资本结构，为企业在创新驱动发展时代筑牢竞争优势。在前文研究的基础上，本书先基于组织—制度维度，对员工技能培训的创新绩效展开理论分析和计量检验，接着基于技术—组织—制度维度，对产业智能化加持员工技能培训的创新绩效展开理论分析和计量检验，以探讨员工技能培训是否会随着产业智能化水平的提高而带来更大的创新绩效。

具体研究内容包括：

（1）技术—组织—制度维度下的理论分析。员工技能培训塑造创新的理论分析；产业智能化背景下员工技能培训塑造创新的理论分析。（2）员工技能培训塑造创新的计量分析。研究设计；员工技能培训塑造创新的基本计量结果；员工技能培训塑造创新的进一步分析。（3）产业智能化背景下员工技能培训塑造创新的计量分析。研究设计；产业智能化背景下员工技能培训塑造创新的基本计量结果；产业智能化背景下员工技能培训塑造创新的进一步分析。

（四）产业智能化背景下员工技能培训的政策设计

在实证分析层面验证理论分析的有效性，并不是研究内容的全部，如何依据实证结果，设计出一套有助于在产业智能化背景下开展员工技能培训的政策，从而服务于创新驱动发展战略才是研究的价值所在。换言之，结合实证研究结果，构建以政府为主导、企业为主体、社会伙伴广泛参与的新时代产业工人技能形成体系，既是服务创新驱动发展战略的重要任务，也是牵引本书研究内容展开的价值导向。因此，本书在"技术（产业智能化）→组织（员工技能培训）→制度（技能形成体系的创新绩效）"的分析框架下，结合第三章产业智能化背景下员工技能培训的提升效应与第四章产业智能化背景下员工技能培训的创新绩效的计量分析结果，从政策主体、政策议题和政策工具出发，对产业智能化背景下的员工技能培训政策进行优化设计。

具体研究内容包括：

（1）多元平等的政策主体。政府：技能培训的统筹主体；企业：技能培训的实施主体；员工：技能培训的消费主体。（2）协商共治的政策议题。政治议题：培训管理的规范化；经济议题：培训资源的市场化；社会议题：培训方式的多样化。（3）多管齐下的政策工具。供给型工具：塑造培训的推力；需求型工具：增强培训的动力；环境型工具：优化培训的环境。（4）区块链赋能政策设计。分布式账本：赋能政策主体多元化；共识算法：赋能政策议题容错纠错；智能合约：赋能政策工具自动执行。

综上所述，本书的总体研究框架如图1-4所示。

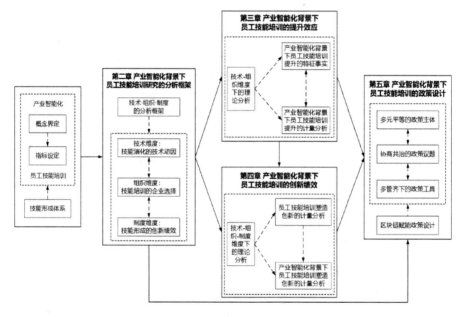

图1-4　研究的总体框架

三、重点难点

根据研究内容可知本书的研究重点在于以下两点：

第一，技术·组织·制度分析框架的构建。如何将产业智能化提升员工技能培训、员工技能培训塑造产业创新能力以及产业智能化加持员工技能培训更能塑造产业创新能力，纳入到统一的理论分析框架之中，从理论上阐述清楚"技术（产业智能化）→组织（员工技能培训）→制度（技能形成体系的创新绩效）"分析框架是推进研究展开的一大重点。

第二，对理论分析的实证检验。理论分析能否在经验层面获得成立，需要通过微观数据的计量分析结果予以验证。因此，本书综合运用计量经济学模型，分别对产业智能化提升员工技能培训、员工技能培训塑造产业创新能力以及产业智能化加持员工技能培训更能塑造产业创新能力的理论分析进行实证检验，对基本回归结果进行考虑内生性问题后的稳健性检验，并在产业异质性和技术异质性的分样本回归中进一步验证理论分析的可靠性。

研究难点在于：产业智能化的指标测度。产业智能化的数据缺乏，是制约当前实证研究难以深入开展的重要原因之一。因此，影响本研究顺利开展的难点在于如何使用大数据挖掘方法从海量数据中搜索、清洗和建构能够准确衡量产业智能化的指标，进而为实证研究奠定翔实的数据基础。

第六节　研究思路与方法

一、研究思路

本书按照"分析框架→提升效应→创新绩效→政策设计"的研究思路，结合计量经济学方法展开产业智能化背景下的员工技能培训研究，具体研究思路如图 1-5 所示。

首先，基于技术·组织·制度的分析框架，为产业智能化提升员工技能培训、员工技能培训塑造创新、产业智能化加持员工技能培训塑造创新的理论分析提供切入视角；其次，基于技术—组织维度，对产业智能化背景下员工技能培训的提升效应展开理论分析和实证检验；再次，先基于组织—制度维度，对员工技能培训的创新绩效展开理论分析和实证检验，接着从技术—组织—制度维度出发，对产业智能化加持员工技能培训的创新绩效展开理论分析和实证检验；最后，在分析框架和实证研究的基础上，从政策主体、议题和工具维度系统性架构产业智能化背景下的员工技能培训政策，并提出"区块链+培训"的政策信息化构想，认为区块链在破解中心化治理难题的同时，有助于员工技能培训政策从理论设计到应用落地，从而增强技能形成体系的治理效能。

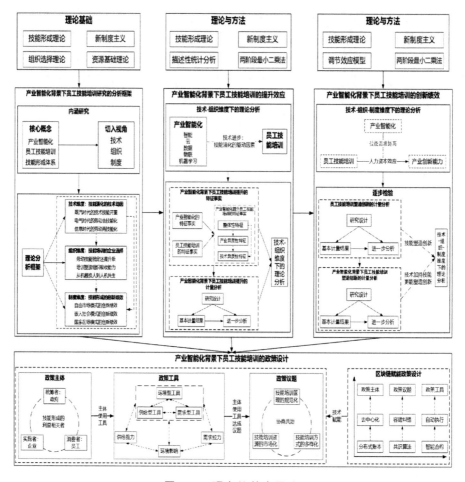

图 1-5　研究的基本思路

二、研究方法

综合运用 Python（一种编程语言）大数据挖掘方法、描述性统计分析方法、相关关系分析法、均值比较法、多重共线性检验法、夏普利（Shapley）分解模型、普通最小二乘法、调节效应模型、两阶段最小二乘法等计量方法，展开产业智能化背景下的员工技能培训研究。接下来，对本书所使用的研究方法依次进行说明：

第一，数据来源及指标设定部分，使用了大数据挖掘方法。基于网络爬虫技术对企查查的全样本数据进行采集，利用 Python 第三方 Pandas

库函数 Contains 对人工智能企业进行关键词模糊搜索，获得与"智能""云""数据""物联"以及"机器学习"等相关的人工智能企业数量，进而用人工智能企业数量的占比来衡量人工智能与产业的融合程度。

第二，产业智能化对员工技能培训提升效应的特征事实部分，使用了描述性统计分析方法、相关关系分析法与均值比较法。具体来说：使用描述性统计分析方法对产业智能化与员工技能培训的平均值、中位数、最小值、最大值进行了详细说明；使用相关关系分析法对产业智能化与员工技能培训的整体性关系、产业异质性关系以及技术异质性关系进行了探讨；使用均值比较法对区分产业技术水平后产业智能化与员工技能培训的均值差异进行了检验说明。

第三，产业智能化对员工技能培训提升效应的计量分析部分，使用了描述性统计分析方法、Shapley 分解模型、普通最小二乘法与两阶段最小二乘法。具体来说：使用描述性统计分析方法对产业规模、产业规模的平方、市场进入率、民营企业占比、出口交货值占比的平均值、中位数、最小值、最大值进行了详细说明；使用 Shapley 分解模型计算员工技能培训、产业规模、产业规模的平方、市场进入率、民营企业占比、出口交货值占比对产业智能化的贡献度；使用普通最小二乘法计算产业智能化与员工技能培训的回归系数，以及其在产业异质性和技术异质性分样本检验中的回归系数；使用两阶段最小二乘法计算在考虑内生性问题后的产业智能化与员工技能培训的回归系数。

第四，员工技能培训塑造创新的计量分析部分，使用了描述性统计分析方法、Shapley 分解模型、普通最小二乘法与两阶段最小二乘法。具体来说：使用描述性统计分析方法对产业创新能力的平均值、中位数、最小值、最大值进行了详细说明；使用 Shapley 分解模型计算员工技能培训、产业规模、产业规模的平方、市场进入率、民营企业占比、出口交货值占比对产业创新能力的贡献度；使用普通最小二乘法计算员工技能培训与产业创新能力的回归系数，以及其在产业异质性和技术异质性分样本检验中的回归系数；使用两阶段最小二乘法计算在考虑了内生性问题后的员工技能培训与产业创新能力的回归系数。

第五，产业智能化加持员工技能培训塑造创新的计量分析部分，使用了 Shapley 分解模型和调节效应模型。具体来说：使用 Shapley 分解模型计算员工技能培训、产业智能化与员工技能培训的交互项、产业规模、产业规模的平方、市场进入率、民营企业占比、出口交货值占比对产业创新能力的贡献度；在最小二乘法中，引入产业智能化与员工技能培训的交互项，构建起调节效应模型，以计算产业智能化加持员工技能培训后对产业创新能力的影响效应，并进一步检验基本回归结果在产业异质性和技术异质性分样本回归中是否仍然成立；在两阶段最小二乘法中，引入产业智能化与员工技能培训交互项的滞后一期变量，构建了新的调节效应模型，以此计算在考虑内生性问题后的产业智能化加持员工技能培训对产业创新能力的影响效应。

第二章 产业智能化背景下
员工技能培训研究的分析框架

在新制度主义的"技术—制度"分析框架中，组织占据了重要的一环，其在价值与工具、设计与行动、动机与结果之间搭建起彼此衔接的纽带[①]，这为阐释模式多样的技能形成体系提供了切入视角。然而，现有文献大多绕过组织来考察技术进步是如何影响产业工人技能形成体系变革的，无形之中将组织场域视为"黑箱"，忽略了组织选择是技术进步诱发制度变迁的重要因素。也就是说，既有研究对于技术进步在技能形成体系中的变革角色及塑造作用多有关注，却对技术进步如何形塑产业工人技能形成体系的具体路径仍然语焉不详。

工具理性导向下的产业工人技能形成体系，强调发挥制度的治理效能，目前形成了以英国为代表的低技能均衡发展模式和以德国为代表的高技能均衡发展模式[②]，也分别塑造了不同水平的国家创新绩效。那么，作为技术进步与技能形成体系互动结果的员工技能培训，在本质上是企业的一种生产性组织行为，从产业工人的人力资本视角塑造了产业创新能力。简言之，"技术→组织→制度"分析框架的搭建，有助于厘清产业智能化背景下员工技能培训的研究逻辑。

第一节 技术·组织·制度：分析框架的构建

"框架"作为一种提取、厘清和理解信息或问题的视角，实质就是

---

① 沃尔特·W. 鲍威尔，保罗·J. 迪马吉奥主编. 组织分析的新制度主义[M]. 姚伟译. 上海：上海人民出版社，2008：6-15.

② 高技能均衡发展模式是指"高技能—高工资—高附加值"的发展方式，与之相反，低技能均衡发展模式是指"低技能—低工资—低附加值"的发展方式。

一种隐喻、符号和认知性暗示。那么，"技术→组织→制度"分析框架的构建，为探讨产业智能化提升员工技能培训、员工技能培训塑造创新、产业智能化加持员工技能培训更能塑造创新提供了切入视角，具体如图2-1所示。技术进步虽然是塑造技能形成体系的内生动力，但从研发创新到商业化生产之间存在一段"知识距离"，需要借助员工的劳动技能形成组织吸收能力，从而提升技能形成体系的创新绩效。对英国的低技能均衡发展模式和德国的高技能均衡发展模式进行考察，结果显示两国在解决员工技能培训的市场失灵问题上存在明显的制度差异，即英国采用的是自由市场式的技能形成体系，而德国遵循的是社会伙伴式的技能形成体系。因此，人工智能时代的企业经营，需要重新全面审视对员工进行技能培训的战略价值，可将其视为一种战略投资选择，而不仅仅是一种生产成本。技术与技能之间的互相协作，有助于实现企业创新绩效的递增，从而为企业在创新驱动发展时代塑造持续性的竞争优势。

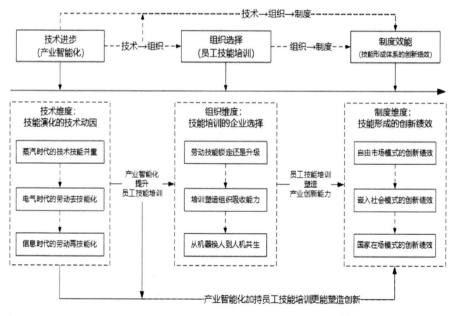

图 2-1　技术·组织·制度的分析框架

一、技术—制度二分法的理论演化

相较新古典经济学而言，演化经济学在经济研究中的地位并不那么耀眼，其认为技术、制度、偏好、资源等要素禀赋不是一成不变的，"资源创造"而非"资源配置"应该成为经济学的研究主题，强调在研究过程中重视和挖掘处于背景状态的"演化"力量[①]。也就是说，演化经济学是研究"生成"（Becoming）的经济学，强调技术进步与制度规制对经济社会发展的协同影响[②]。"技术—制度"分析框架的提出，是索尔斯坦·凡勃伦对演化经济学理论的主要贡献，其发现了技术创新有助于消解制度的自我强化机制，促使制度变迁的趋势能够朝着进步的方向发展。所谓进步的方向，是指制度变迁是否有助于达成良善的美好生活。一般而言，制度是被"当下的"行动者和事件所形塑的，处于一种不断运动、变迁的过程[③]。约翰·康芒斯在继承凡勃伦研究的传统基础上，进一步批判了新古典经济学假定所有前提条件不变的荒谬，认为经济学研究并不是简单地在给定技术、制度、偏好、资源的要素禀赋下进行最优配置的数学问题。借用一个法学概念，康芒斯认为"交易"才是经济学更为恰当的分析单位，即技术进步刺激了交易双方可能会产生新的利益冲突，为了重新促进交易需要利益攸关方达成一个新的行为规则，用于规制和限定交易双方追逐利益的边界[④]。

　　然而，凡勃伦和康芒斯的理论，不仅源于德国经济学历史学派，还深受美国本土哲学实用主义的影响，仅局限于劳动经济学、产业经济学等领域，并未从根本上挑战新古典经济学的统治地位，反而在后期发展中陷入边缘化的境地。20 世纪 30 年代，资本主义世界的经济大萧条，使得演化经济学受到前所未有的冲击，特别是韦斯利·米切尔运用制度主义方法对经济周期进行分析所获得的四阶段论，并不能较好地解释当时的经济社会发展现状，大批制度主义者也因此转而信奉强调政府"有形之手"的凯恩斯主义。

　　在这种情况下，克莱伦斯·艾尔斯通过工具价值理论对凡勃伦传统理论进行了继承与改造，成为第二次世界大战后技术—制度二分法理论

　　① 贾根良. 演化经济学导论[M]. 北京：中国人民大学出版社，2015：2-3.

　　② Foss N. J. Realism and Evolutionary Economics[J]. Journal of Social and Evolutionary Systems, 1994, 17 (1): 21-40.

　　③ W. 理查德·斯科特. 制度与组织：思想观念、利益偏好与身份认同[M]. 姚伟等译. 北京：中国人民大学出版社，2020：3-5.

　　④ 约翰·康芒斯. 制度经济学[M]. 北京：商务印书馆，1997：340-350.

承前启后的关键人物。艾尔斯将技术与工具、制度与仪式在概念上等同使用，认为技术在经济社会的发展过程中发挥决定性作用，制度会随着技术的更新迭代而产生相应变化。照此逻辑，"文明的连续性就是工具的连续性"，技术进步使经济社会发展走向一个不断演化的实用主义过程，但这似乎有落入"技术决定论"窠臼的危险。

在约翰·福斯特看来，技术与制度之间并不是绝对割裂的关系，而是一种相互依赖的关系，技术只是一种行为模式，不是物的简单集成。福斯特抛弃了艾尔斯的二元绝对论，提出了更符合实践逻辑的研究思路用于阐述技术与制度之间的关系演变。马克·图尔进一步强化了制度的强制性，引入社会价值理论诠释了制度对塑造人类行为模式的重要作用，即明确了制度本身所具有的工具与规制双重职能。图尔的理论重塑了人在技术进步过程中的主体地位，认为技术进步不过是人类所掌握知识的可靠性表现，直接否定了工具具有进步性的本质命题。然而，图尔的社会价值理论又过于强调制度的规制作用，认为技术纯粹是一种"社会建构物"，这显然违背了知识生产的固有逻辑，过分夸大了人类观念、符号、惯例的作用。

1982 年，理查德·纳尔逊和西德尼·温特的著作《经济变迁的演化理论》一经出版，瞬即推动"演化"一词成为西方经济学界的时髦词汇。"演化"思想对阐述技术进步与制度规制的共演分析具有重要的启发意义，既强调技术和制度作为演化单位存在的共性，也重视双方各自具有的发展特征。也就是说，技术进步对经济发展的推动进程与制度规制对经济发展的推动进程是协同一致的，两者之间存在相互依赖与相互影响的关系。至此，演化经济学形成了技术进步与制度规制共同演化的观点，经济社会的发展不仅需要技术进步，也需要制度的规制作用。那么，新古典经济学研究的资源配置实质上就是价格机制，演化经济学研究的资源创造实质上就是创新机制。

当前，创新已成为驱动经济社会发展的内生力量，创新能力也成为国家竞争力的核心要素。特别是 2020 年 10 月，党的十九届五中全会明确提出"坚持创新在我国现代化建设全局中的核心地位"，把创新作为引领经济社会发展的第一驱动力业已上升为国家发展战略。无论是技术的创新，还是制度的创新，都离不开"人为"因素的影响，即技术在与人结合的情况下才有可能成为具有创造力和生产力的技能，而劳动技能的形成又需要相应的制度进行规制和完善。由此，基于演化经济学的技术—制度分析框架，对高技能、高工资和高附加值的高技能均衡发展模式进行研究，有助于通过人力资本禀赋塑造创新或研发密集的知识推动创新型国家的建设进程。

二、组织场域的介入、耦合与变革

约瑟夫·熊彼特在 1912 年出版的著作《经济发展理论》中首次提出"创新理论"，认为生产技术的创新或者生产要素的创新性组合是资本主义最本质的特征，没有创新，资本主义就无从谈起[①]。这一论断虽然有所偏颇，但与马克思主义政治经济学的相关观点却有不谋而合之处，都认为生产力是推动社会发展最具革命性和最具活跃性的因素。显然，这里的创新并不是指单纯的某种产品创新或某类工艺创新，而是指一种确保技术进步得以良性循环的机制。按照熊彼特的观点，创新就是建立一种"新的生产函数"[$P=f(a, b, c, ..., n)$，其中，$a, b, c, ..., n$ 表示技术、资本、劳动力、生产车间、土地等生产要素]。换言之，单纯的科技发明或工艺变革并不属于创新机制，将构成生产函数的生产要素要么进行新的排列组合，要么将一种从未有过的新的生产要素引入生产函数才可以被视为"创新"。

以人工智能、5G 等为代表的新一代信息技术，加快了数字经济时代到来的步伐，相应变革了生产系统的要素组成结构，也催生"数据"成为一种新型的生产要素。然而，熊彼特的研究重点是如何促进创新的实现过程，而忽略了新知识是如何产生的过程。自德国企业在 19 世纪末首创研发部门以来，以企业研发部门、大学、科研机构等为主的正式组织，更有利于在制度层面推进创新的产生[②]。此外，企业作为正式组织也会由于"干中学"机制的存在，产生相当数量的旨在解决实际生产问题的非正式创新活动。简言之，创新体系根植于生产系统之中，强调产业界、学术界和政府在形成创新能力方面的相互合作。

那么，场域理论在探讨组织的制度分析中具有比较恰当的解释力，有助于分析组织运行环境的作用机理。场域理论起源于 19 世纪的电磁

① 约瑟夫·熊彼特.经济发展理论——对于利润、资本、信贷、利息和经济周期的考察[M].何畏、易家详等译．北京：商务印书馆，2022.

② 贾根良．演化经济学导论[M]．北京：中国人民大学出版社，2015：135.

学和液体力学，后来经德国格式塔心理学派的使用，得以推广至人文社会科学领域。皮埃尔·布迪厄从关系系统视角来思考场域概念，强调处于场域之中所有组织之间的动态关系，这为组织场域理论的形成奠定了重要的基础。作为社会实体存在的组织，成为旨在实现理想化集体行动计划的有效手段。因而，场域理论加持下的组织，自然成为兼具多样性、共同性且相互依赖的运行系统。技术与制度在组织场域中获得了独特的"身份"或"性格结构"，并以某些共有的关系安排及其相应的符号进行组织形式之间的交往。

　　不过，关系系统视角仍然不足以勾勒技术与制度在组织场域中的交往图景，需要从更宽泛的文化理论视角对其进行探讨。罗伯特·伍斯诺修正了布迪厄主要关注主体内化"惯例"（也称"习性"）的研究倾向，强调从文本、话语、状态等角度分析组织之间的文化联系[①]。惯例往往具有较大的"粘性"特征，揭示了存在组织场域之中的文化联系由共同体习得，并由共同体维持。当然，文化视角的分析遵循的是制度逻辑，即不同组织在场域之中的交往活动应认可具有规制性、规范性和文化—认知性要素的共同概念框架。因此，制度逻辑是影响组织可靠性和稳定性的核心因素，建构了相关行动者在场域中的模式化与默会性知识信念[②]。

　　演化经济学家纳尔逊和温特也十分重视惯例或共同概念框架在组织场域中的影响，认为行动者许多无意识的选择和行动，在很大程度上受到场域内所固有的模式化、默会性知识和技能所支配。一般而言，惯例就如组织"基因"一样，往往存在于组织背景之中，通过"干中学"机制得以在组织选择者之间传递[③]。新手通过"硬的"规章制度获得参与组织活动的合法性，在职培训的经验式学习进一步使得新手习得共同体为之遵守的概念框架。也就是说，不同组织一般都会具有不同的习性，这也相应塑造了行动者不同的行为模式，从而在一定程度上决定了组织

---

① W. 理查德·斯科特. 制度与组织：思想观念、利益偏好与身份认同[M]. 姚伟等译. 北京：中国人民大学出版社，2020：227.

② 何艳玲，汪广龙. 中国转型秩序及其制度逻辑[J]. 中国社会科学，2016（6）：47-65：205.

③ Lave Jean, Etienne Wenger. Stiuated Learning: Legitimated Peripheral Participation[M]. Cambridge UK: Cambridge University Press, 1991: 29.

绩效是否长期保持还是停滞不前。

就企业创新类型而言，产品创新属于"突变型"技术进步，工艺创新属于"累积型"技术进步，这对企业的人力资本提出了不同的要求。其中，工艺创新需要一大批会操作、懂维修先进机器设备和生产线的高技能人才作为支撑，也相应驱动了企业投资员工技能培训。从产品创新到商业化生产之间存在一段"知识距离"，员工的高技能素质则是缩短这段知识距离的有效工具，其在革新工艺生产流程中达成提升劳动生产率的目的。已有文献也验证了以高技能、高工资以及产品和服务高附加值为主要特征的高技能均衡发展模式，是塑造德国制造业创新能力的主要因素①。由此可知，组织场域介入"技术—制度"二维分析框架，在赋予技术和制度"惯例"标签的同时，也形塑了技术进步推动制度变革的影响机制。

三、技术、组织与制度的协同共生

艾尔斯从实用主义视角，强调制度为技术服务，这未免绝对割裂了技术与制度之间的互动关系，有陷入工具理性至上窠臼的危险。福斯特则从人类活动的过程出发去考察技术与制度，认为技术的职能范畴具有连续性和发展性，而制度的结构范畴则是非连续的和多变的。技术与制度的属性差异，为两者之间形成相互依赖的关系提供了可能性，不确定性的竞争和达成均衡的合作构筑了相互依赖的网络，也共同成为推动社会变化的动力。福斯特的研究，开启了新制度主义对技术与制度研究的双向互动先河，亦是技术一制度二分法成熟的重要标志。此后，图尔进一步完善和创新了社会价值理论，否定了技术具有工具进步性本质的命题，认为技术只有在人类的社会实践过程中才能彰显其价值。社会价值理论突出了人类在社会进步中的主动性，也进一步补充了凡勃伦关于制度是惯例或习性组成的论断。

技术在本质上是动态的工具性评价过程，亦是可靠知识具体化和储备化的过程。可靠知识的增加受到"仪式锁闭"的规制，但当增量达到质变的情况下，"进步性"制度变迁由此发生。可见，技术进步与制度

---

① Rupietta C., Backes-Gellner U. High Quality Workplace Training and Innovation in Highly Developed Countries[R]. University of Zurich, Institute for Strategy and Business Economics (ISU), 2012.

变迁之间存在一种协同演化的关系,经济发展和社会进步正是在这样的演化过程中得以推动①。然而,现有文献大多绕过组织来考察技术进步是如何影响制度变迁的,无形之中将组织视为"黑箱",忽略了组织选择是技术进步诱发制度变迁的重要变量。福斯特对于组织的调节作用早有相关论述,认为新技术孕育了新的组织结构,新的组织结构则更新和重塑了组织成员的认知图式,从而催生了新的惯例或新的制度②。

马克思也精辟地指出:"每一历史时代主要的经济生产方式和交换方式以及必然由此产生的社会结构,是该时代政治的和精神的历史所赖以确立的基础,并且只有从这一基础出发,这一历史才能得到说明"③。也就是说,承载制度变迁的组织结构,不仅适应于社会生产方式的调整,也是制度变迁体系赖以确立构建的基础,通过对其变革历史的梳理,有助于勾勒制度变迁的宏观议题和陈述制度变迁的微观叙事。蒸汽机、内燃机、电话电报等新技术的出现,将由政府和社会组成的传统组织结构分解为政府、市场和社会,也打破了"中心—边缘"的管理惯例。

以大数据、人工智能等为代表的新一代信息技术,更加突出和强调公民的主体性,在消解主客二分式组织结构的同时,塑造了公民、市场、社会和政府构造的多元主体结构,宣告扁平化、网格化和去中心化的信息时代来临④。以结构要素为关系分析起点的组织结构,在运用技术的过程中形成了新的组合模式与功能效用,而新的实践样态塑造了主体之间的关系差异化,也要求规制和规范主体交往关系的制度做出相应的调整变化。那么,源于演化经济学概念的技能形成体系,将技能置于一个更加复杂的视野下加以考察,考虑利益攸关方对产业工人技能形成的影响,这无疑就是技术、组织和制度协同共生的结果。

技能形成体系作为一种制度安排,是社会力量参与建构的结果,涉及技能供给制度、技能评价制度、技能投资制度以及技能使用制度。由技术·组织·制度的分析框架可知,技术进步下的产业转型升级,提升

---

① 王立宏. 演化经济学技术-制度二分法的理论演化[J]. 山东社会科学,2011(1):104-108.

② 约翰·B. 福斯特,J. 斯坦利·梅特卡夫主编. 演化经济学前沿:竞争、自组织与创新政策[M]. 贾根良,刘刚译. 北京:高等教育出版社,2005:45-50.

③ 中共中央马克思恩格斯列宁斯大林著作编译局. 马克思恩格斯选集(第一卷)[M]. 北京:人民出版社,2012:385.

④ 张双志,张龙鹏. 教育治理结构创新:区块链赋能视角[J]. 中国电化教育,2020(7):64-72.

了生产系统对劳动力的技能需求，也相应要求职业教育和培训体系为劳动技能的形成提供高质量的多样化学习支持。作为知识重要来源的劳动技能，是产业工人人力资本的主要组成部分，亦是推动知识经济发展的动力源泉。那么，技术在不同的发展阶段，对产业工人技能素质要求是不一样的，对此形成的制度安排也不尽相同。美国将福特流水线生产模式发挥到极致，技能节约型生产技术的使用，也刺激了劳动者积极投资普通高等教育，以学历文凭获取研发创新、经营管理、产品销售等象征"高端"技能的工作岗位。

因此，美国劳动力市场出现了严重的技能两级分化现象，处于"微笑曲线"产业链中部的企业，纷纷流向国外劳动力成本较低的地区，这也是美国制造业产业链不再完整的主要原因。第二次世界大战后的日本企业，由于资金有限无力购买大量先进生产设备，则采取以技能为主、技术为辅的精益生产模式成功创造了"日本制造"奇迹①。丰田汽车公司的 U 型多工序操作台，促使曾被"异化"为某个生产环节的局部工人，开始向"多面手"熟练工人转型，高技能均衡发展模式也由此形成。对德国经济崛起的类似研究，也同样说明拥有高技能素质的产业工人是"德国制造"走向世界的一个鲜明比较制度优势。

第二节　技术维度：技能演化的技术动因

技术与技能的关系演化，在一定程度上反映了历史唯物主义关于"生产力—生产关系"的辩证论断，其中任何一方的变化都会明显触及生产系统要素的根基。技术进步作为推动产业结构变化的主导力量，亦是影响产业工人技能需求变化的直接因素。一方面，技术的每一次重大进步都会直接推动生产系统的重大变革，例如蒸汽机引发了工场手工生产方式，电气引发了流水线生产方式，信息技术引发了自动化生产方式；另一方面，生产方式的重大变革，也会相应重新塑造劳动者的技能素质，例如工场手工业生产方式下的技术与技能并重、流水线生产方式

---

　① 杰弗瑞·莱克. 丰田模式：精益制造的 14 项管理原则[M]. 李芳龄译. 北京：机械工业出版社，2016：6-10.

下的劳动去技能化以及自动化生产方式下的劳动再技能化。

一、蒸汽时代的技术技能并重

16 世纪中叶，英国的宗教改革运动，否定了罗马天主教的绝对权威，在一定程度上解放了人们的思想，也为资本主义率先在英伦三岛的兴起奠定了思想文化基础。1688 年的"光荣革命"结束了"血腥玛丽"时期，随后 1689 年颁布的《权利法案》，正式宣告英国进入君主立宪制时代，资产阶级和新贵族共同取得了实际统治权[①]。掌权后的英国资产阶级，一方面积极发展海外贸易，获取廉价的生产原料和广阔的海外市场，积累了较为丰富的资本；另一方面，在国内强势推行"圈地运动"，获得了大量的廉价劳动力，商品生产以空前速度蓬勃发展。然而，快速激增的产量还是不能满足日益膨胀的市场需求，一场生产系统的革命呼之欲出。1785 年，詹姆斯·瓦特经过一系列试验改良后的蒸汽机，率先在纺织业投入使用，为珍妮纺纱机提供了源源不断的机器动力，人类社会也由此进入"蒸汽时代"。

为了适应快速提升的生产动力，资本家使用了工场手工生产系统代替了手工作坊生产系统，服务于生产效率的生产技术与劳动技能也发生了相应变化。就手工作坊生产系统而言，人力、畜力、水力等非机械动力所带来的生产效率较低，劳动技能水平的高低在很大程度上决定了产品数量和质量，传统工匠成为手工作坊的关键生产要素。就工场手工生产系统来说，以煤炭为主要燃料的蒸汽机取代了传统生产动力，传统工匠也悄然转变为工场工人，生产设备与工匠师傅在生产车间的关系发生了微妙变化，即生产工序强调技术与技能的并重。

马克思在《资本论》第一卷第十二章里以工场手工业为例，对劳动分工和劳动过程有一段十分精辟的论述，"通过手工业活动的分解，劳动工具的专门化，局部工人的形成以及局部工人在一个总机构中的分组和结合，造成了社会生产过程的质的划分和量的比例，从而创立了社会劳动的一定组织，这样就同时发展了新的、社会的劳动生产力"[②]。据

---

① 高全喜. 英国宪制中的妥协原则——以英国宪制史中的"光荣革命"为例[J]. 苏州大学学报（哲学社会科学版），2017（4）：55-62；191.

② 卡尔·马克思. 资本论（第一卷）[M]. 中央马克思恩格斯列宁斯大林著作编译局译. 北京：人民出版社，2004：410-426.

此，任务分解程度、工具专业化程度、局部工人的熟练程度构成了分析技术与技能动态适配关系的三个维度。

就任务分解程度而言，作为技术工人精英代表的工匠师傅，仍然把持着产品生产的全过程，通过招收学徒工进行长达数年的言传身教，使其获得与工场生产设备相适应的劳动技能。从工具专业化程度来说，在工场手工生产系统中，生产设备的机械化程度并不高，且生产设备的性能并不稳定，需要一批懂得机器维修的全能工人，其在生产车间占据了重要地位。就局部工人的熟练程度而言，工匠师傅掌握和控制着工场生产的全部技能，维修机器的工人也在一定程度上决定了生产的运转秩序，处于车间底层的学徒工也基本熟悉产品生产的流程。因此，不能简单地将产业工人划分为熟练工人和非熟练工人。

整体来看，工场手工生产系统的生产设备较为简单，且生产性能稳定性较差，由此产生的劳动分工也较为粗略，机器的使用被视为是对劳动技能的一种补充①。也就是说，在工场手工生产系统中，劳动过程和劳动者技能并不能相对分离，产品产量依赖于劳动者技能，机器的使用只是作为一种规模化生产的补充。随着英国相继击败了西班牙、荷兰和法国后，建立起世界殖民史上的第二个"日不落帝国"，其急剧膨胀的人口数量加大了对英国商品（尤其是纺织品）的市场需求。那么，主要依靠生产设备和劳动技能来增加产量的资本家，发现单纯的机器增加无助于产量的提升，需要扩大技能工人的规模才能实现规模化生产。但一名成熟的技能工人从培养到使用需要一定的培训周期，且工人的技能培训权和资格认证权被传统手工业协会牢牢掌握着。换言之，技能工人或熟练工人的严重短缺，已成为制约工场手工生产系统实现规模化生产的瓶颈。

劳动者在工场手工生产系统中能够获得"技艺"的满足，并将这种满足转化为自身对劳动技能的控制，资本家为了掌握工场生产的主动权，更多地榨取劳动者的剩余价值，与工匠师傅围绕技能培训权和资格认证权展开了一系列政治较量。1562 年颁布的《工匠、徒弟法》，对学徒制和各行各业的学徒培训制定了详细的行为规则，特别是规定学徒培

---

① 杨斌，魏亚欣，田凡. 技术进步与劳动技能的动态适配——基于生产系统"硬件—软件—人件"互补演化机制的分析[J]. 南开管理评论，2020（3）：4-13.

训的年限为七年，且要求工匠与学徒工的数量比例保持 1：3 以保证学徒的培养质量①。显然，传统手工业行会对学徒工的培养模式，已经严重危及资产阶级的根本利益，无法及时补充大量的学徒工和获得具有一定技能的熟练工人，商品供给也就无法满足市场需求。于是，资产阶级主政的英国政府开始不再愿意去维护传统手工行业的特权，直至 1814 年正式废除《工匠、徒弟法》，这也开启了英国志愿性职业培训体系的建构之路。

二、电气时代的劳动去技能化

与蒸汽时代不同，第二次工业革命的许多技术发明，不再局限于工匠师傅的实践经验，而是开始同工业生产紧密结合起来，科学技术推动生产力发展的作用越发显著。从 1866 年德国发明家维尔纳·冯·西门子制成发电机开始，电力开始逐步成为继蒸汽动力之后的新能源，特别是以煤油和汽油为燃料的内燃机、能够 24 小时不间断照明的电灯以及实现信息快速传递交流的电话电报等，进一步推动人类社会进入"电气时代"。为了适应快速提升的生产动力，资本家采用工厂生产系统代替工场手工生产系统，服务于生产效率的生产技术与劳动技能也发生了相应变化。虽然，资本家在与工匠师傅争夺对学徒工技能培训权和资格认证权方面占据了上风，但他们依旧不能掌控生产车间的运作权力，工场内部频繁出现技术工人领导的劳资对抗活动，严重影响到企业生产的正常运转。为了削弱技术工人对生产车间的控制权力，尽可能提升商品的生产量以满足日益膨胀的市场需求，资本家不仅开始大规模投资使用新的生产设备，还特别重视寻找新的生产车间管理方法，以获取更多的剩余价值。

随着数字技术的迅猛发展，资本家和劳动者之间的矛盾已超出"技术—技能替代论"的解释范畴。平台经济模式的日益盛行，也愈发将算法控制下的劳动技能分解到以分秒为单位进行货币激励和惩罚，这使得外卖员、快递员等零工群体的生存状况引发社会各界的强烈关注。这样看来，似乎"闲暇革命"并未到来，技术也没有终结劳动，反而在重构

① 贺国庆，朱文富等著. 外国职业教育通史（上卷）[M]. 北京：人民教育出版社，2014：42.

工作任务的过程中无限拓展了工作的边界，从劳动空间扩张、劳动自由压缩、劳动强度激增等方面加速了劳动者的"内卷化"进程。换言之，技术的快速迭代更新不仅没有促使劳动技能发生"退化"，反而推动了劳动者的"再技能化"变革[①]。可见，劳动技能退化或者"去技能化"（De-Skill），不可避免地成为电气时代无产阶级在生产车间生存地位的真实写照。当然，分工细化和过程控制在劳动去技能化的过程中发挥了至关重要的作用。

1911 年，弗雷德里克·温斯洛·泰勒在其著作《科学管理原理》中，从"车床前的工人"开始，重点研究了生产车间的具体工作效率，提出用科学化、标准化的任务管理方法代替传统的经验管理，这样"工作定额原理""计件工资制""挑选头等工人""职能工长制""例外原则"等词汇，成为那个时期冠以"科学管理"的常用概念。新概念的出现并不代表实际生产力会相应获得提升，1913 年美国著名企业家亨利·福特开发出流水线生产模式，将每辆 T 型汽车的组装时间由原来的 13 个小时缩短至 1.5 个小时，生产效率整整提高了 8 倍[②]。由此，福特汽车的产量迅速净增，销售价格也一路下降，相应刺激了大众对汽车的消费需求，也开启了长达一个世纪的"以产定销"企业经营模式。

接下来，从任务分解程度、工具专业化程度、局部工人的熟练程度三个维度分析电气时代的技术与技能动态适配关系。

就任务分解程度而言，生产车间作业的细化是劳动者去技能化的前提，劳动分工越是细化，劳动者的技能就越发强调配合机器生产的速度，不需要专门了解整个生产流程的知识。这样工人通过简单培训就可以上岗，技能的简单化和标准化使得劳动者失去了掌控生产作业的自主权。任务分解的细化，在劳动者与资本家之间形成了一种新的角色"职业经理人"，也就是泰勒所宣称的职业管理者。这样资本家通过职业经理人，实现对生产车间的严格控制和管理就成为可能。

从工具专业化程度来说，科学技术的进步使生产动力从蒸汽动力转变为以煤油、汽油为燃料的电力，一大批针对不同任务的专业化生产工

---

① 邱子童，吴清军，杨伟国．人工智能背景下劳动者技能需求的转型：从去技能化到再技能化[J]．电子政务，2019（6）：23-30.
② 黄解宇．流程管理发展的两大革命——从福特的流水线到哈默的流程再造[J]．科技管理研究，2005（11）：229-231；235.

具也随之出现，特别是流水线生产模式的运用，将工人的劳动局限为某项具体的标准化工序。换言之，在机械化生产车间，工人的速度就是"技能"，但生产速度并不是真正意义上的技能。

就局部工人的熟练程度而言，科学管理制与流水线生产模式的结合，使得生产过程对劳动者技能的依赖程度明显下降，工人被"异化"为生产线上的一个环节，全能工人被分解为局部工人。标准的批量生产和生产工序的规范化，把进行生产车间操作规划的自主能力，从一线劳动者手中剥离，刻意忽视劳动力的主观能动性，引发劳动技能的"退化"现象①。

三、信息时代的劳动再技能化

兴起于 20 世纪四五十年代的第三次工业革命，是人类文明史上继蒸汽技术革命和电气技术革命后又一个飞跃式的技术突变进展。原子能、电子计算机、空间技术、生物工程等代表性技术的出现，既是由于以往长期积累的科学知识取得了重大突破，也是迎合第二次世界大战以及冷战期间各国对高科技的迫切需要②。例如，1946 年在宾夕法尼亚大学问世的"电子数字积分计算机"、1952 年研制成功的世界第一台数控机床等新兴技术，都离不开美国军方的参与和推动。以晶体管、半导体元件产品、大规模集成电路等为代表的电子信息产业，极大地降低了信息传播沟通的费用，推动人类社会由工业时代迈向信息时代。

科学管理制与流水线生产模式的结合，让福特汽车一跃成为当时物美价廉的代名词，然而剥离了劳动技能的福特汽车在后期发展中却面临产量下降、质量不优等问题。与此同时，第二次世界大战后的日本受益于朝鲜战争、越南战争以及冷战等军事和政治需要，获得了美国政府的大量援助与投资，国民经济发展一路高歌猛进，直至成为资本主义世界的第二大经济强国。相反，经历了 20 世纪 70 年代"滞胀经济"折磨后的美国，在 80 年代同样危机四伏，一方面是源于冷战对手苏联在军事和科技方面的竞争表现得咄咄逼人，另一方面是作为资本主义世界同盟的日本、西欧（主要是德国）在经济发展方面大有与美国一争高下的趋势。

---

① 哈里·布雷弗曼. 劳动与垄断资本——二十世纪中劳动的退化[M]. 方生，朱基俊等译. 北京：商务印书馆，1978：123-124；398.

② 贾根良. 第三次工业革命与工业智能化[J]. 中国社会科学，2016（6）：87-106；206.

　　为了探寻隐藏其中的深层次原因，学术界对此展开了一系列颇具影响力的理论探讨和实证研究。其中，詹姆斯·沃麦克领衔的麻省理工学院工业生产率委员会，在《夺回生产优势：美国制造业的衰退及对策》和《改变世界的机器：精益生产之道》两本著作中，旗帜鲜明地认为丰田汽车公司的生产方式是最适用于现代制造企业的一种管理模式，并将其命名为"精益生产"（Lean Production）。日本精益生产方式，着眼于将一切与车间生产过程无关、多余的因素进行精简，使生产系统能够快速适应灵活多变的市场消费需求。强调多品种小批量的"按需生产"模式直接挑战了少品种大批量的"以产定销"模式，生产车间不仅关心生产规模，也更加重视生产效率和灵活性。也就是说，精益生产系统以人的技能为中心，视机器设备为提升劳动生产率的辅助手段[①]。

　　接下来，从任务分解程度、工具专业化程度、局部工人的熟练程度三个维度分析信息时代的技术与技能动态适配关系。就任务分解程度而言，信息技术的大规模采用，提高了任务分解的复杂度，需要企业通过人力资本干预手段形成员工专用技能以应对多品种化的生产要求。从工具专业化程度来说，先进的生产设备固然重要，但其销售价格也是非常昂贵，在能调动劳动技能柔性生产的情况下，采用容易维修且允许在一定程度上可进行改进的半自动通用设备自然成为提高劳动生产率的重要选择。就局部工人的熟练程度而言，丰田汽车公司在流水线生产布局的基础上，创新性引入和完善了U型多工序操作台，这样曾被"异化"为某个生产环节的局部工人开始向"多面手"熟练工人转型，兼具效率与柔性的生产系统至此形成。

　　简言之，流水线车间出现的劳动去技能化，已不再适用于信息时代的生产系统，重拾"技艺"满足感的劳动再技能化成为职场工作的新趋势。然而，终身雇佣制、年功序列制和企业内工会组织所带来的日式经营刚性成本不断加大，已经开始造成精益生产系统的自我过度适应，严重影响了日本面对新一轮信息技术革命冲击下的抗压能力[②]。人工智能作为新一代信息技术的集大成者，在推动自动化生产系统重构的同时，

　　① 叶飞帆，华尔天. 精益企业理念与精益生产实现模式研究[J]. 管理工程学报，1998（2）：3-5.
　　② 张建立. 日本年轻人缘何压力山大——从日本终身雇佣制的瓦解说起[J]. 人民论坛，2020（5）：126-127.

也对技术与技能的动态适配关系产生了多重影响[①]。虽然，新一代信息技术在最基础的逻辑运算原理方面，还是属于第三次工业革命的概念范畴，但其强调人件系统、软件系统和硬件系统互补结合的生产形式被视为工业 4.0 时代的开始。

智能制造作为一国综合竞争力的主要组成部分，越发受到重视。在2019 年中央政府的工作报告中就首次提出"智能+"概念，并且明确要求"打造工业互联网平台，拓展'智能+'，为制造业转型升级赋能"。那么，作为信息时代自动化生产系统延续的智能制造，也必将重塑劳动力市场结构。具体来说，劳动力市场开始呈现出"岗位极化"和"人机共生"的两大趋势[②]。其中，"岗位极化"是指高技能和低技能工作的岗位数量增加，而中等技能工作的岗位数量却出现大幅压缩；"人机共生"则是指智能化生产背景下的一种新型雇佣方式，强调人工智能在拓展人类能力的同时，也揭示了人类在不断优化人工智能的技术性能，这明显区别于流水线生产环境下的"机器换人"。换言之，目前的生产设备显然无法实现无人化生产，劳动技能仍然处于工业 4.0 时代自动化生产系统的中心[③]，只是劳动者之间存在的"技能鸿沟"越来越明显，需要引起高度重视。

第三节　组织维度：技能培训的企业选择

员工技能培训是技术进步与产业工人技能形成体系的互动结果，实质是一种企业生产性组织行为。除了普遍存在的挖人外因外，贝克尔认为技能培训存在市场失灵的主要原因，在于信贷约束对企业投资培训存在成本—收益方面的不确定性影响。作为准公共产品的技能的确存在收益不确定的风险，一旦预期培训收益不能被有效保障，企业就不会愿意投资员工技能培训。英国滑入低技能均衡发展陷阱的原因，在于没能有

---

① 杨伟国，邱子童，吴清军. 人工智能应用的就业效应研究综述[J]. 中国人口科学，2018（5）：109-119.

② 孙早，侯玉琳. 工业智能化如何重塑劳动力就业结构[J]. 中国工业经济，2019（5）：61-79.

③ 艾丽卡·沃利尼，杰夫·施瓦兹，布拉德·丹尼，大卫·马隆. 2020 德勤全球人力资本趋势报告[R]. 德勤有限公司（Deloitte），2020.

效解决雇主和员工所面临的技能培训投资不确定性问题。然而，德国和日本的发展经验却揭示了企业能够从员工技能培训投资中获得回报，包括对通用性技能培训的投资。阿西莫格鲁基于劳动力市场结构的视角对此展开了一系列颇具影响力的研究，认为压缩工资差距在其中起着决定性作用。可见，企业是否投资员工技能培训是一场关于成本—收益计算的组织选择。

一、劳动技能锁定还是升级

2019 年 8 月，英国科技委员会（CST）向首相鲍里斯·约翰逊提交了一份政策建议报告《为提高生产力而进行技术扩散》，该报告认为领导和管理能力的不足、知识和技能的广泛差距所引起的技术扩散传播障碍是英国生产力低迷的主要原因，明确建议英财政部，商业、能源和工业战略部以及教育部联合制定相应政策法规，以鼓励企业雇主支持新技术运用和投资员工技能培训[①]。低技能、低工资和低附加值是低技能均衡经济的典型特征，也是长期困扰英国经济社会发展的问题[②]。英国产业界一直奉行低成本、低价格竞争策略的福特主义，致力于寻求技能节约型生产技术，这从劳动力市场需求角度进一步加剧了技能短缺的问题。信息技术、生物技术、软件开发等新一轮技术革命的兴起，更加凸显英国在高技能劳动力方面储备不足的缺陷。

经济社会的发展需要一大批技术技能人才，将科技创新成果转化为劳动生产力，这些体系化的技能既包括具备一般的 STEM（科学、技术、工程和数学）技能，也包括在新技术领域具备的专业知识。然而，英国无论是最基本的劳动技能，还是高端专业化技能，都明显落后于德国、日本等制造业强国。1964 年《工业训练法》的颁布实施，在英国职业教育和培训史上具有里程碑意义，标志着英国政府对职业教育和培训开始放弃自由放任的模式。然而到 80 年代末，英国政府成立的培训与企业委员会（TEC），又重新强调企业在员工技能培训问题上的自主决定权，似乎政策的钟摆开始在"放任"还是"干预"之间来回摇摆。

也就是说，劳动技能似乎在英国陷入了一种低端"锁定"的状态。

① Correspondence: Diffusion of Technology for Productivity[EB/OL].（2020-02-28）[2020-11-10]. https://www.gov.uk/government/publications/diffusion-of-technology-for-productivity.

② 王辉. 低技能均衡的研究述评[J]. 中国人力资源开发，2017（2）：137-144.

丹尼斯·斯诺尔提出的低技能均衡理论，认为企业的研发创新投入强度决定了其能否为劳动力市场创造技能岗位，也就是所谓的"好工作"。当有好工作出现的时候，劳动力就会有足够的动力去参与技能培训，以提升自身的劳动技能，去竞争好工作从而获取高工资[①]。因此，劳动技能低端锁定的实质就是技能短缺，这个问题的解决，不仅需要考虑如何提高技能供给量，还需要考虑如何刺激技能需求量。

从技能供给来说，英国国家职业资格体系（NVQ）坚持"能力本位"导向，强调以实践操作为主的职业教育和培训，却忽视了相应的理论原理教育[②]。然而，德国"双元制"教育体系的成功之处，就在于坚持理论学习和实践操作之间的密切结合，即"企业+学校"模式的职业教育和培训体系。就技能需求而言，从重商主义转向自由贸易主义的英国，鼓励企业采取降低成本而不是通过研发创新来获取价格竞争优势，这也意味着企业对高技能劳动力的需求并不高，其内部管理型、知识型岗位主要来源于接受过普通高等教育的毕业生。

英国科技委员会的 2019 年调查报告，也显示英国政府在职业技能培训方面的财政支出低于经济合作与发展组织成员国（OECD）的平均水平 14 个百分点[③]，在一定程度上说明了英国政府无意也无力去解决劳动技能低端锁定的问题，这对于英国制造业在新一轮科学技术革命中逐渐丧失优势，有着不可推卸的责任。但同属低技能均衡发展模式的美国，却走出了一条与英国截然不同的劳动技能升级之路。从 20 世纪 90 年代初开始，美国着手实施一系列改革，以期恢复经济霸权，由此迎来了其在第二次世界大战之后实现经济和就业双赢的"黄金时代"。这引发了学术界对此展开一系列富有影响力的研究，结果揭示高科技产业的兴起正引领美国从资本密集型产品出口大国走向劳动密集型产品出口大国。当然，这里的劳动密集型产品是指知识密集型产品，知识已成为经济增长的内生动力。

虽然奉行流水线生产模式的美国，一直致力于追求生产车间的技术理性化，但也刺激了劳动者积极投资普通高等教育，以此获取象征"高

---

① Dennis J. Snower. The Low-Skill, Bad-Job Trap[R]. CEPR Discussion Papers, 1994.

② 王雁琳. 英国技能短缺问题的因素分析[J]. 比较教育研究，2005（8）：50-55.

③ Correspondence: Diffusion of Technology for Productivity[EB/OL]. （2020-02-28）[2020-11-10]. https://www.gov.uk/government/publications/diffusion-of-technology-for-productivity.

端"技能的学历文凭。同时，社区学院的蓬勃发展，也满足了美国产业工人多元化学习需求，在很大程度上提升了产业工人的劳动技能。在此进程中，创新能力越发成为一国获得竞争优势的关键要素，高素质的技术技能人才越来越重要，土地、工厂、自然资源等物质资本越来越次之。

雷丁也于 1996 年提出"人力资本—研发创新"模型，对低技能均衡发展模式进行了比较恰当的理论解释，其认为一国的经济增长取决于研发创新强度和人力资本积累率，并据此提出高研发创新强度和高人力资本积累率共同驱动的高技能均衡发展模式[①]。工业 4.0 的核心在于"人—机"关系的深刻变化[②]，信息物理系统（CPS）用智能机器取代人执行操作性的劳动，使劳动者的主要精力转向具有更高附加值的创新活动，大大提高了生产系统对劳动者知识和技能的要求。简言之，劳动技能的高端升级，将是人工智能时代劳动力市场结构变革的主流趋势，这也相应对企业人力资本投资策略提出新的要求。

二、培训塑造组织吸收能力

迈克尔·波特教授在《国家竞争优势》一书中，将一国经济社会划分为以下四个不同的发展阶段：生产要素导向阶段、投资导向阶段、创新导向阶段和丰裕导向阶段[③]。历经三次工业革命的快速发展，工业 4.0 下的世界开始进入创新驱动发展的新阶段，如何造就和保持一国在创新方面的可持续相对优势，成为各国的主要战略任务。2020 年 10 月，党的十九届五中全会提出创新在我国现代化建设全局中处于核心地位，再次重申坚持创新驱动发展战略，要求全面塑造发展新优势和提高创新链的整体效能。那么，创新塑造的国家竞争优势主要依赖于知识生产、知识资本化和制造基础，知识经济时代也因创新正全面来临[④]。一般而言，被视为创造和推动国家创新能力的知识，主要有三个不同类型的来源，即研究与开发、大学和科研机构的研究以及产业工人的人力资本。

① Redding S. The Low Skill, Low-quality Trap: Strategic Complementarities Between Human Capital and R&D[J]. Economic Journal, 1996, 106(435): 458-470.

② 国务院发展研究中心课题组. 借鉴德国工业 4.0 推动中国制造业转型升级[M]. 北京：机械工业出版社，2018：42.

③ 迈克尔·波特. 国家竞争优势[M]. 李明轩，邱如美译. 北京：华夏出版社，2002：534.

④ 张涛. 国家竞争优势的来源——知识生产、知识资本化和制造基础[J]. 探索与争鸣，2019（7）：136-146；160.

其中，产业工人的人力资本主要通过"外引内训"的方式获得。"外引"是指企业主要招聘接受过普通高等教育的毕业生，美国劳动技能的高端升级就是主要通过这种方式完成的，所以被视为低技能均衡发展的美国，却在大量出口富有人力资本元素的劳动密集型产品。"内训"则是指企业主要通过岗位技能提升培训的方式塑造员工的劳动技能，被视为高技能均衡发展典范的德国和日本就是主要通过这种方式完成技能的高端升级，也因此牢牢确立了其全球制造业强国的地位。与正规教育的学习途径相比，员工技能培训对企业创新能力的塑造更具有现实价值。技术进步不会自动转化为劳动生产力，知识创新的商业化运作需要解决其中存在的"知识距离"问题[①]。那么，作为塑造产业工人人力资本内部形成方式的员工技能培训，在有效缩短"知识距离"的传导机制之中是如何形成与运转的，需要进一步探讨分析，以便打开这一"组织黑箱"，为构建以企业为主体的国家创新体系提供相关学理思考。

1989 年，科恩和利文索尔首次提出组织"吸收能力"（Absorptive Capacity）概念，认为大量高素质技能人才有助于提高组织对研发创新成果的模仿、吸收和再利用水平[②]。奥利弗·索姆等学者在 2010 年初，对德国制造业中超过 200 家非研发密集型企业和 88 家高度研发密集型企业展开了一次大型调查研究，发现较低的研发投入并不一定导致企业技术创新能力的缺失。也就是说，除了研发创新，企业还可以通过将现有技术方案转化为不同工艺领域的新应用，从而提升自身的知识密集度。可见，在世界利基市场上拥有一大批"隐形冠军"企业的德国，对大企业高密度研发投入直接驱动创新的新古典主流创新理论提出了挑战。产品创新固然十分重要，但工艺创新亦是驱动中小型企业获取持续性竞争优势的主要动力。简言之，将各种非技术要素进行充分组合来实现持续创新的能力就是组织吸收能力。

美国学者扎赫拉等对组织吸收能力进行了一系列深入探讨，从认知与实施的角度将吸收能力划分为"吸收能力—潜力"和"吸收能力—实现"，前者包括企业搜索并获取相关知识的能力，后者则表示企业将搜

---

① 王万珺，沈坤荣，周绍东，秦永．在职培训、研发投入与企业创新[J]．经济与管理研究，2015（12）：123-130．

② Cohen W. M, Levinthal D. A. Innovation and Learning: The Two Faces of R&D[J]. The Economic Journal, 1989, 99(397): 569-596.

索获得的知识进行同化和平衡的能力①。当然，作为高技能均衡发展代表的德国，以其悠久的"双元制"职业教育和培训体系享誉全球，也揭示了企业对员工技能培训的投资是塑造组织吸收能力的主要途径。迈克尔·波兰尼基于人的主体性视角，将知识划分为显性知识和隐性知识，并认为表现主体认知偏好的隐性知识，是行动得以成功不可或缺的基础。同样，组织的吸收能力也主要来源于这两点，代表科学维度的显性知识，是指企业从研发机构获取的技术创新知识，而代表客户维度的隐性知识，则是指企业根据市场消费需求变化预测客户行为倾向的缄默知识。

员工技能培训之所以能够形成组织吸收能力，在于其为员工之间、员工与高管之间的集体学习提供了一个交互式的信息平台，通过"干中学"机制塑造企业吸收、整合与利用知识的综合能力。因此，"企业+学校"的"双元制"教育体系，为德国中小型企业提供了一大批训练有素且灵活机动的高技能产业工人，也创造了高达 42% 份额的工业增加值，这被德国著名智库弗劳恩霍夫协会称为非高密度投入下获得的持续创新绩效。简言之，企业投资员工技能培训是技术进步与产业工人技能形成体系的互动结果，实质是一种企业生产性组织行为，在产业智能化的加持下会产生"1+1>2"的协同效应，继而形成更大的创新促进效应。在人工智能发展背景下，"小单快返"将消费互联网和制造业紧密地连接了起来，迫切需要员工具有快速且敏捷的反应能力，以探索一个在消费需求高度碎片化时代的新制造模式。所以，党的十九届五中全会在锚定二〇三五年远景目标的建议中，对职业教育和培训提出了新的更高要求，技能型社会教育体系的构建成为战略性重大举措。

三、从机器换人到人机共生

哈里·布雷弗曼在研究自动化技术对劳动技能所造成的影响过程中，提出"技能退化"（Deskilling）概念，认为这对于人类发展来说是一种非常危险的现象。相较生产机器而言，人类作为劳动者确实存在诸多不确定性且劳动力价格越来越昂贵，这也是人们一直在渲染技术威胁论的同时，还要孜孜不倦地追求技术创新的重要原因。其实，所有工作

---

① 奥利弗·索姆，伊娃·柯娜尔主编. 德国制造业创新之谜：传统企业如何以非研发创新塑造持续竞争力[M]. 工业 4.0 研究院译. 北京：中国工信出版集团，2016：178-179.

都是由一连串的任务构成，能够编码化的任务就会面临被生产机器取代的命运，而人类最终能够承担的部分就是那些无法被编码的任务。纵观三次工业革命发展史，可知技能节约型技术的使用，一直是生产系统变革的主旋律。特别是，福特流水线生产模式的出现，将劳动者直接异化为生产流程上的一道工序，"机器换人"的趋势越发明显。

蒸汽动力加持的珍妮纺纱机，成为19世纪初最节省人力的纺织技术，将传统手工业的技能工人代表纺织师傅，从繁重的体力劳动中解放了出来，也促使他们从农场走向工厂以出卖劳动力为生。然而，飞梭、精纺机、动力织布机的使用也加剧了技术工人的恐慌心理，从1811年至1816年不间断发生了英国纺织工人以破坏机器为手段反对资本家压榨剥削的"卢德运动"。随着技术更新迭代速度的加快，"机器换人"的领域也超出了脏、乱、危险的范畴，以"枯燥无味"为代名词的程序化工作开始受到极大的冲击[①]。如果说前两次工业革命侵蚀的是农业和制造业工作的话，那么以信息技术为代表的第三次工业革命，正在加速变革以服务业为基础的经济结构。

其实，"机器换人"在一定程度上可以说是技术性失业问题，这也吸引了一大批学者对此进行了诸多研究。技术替代理论认为技能节约型技术的使用，会减少生产系统对劳动力的需求，进而导致大规模的失业问题。但三次工业革命发展史揭穿了该理论的谬误，即技术进步在消灭一部分工作岗位的同时，也会创造一大批新的就业机会，且就业质量越来越高。但第三次人工智能的崛起，最先冲击的却是那些中等技能工作岗位，这种类型的工作任务被疯狂地解构，其中最容易编码化的任务被信息技术所取代了，而从事这些工作的人就是那些接受过高等教育和享受高额收入的中产阶层。倘若他们的工作岗位在工业4.0浪潮中，最先成为被自动化技术所取代的对象，势必会对当前经济社会的运行结构产生前所未有的冲击。换言之，现如今正在被取代的和即将被取代的工作，与过去的工作类型是不相同的，以往的发展经验是否仍然适用，需要通过实践的检验才能得知。

詹姆斯·米德也早在1964年出版的《效率、平等和财产所有权》

---

① 许怡，叶欣. 技术升级劳动降级？——基于三家"机器换人"工厂的社会学考察[J]. 社会学研究，2020（3）：23-46；242.

一书中,指出技术进步将会在很大程度上危及劳动者的工资收入,带来十分棘手的新型贫困,呼吁政策制定者必须重视未来几十年可能会广泛出现的技术性失业问题。那么,大规模"机器换人"趋势的出现,在一定程度上预示着人类劳动与提高生产力之间的"重大脱钩"已经开始发生,如何在旧的社会生产方式消解之前找到重塑人工智能时代社会新的生产方式,就显得十分重要①。如果说人工智能仍然属于"技能偏向型"技术进步的话,那么技术变革所引起的劳动力需求规模减少趋势虽不可避免,但对劳动力技能素质的要求却越来越高,特别是不容易被程序化生产设备所取代的创意类、情感类工作对劳动技能的要求越来越高②。

换言之,人工智能最重要的影响并不是改变了工作岗位的数量,而是重新设计了工作任务。企业需要重新识别、评估与配置工作任务,以便为员工和机器创建新的角色,进而将劳动技能与新角色进行匹配以发挥员工的最大价值。弗兰克·利维和理查德·默南在《劳动的新分工》一书中,指出人类的优势在于专家思维和复杂交流,当我们能够胜任机器做得不够好的任务,甚至是发挥自己的相对优势来协助机器更好地完成任务,那么就大可不必担心工作会被自动化所取代。已有研究也指出,在一定范围内具有不同技能水平的劳动力,使用同一生产设备获得的产出结果是不一样的③。美国经济学家托马斯·达文波特率先提出"人机共生"概念,倡导"员工第一,机器第二"的企业经营战略,认为技术与技能在生产现场是互补的,需要在系统论视角下探讨两者之间的不同组合方式对劳动生产率带来的差异化影响④。人工智能不仅提升了自动化的智能水平,还将劳动者从枯燥乏味的程序化工作中解放出来,以便释放人类最重要的创新思维。简言之,"人机共生"倡导把人类与复杂的机器结合起来实现生产系统的柔性运转,全方位构建智能增强的工作场景。

---

① Auto D., Salomons A. Robocalypse Now: Dose Productivity Growth Threaten Employment? [R]. Paperpared for the ECB Forumon Central Banking, 2017.

② 程承坪. 人工智能最终会完全替代就业吗[J]. 上海师范大学学报(哲学社会科学版), 2019(2): 88-96.

③ Spenner K. I. Skill: Meanings, Methods, and Measures[J]. Work and Occupations, 1991, 18 (2): 123-147.

④ 托马斯·达文波特, 茱莉娅·柯尔比. 人机共生:智能时代人类胜出的 5 大策略[M]. 李盼译. 杭州:浙江人民出版社, 2018: 275.

第四节　制度维度：技能形成的创新绩效

　　技能培训系统和技能认证系统是构成产业工人技能形成体系的主体要素。就技能培训系统而言，其指涉技能供给问题，可分为内部技能积累方式和外部技能积累方式。其中，内部技能积累方式以员工技能培训为主，外部技能积累方式以职业学校培训和市场化培训为主。从技能认证系统来说，其指涉技能赋值问题，可分为职业资格认证标准和技能等级认证标准。那么，如何应对技能形成体系中存在的培训供给与技能赋值的"市场失灵"问题，是导致不同国家技能形成体系差异化的根源所在①。工具理性导向的技能形成体系强调发挥治理效能，以英国为代表的低技能均衡发展模式和以德国为代表的高技能均衡发展模式分别从产业工人人力资本角度塑造了不同水平的创新绩效。

一、自由市场模式的创新绩效

　　沃尔夫冈·施特雷克将发达资本主义国家划分为"自由市场"模式和"嵌入社会"模式两种不同的经济类型，前者以英国、美国为代表，后者以德国、日本为代表②。彼得·霍尔和戴维·索斯凯斯也提出"自由市场经济"和"协调性市场经济"的二分法划分，认为前者表现为短期资本、离散雇主和对抗性劳资关系，后者表现为耐心资本、协作雇主和多样化劳资关系③。类似的研究还有，米歇尔·艾伯特将资本主义国家划分为"盎格鲁-撒克逊"模式和"莱茵"模式④。由此可见，学者们在如何理解"资本主义多样性"的不同制度划分方面基本坚持了二分法，即自由市场经济和组织化市场经济。

---

　　① 王星. 劳动分工、技术进步与劳动教育[J]. 劳动教育评论，2020（2）：18-29.

　　② Streeck Wolfgang. Introduction: Explorations into the Origins of Nonliberal Capitalism in Germany and Japan[A]. W. Streek, K. Yamamura (Ed). The Origins of Nonliberal Capitalism: Germany and Japan[C]. NewYork US: Cornell University Press, 2001.

　　③ 王星. 技能形成的社会建构：中国工厂师徒制变迁历程的社会学分析[M]. 北京：社会科学文献出版社，2014：7.

　　④ 凯瑟琳·西伦. 制度是如何演化的：德国、英国、美国和日本的技能政治经济学[M]. 王星译. 2010：1-2.

那么，作为经济社会治理体系重要组成部分的产业工人技能形成体系，也相应分化为两种不同类型，以英国为代表的低技能均衡发展模式和以德国为代表的高技能均衡发展模式，戴维·芬戈尔德和戴维·索斯凯斯对此进行了翔实的研究。本研究通过对已有文献的梳理，发现不同国家在技能培训供给和技能资格认证方面的差异，形塑了风格迥异的技能形成体系，也相应从产业工人人力资本的角度塑造了不同的国家创新能力。然而，同属自由市场经济模式的英国和美国，在产业工人技能形成体系方面的差异也是较为明显的，其所形成的国家创新绩效也不尽相同。接下来，以英国和美国为例，说明自由市场模式下技能形成体系对创新绩效的影响效应。

1986 年，英国政府发布的《共同工作——教育与培训》白皮书，指出技能短缺是造成英国经济缺乏竞争力的重要障碍，也是造成 20 世纪 70 年代失业率居高不下的主要原因[①]。一般而言，技能短缺可分为外部技能短缺（External Skill Gaps）和内部技能短缺（Internal Skill Gaps）两种类型，前者是指劳动力市场中具备一定技能、工作经验或职业资格证书的熟练工人较少，不能较好地满足企业的用工需求；后者则是指企业现有员工的劳动技能，不能较好地满足技术转型升级的发展要求。英国劳动力市场普遍存在的技能短缺问题，是有深刻历史原因的。一方面，英国的经济政策经历了从重商主义到自由贸易主义的转变，也越来越强调采用剥离劳动者技能的自动化生产方式，追求少品种大批量的"以产定销"模式；另一方面，传统手工业协会的技能培养模式，已不能及时为工厂补充大量学徒工，也导致商品供给无法满足市场消费需求。

于是，资产阶级主政的英国政府开始不再愿意去维护传统手工行业的特权，直至 1814 年正式废除《工匠、徒弟法》，这也开启了英国志愿性职业培训体系的建构之路。然而，熟练工人的严重短缺已成为制约规模化生产的瓶颈，特别是奉行自由贸易政策后的英国逐渐在后续工业发展中败下阵来。以低技能、低工资和低附加值为主要特征的低技能均衡发展模式，严重阻碍了英国产业转型升级之路[②]，曾经引以为傲的制造业不再是其支柱产业，"脱实向虚"的产业结构再也不能维持"日不落

---

① 王雁琳. 英国技能短缺问题的因素分析[J]. 比较教育研究，2005（8）：50-55.

② 马振华. 技能积累与经济发展的关系模式——兼论我国技能积累的模式选择[J]. 工业技术经济，2009（8）：73-76.

帝国"的综合竞争优势。

　　技能短缺不仅是职业教育和培训供给不足的问题,更是技能需求不足的问题。英国政府始终把注意力放在学术教育上,而面对职业教育和培训则在"放任"与"干预"之间来回摇摆。政府对劳动技能培育的不作为,也直接造成了企业对员工技能培训的消极应付。自由贸易政策驱使企业采用低成本、低价格的竞争策略,从而在生产车间积极采用技能节约型技术以降低生产成本。同时,员工技能培训属于一种准公共产品,可能会出现"价格外溢""搭便车"和收益不确定等集体行动困境。鉴于此,英国企业对劳动技能的需求就显得明显不足,其关注点在于如何与技术工人组成的工会组织争夺生产车间的管理控制权,以便最大限度地按照雇主需求进行商品生产。

　　然而,放任自由的技能形成体系,形塑了英国劳动力市场的两级分化结构,一方面,更多的求职者趋向于凭借学历文凭以便获得更高的工资薪酬;另一方面,那些被学历文凭筛选下来的求职者在"文凭至上"社会的处境却更加岌岌可危。同样的情况也发生在大西洋彼岸,不过高等教育体系高度发达的美国却走出了一条与英国截然不同的发展道路。社区学院的蓬勃发展满足了美国产业工人多元化的学习需求,在很大程度上提升了产业工人的劳动技能,也让本该大规模出口资本密集型产品的美国,在实际上出口的却是劳动密集型产品[①]。这里的劳动密集型产品极富有人力资本元素,属于知识密集型产品。虽然美国在传统制造业的技能投资不尽人意,但其在信息技术等新兴产业上形成了技能高端化的竞争优势,从而继续引领了新一代技术革命的发展浪潮。

二、嵌入社会模式的创新绩效

　　自由市场模式强调"小政府、大市场",以保证劳动力市场维持一个较高的自由竞争状态,劳动者的技能形成主要通过学历教育获得。因此,英美的劳动力市场呈现出高技能和低技能分化明显的哑铃型结构,技能短缺问题又促使企业追求技能节约型产品生产的竞争策略,这又进一步阻碍了其对员工技能培训的投资,恶性循环由此开始反复。与英美

---

① Harry P. Bowen, Edward E. Leamer, Leo Sveikauskas. Multicountry, Multifactor Tests of the Factor Abundance Theory[R]. NBER Working Paper, 1986.

的自由市场模式不同,德国和日本被视为资本主义世界协调性市场经济模式的代表,强调发挥政府的"有形之手"以解决普遍存在的市场失灵问题。当然,德国和日本的政府主导型市场经济模式也不是单纯强调政府的强制性干预力量,反而更加重视发挥企业、行业、社会等利益攸关方在政府统一指导下的协同配合效应。也就是说,协调性市场经济模式更像是一种嵌入社会的发展方式,是一种有意识进行调控且兼容社会保障的市场经济。

虽然,同为以高技能、高工资和高附加值为主要特征的高技能均衡发展模式,但德日两国由于各自"文化—认知"要素的差异在产业工人技能形成体系方面也存在较为明显的区别。德国由于其悠久的双轨制学徒培训历史,形成了"企业+学校"的技能积累方式①,即职业技能培训与基础知识教育融为一体,有助于实现从学校到职场的顺利过渡。日本将传统手工业部门视为实现工业化的障碍,通过一系列政策将其予以政治性瓦解,鼓励企业长期雇佣工匠师傅以开展自给自足的技能培训,形成了以企业为基础的技能积累方式。

在德国产业工人技能形成体系的演化过程中,技能资格认证权一直是传统手工业和新兴制造业之间争夺的利益焦点。威权政府支持下开展的工业化,也引发了大规模的社会民主化劳工运动,为了尽快镇压劳工运动和应对社会民主党的威胁,德国政府采取积极扶持传统手工业中独立工匠的政治力量。1897年出台的《手工业保护法》,赋予了独立工匠在学徒培训供给和技能认证方面的权力,促使手工业协会在法律意义上成为一个强制性协会,这也给技能依赖型产业在熟练工人的获取方面带来了诸多麻烦。机械制造雇主企图寻求一种与传统手工业技能培训体系相平行的内部培训方式,却发现始终绕不开工匠师傅对技能认证权的控制,随后不得不与手工业协会采取一种更具合作性的学徒培训模式。

简言之,德国的技能形成体系属于社会伙伴式技能形成模式,强调学校、企业、政府等利益攸关方的协同合作。"双元制"教育体系为德国中小型企业提供了一大批训练有素且灵活机动的高技能产业工人,也创造了高达42%份额的工业增加值,这被德国著名智库弗劳恩霍夫协

---

① 马振华. 技能积累与经济发展的关系模式——兼论我国技能积累的模式选择[J]. 工业技术经济, 2009(8): 73-76.

会称为非高密度投入下获得的持续创新绩效①。纵观德国制造业的发展史，我们发现创新并不一定来源于制度化的内部研发活动，传统企业可以充分组合各种非研发投入要素来实现某种程度上的创新，以形成企业的持续性竞争优势。德国许多中小型企业在全球利基市场中被称为"隐形冠军"，正是与其根植于"职业"（Beruf）文化的职业教育和培训体系息息相关。值得一提的是，德国企业遇到经营危机的时候也很少进行大规模裁员，反而是有针对性地加大对员工技能培训的投资，以期为后续产能的提升储备长期人才。员工技能培训也是"短时工制度"的重要组成部分，至今已有 100 多年的发展历史，德国企业的发展业绩也证明该制度具有"劳动力储藏"的功能。

同属于高技能均衡发展模式的日本，以终身雇佣制、年功序列制和工会组织为"三大神器"建构起强有力的内部劳动力市场机制，也被称为分裂式技能形成模式。作为工业化后起之秀的日本，在培训供给和技能认证方面的冲突主要表现在企业之间，并没有上升为激烈的政治矛盾。日本并没有推行全国统一的技能认证，而是将学徒工的培训供给及质量保证权交给了企业，作为工人权益组织的工会与企业在技能培训方面采取合作共赢的态度。奉行"脱亚入欧"国策的日本急切地粉碎了一切阻碍工业化进程的旧制度，也包括传统上由工匠师傅负责的学徒培训。

为了解决由此造成的技能短缺问题，日本采取了"外引内训"相结合的路径，以满足企业日益增长的技能需求。那么，失去传统手工协会庇护的工匠师傅，会被许多企业长期聘用，让他们在学习"外引"人才先进技术知识后，再"内训"其他工人。换言之，工匠师傅在厂内培训体系中发挥了承上启下的重要作用。技能始终是一个准公共产品，存在"知识外溢""搭便车"等集体行动困境。为了降低因工匠师傅、学徒的自由流动所造成的经济损失，日本企业雇主协会达成了一个协议就是不互相"挖墙脚"，不雇佣从其他企业离职的员工。由此，劳动力的低水平流动，也推动了企业之间形成了各具特色的专用性技能文化。稳定的高技能人才队伍，创造了一大批享誉全球的"日本制造"品牌，例如丰

---

① 奥利弗·索姆，伊娃·柯娜尔主编. 德国制造业创新之谜：传统企业如何以非研发创新塑造持续竞争力[M]. 工业 4.0 研究院译. 北京：中国工信出版集团，2016：推荐序二.

田、索尼、松下、三井、夏普、马自达等大型跨国创新型企业。特别是
2019 年，日本与韩国之间的半导体贸易战，再次用事实证明了高技能、
高工资及高附加值模式下的日本仍然占据新一代信息技术产业链的核
心环节[①]。

三、国家在场模式的创新绩效

　　劳动技能有助于推动一国经济社会的发展，特别是对于长期经济增
长来说，是不可忽视的因素。多个国家的长期发展经验也表明，要摆脱
仅仅把正式的学校教育体系作为劳动技能提供方式的观点，而要特别重
视企业、社会培训机构等在非正式教育供给方面对技能形成的关键性影
响。技能形成体系强调一种整合性的技能人才开发模式，其基本内涵是
为劳动力提供技能习得的所有制度安排。可见，已经超出教育议题范畴
的技能短缺问题，不能单纯依靠职业教育和培训体系改革就能获得根本
性解决。

　　长期专注于学术教育的英国政府，对于职业教育和培训采取"放任
自由"的政策取向，这对于英国制造业在新一轮科学技术革命中逐渐丧
失优势有着不可推卸的责任。同样，坚持福特流水线生产模式的美国，
一直致力于追求生产车间的技术理性化，但也刺激了美国年轻人积极投
资普通高等教育，以此获取象征"高端"技能的学历文凭。相反，德国
主要依赖社会伙伴组织的协同合作，建构起一个复杂的职业教育和培训
"制度包"，相应形塑了全球最好的技术工人培训系统[②]。解决了劳动力
自由流动问题的日本，致力于推动企业形成专用性技能培训文化，塑造
了享誉全球制造业的精益生产模式。

　　通过对相关国家技能形成历程的梳理，研究发现无论是自由市场模
式还是嵌入社会模式，政府都在其中扮演了至关重要的角色，只是由于
不同的"文化—认知"背景而有所差异。虽然，目前尚无合适的概念可
以将中国的技能形成体系进行归类[③]，但强调政府主导作用的"国家在
场"概念，可能在一定程度上适用于探讨国家能力在职业教育和培训体

　　① 周武英. 日韩贸易摩擦冲击半导体产业链[N]. 经济参考报，2019-07-16（003）.
　　② 埃里克·莱曼，戴维·奥德兹. 德国的七个秘密：全球动荡时代德国的经济韧性[M]. 颜
超凡译. 北京：中信出版集团，2018：82.
　　③ 王星. 制度优化促本土技能形成[N]. 中国社会科学报，2017-05-17（005）.

系改革进程中所发挥的推动作用。

2017 年 6 月，中共中央、国务院印发《新时期产业工人队伍建设改革方案》，首次明确提出要构建产业工人技能形成体系，并将其上升为国家战略安排，要求打破条块分割，建立完善以政府为主导、企业为主体、职业院校为重点、校企合作为基础、社会各方面包括工会广泛参与的多层次、多结构的职业教育培训格局。党的十九大报告，进一步提出要"完善职业教育和培训体系，深化产教融合、校企合作"，这标志着建构职业教育和培训一体化的现代职业教育体系上升为国家战略安排。为了推进"建设知识型、技能型、创新型劳动者大军"，2018 年 5 月国务院颁布《关于推行终身职业技能培训制度的意见》，明确提出充分发挥企业主体作用，全面加强企业员工岗位技能提升培训。进一步，2019 年 2 月发布的《国家职业教育改革实施方案》，再次强调完善学历教育与培训并重的现代职业教育体系，要求建立产教融合型企业认证制度。

可见，员工技能培训属于现代职业教育体系的重要组成部分。特别是，国务院颁布的《职业技能提升行动方案（2019—2021 年）》以及教育部办公厅等十四部门印发的《职业院校全面开展职业培训 促进就业创业行动计划》，都将企业员工技能提升培训列为行动方案的第一要务，突出员工技能培训在国家技能形成体系中的核心地位。《国家产教融合建设试点实施方案》，也再次强调企业主体作用，明确企业在产教融合建设中的核心位置。鉴于此，以企业为主体构建技能形成体系已成为我国应对"人口红利"消逝，加快形成和塑造"人才红利"特别是"工程师红利"的施政重点。

由此可知，"国家在场"是中国职业教育和培训体系改革的鲜明特色，国家直接投资和主导了产业工人的技能形成机制。党的十九届四中全会明确提出发挥制度优势提升治理效能的新要求，制度建设是治理体系运作的依据，也是治理能力现代化的关键要素。盖伊·彼得斯基于理性选择制度主义，提出"制度可以衍生出可期望结果的预期价值与规则性，进而对制度中所有参与者产生积极效果；制度也可以进一步明确政策决策的适用范畴"①。因此，建立健全"国家在场"模式下的产业工人技能形成体系，是解决产业转型升级和价值链攀升过程中出现技能短缺、技能错配等问题的可行方案。

同属"国家在场"模式的新加坡，一直将职业教育和培训（TVET）视为促进经济社会发展的关键因素，通过其推动制造业及现代化的快速发展②。对于新加坡这样一个自然资源匮乏的岛国，职业教育和培训能够在短短几十年的时间里取得世界一流的地位，无不与其政府制定战略和果断决策息息相关。从 20 世纪 70 年代中期开始，新加坡经济开始从全球价值链的最低端向中高端迈进，也相应提升了经济社会对产业工人劳动技能的需求。为了纠正"文凭社会"所带来的发展偏误，新加坡政府于 2014 年 8 月宣布实施"技能创前程计划"，强调劳动技能在经济生态系统中的重要作用。新加坡的技能政策，致力于提升职业教育和培训的社会形象，追求在学术成就和技能形成之间达成一种更好的均衡，以便让每个人都能发挥自己的最大潜力。奉行"国家在场"模式的新加坡，无疑是成功的，其也成为举世公认的创新型发达国家。

---

① 何俊志，任军锋，朱德米. 新制度主义政治学译文精选[M]. 天津：天津人民出版社，2007：77.

② 华拉保绍. 新加坡职业技术教育五十年——如何构建世界一流技术与职业教育及培训体系[M]. 卿中全译. 北京：商务印书馆，2018：前言.

第三章 产业智能化背景下
员工技能培训的提升效应

人工智能作为第四次工业革命的核心技术,在与产业融合发展的过程中对技能需求产生了不确定性的影响,劳动力市场开始呈现出"岗位极化"和"人机共生"的两种发展特征。具体而言,"岗位极化"是指高技能和低技能工作的岗位数量增加,而中等技能工作的岗位数量却出现大幅压缩;"人机共生"则是指智能化生产背景下的一种新型雇佣方式,强调人工智能在拓展人类能力的同时,人类也在不断优化人工智能的技术性能,明显区别于流水线生产环境下的"机器换人"。那么,中国情境下的产业智能化,是否提升了企业对员工技能培训的投资,需要在经验层面得到相关数据的验证。接下来,基于第二章的分析框架,研究从技术—组织维度出发对产业智能化提升员工技能培训进行理论分析,并通过特征事实描述和计量模型检验分别论证产业智能化对员工技能培训的提升效应。

第一节 技术—组织维度下的理论分析

技术的每一次重大进步都会直接推动生产系统的重大变革,也会相应重新塑造劳动者的技能素质。例如,工场手工业生产方式下的技术与技能并重、流水线生产方式下的劳动去技能化以及自动化生产方式下的劳动再技能化。那么,人工智能作为当前最前沿的通用技术,在与产业融合发展的过程中会对企业投资员工技能培训的决策行为产生一定的影响。在第二章建构的技术·组织·制度分析框架下,研究将基于技术—组织维度对产业智能化提升员工技能培训进行理论分析,以期为接下来的特征事实和计量分析提供学理支撑。

一、员工技能培训填补技能缺口的理论分析

2017年2月，教育部、人力资源社会保障部、工业和信息化部联合印发的《制造业人才发展规划指南》，预测2025年前将会有十大关键领域面临较大的技能缺口[①]。具体来说，新一代信息技术、电力装备领域在2025年的技能缺口量最大，高于900万人；高档数控机床和机器人、新材料领域的技能缺口量次之，在400万人以上；节能与新能源汽车领域的技能缺口量也达到了100万人；航空航天装备、生物医药及高性能医疗器械、农机装备、海洋工程装备及高技术船舶、先进轨道交通装备领域的技能缺口量依次降低，均不足50万人。整体来看，与国家重点部署的战略性新兴产业相关的技能缺口量到2025年将达到3000万人以上，这也引起了政府决策层的高度重视。

20世纪90年代开始，美国对外贸易从资本密集型产品转向劳动密集型产品，标志着知识经济时代的来临。当然，这里的劳动密集型产品是指凝聚了高技术技能人才的劳动产品，美国也凭借其雄厚的人力资本占据了全球产业价值链"微笑曲线"的顶端[②]。知识经济的兴起推动知识生产模式的迭代更新，公众在知识生产过程中的重要主体地位也受到了广泛关注，主张为公众提供个性化、多样化、定制化的终身学习体系构建也提上了政策议程[③]。显然，只覆盖学龄人群的学历教育，在短时间内是不足以完成数量如此庞大的人才培养任务的，也不能为面向全体就业人口的终身学习提供必要的支撑服务。那么，从现有的劳动者队伍中通过非正式学习方式塑造相关领域的紧缺人才，可能是比较合适的应对举措。培训作为非正式学习的重要组成部分，以其时间灵活、形式多样、针对性强等特点受到劳动力市场的青睐。

在奉行"文凭至上"的中国社会里，培训通常只是被视为学历教育的一种补充。但也并非所有的培训都应该通过学校教育来实现，企业、

[①] 教育部 人力资源社会保障部 工业和信息化部关于印发《制造业人才发展规划指南》的通知[EB/OL].（2017-02-14）[2021-04-12]. http://www.moe.gov.cn/srcsite/A07/moe_953/201702/t20170214_296162.html.

[②] 华民. 新"里昂惕夫之谜"：贸易失衡的超边际分析——兼论中美贸易摩擦的理论根源与演变趋势[J]. 探索与争鸣，2018（6）：4-12；27；141.

[③] 张双志. "区块链+学分银行"：为终身学习赋能[J]. 电化教育研究，2020（7）：62-68；107.

市场化培训机构等非学校机构以其灵活开放的平台，为技能发展体系提供多种选项，满足劳动者日益增长的多元化学习需求。特别是，企业作为生产系统的一线组织，应该在纠正培训市场失灵和扩大培训覆盖面上大有作为。从 2008 年国际金融危机之后，结构性就业矛盾一直是困扰中国劳动力市场的核心问题[①]。一边是大量的工作岗位虚位以待，一边是大量的求职者找不到工作。相比学术教育，传统文化观念常常将职业教育视为"差生教育"，是不得已而为之的退路。然而，珍视的学术教育往往与产业缺乏密切的互动，不能为从要素驱动转向创新驱动的经济社会提供相匹配的技术技能人才。

　　为了解决人才培养和雇主需求互相脱节的情况，通过政企合作有针对性地集中培养所需的人才成为应对当前技能短缺的有效方法[②]。换言之，构建公共部门和私营机构在技能发展领域的协作生态系统，为解决人才培养与市场需求之间的脱节提供了可行对策。培训作为现代职业教育体系的重要组成部分，不管是在党的十九大报告中，还是在《国家职业教育改革实施方案》中都得到明确的确认。那么，企业作为现代职业教育的重要主体，自然也是职业技能培训的重要提供者。企业举办培训更多是从非学历教育的角度出发，目的在于通过培训提升员工的技能水平，从而为企业塑造与市场竞争相匹配的人力资本。员工技能培训的经费支出对于企业来说，不仅只是一项经营成本负担，更是一种人力资本投资[③]。企业对技能培训的投资，有助于在提升员工边际劳动生产率的同时，形成员工的组织认同感，从而有效降低员工离职率[④]。

　　相较政企合作、校企合作等形式而言，企业通过创办职工培训中心为员工技能发展提供终身学习的渠道，显然是最具系统性的人力资本投资。培训中心的教学内容直接面向生产系统，依据生产过程中出现的困难有针对性地开展技能培训，从而为破解生产难题和提高生产效率提供

① 王宝成，刘珍. 技术、禀赋与市场：中国结构性就业矛盾三维透视[N]. 中国社会科学报，2019-05-27（008）.

② World Robot Summit 2018. The World Robotics Report[R]. International Federation of Robotics（IFR），2019.

③ 肖凤翔，张双志. 民营企业员工培训的经济回报研究——基于企业利润的视角[J]. 中国职业技术教育，2019（3）：53-59.

④ 程博，熊婷. 在职培训、儒家文化影响与企业创新[J]. 广东财经大学学报，2018（1）：72-85.

解决方案。一般来说，企业会根据员工在培训中心中的学习成果提供升职加薪的机会，获得培训中心的进修机会也成为员工彰显其业务优秀的象征。中国教育和培训的市场规模在 2019 年的时候达到了 3 万亿元人民币，可见企业投资职业技能培训是有价值回报的。但举办培训中心仍然是一笔价值不菲的开支，不是每一家企业都能够承受的投资。鼓励和支持规模以上企业，特别是国有企业设立职工培训中心已成为政府应对技能转型升级的重要举措，同时，政府出台相关政策引导大型企业的职工培训中心承接中小型企业的员工技能培训业务。

截至 2019 年 11 月，政府和社会资本合作（PPP）的项目涉及社会事业、城市基础设施、农林水利、交通运输、生态环保等领域的项目数接近 7000 个，总投资金额高达 9 万亿人民币[①]。那么，政府和社会资本合作的模式也可以延伸至技能发展领域，通过财政补贴、税收优惠等政策工具推进企业职工培训中心的广泛设立，以期为员工提升技能水平提供必要的学习渠道。2020 年 11 月，人力资源社会保障部印发《关于支持企业大力开展技能人才评价工作的通知》，支持企业自主开展技能人才的评价工作，这样就实现了员工从技能培训到技能等级评价的无缝衔接，给予了企业充分的用人自主权。简言之，企业自主开展员工技能培训，有助于弥合人才培养与市场需求之间脱节的困境，为应对今后一段时间的大规模技能转型升级提供了可行的解决方案。

二、产业智能化背景下员工技能培训提升的理论分析

以算法水平为分界点，可将人工智能与产业的融合发展分为"强"产业智能化和"弱"产业智能化。当前，我国人工智能与产业的融合发展正处于"弱"产业智能化阶段，"智能""云""数据""物联"以及"机器学习"等关键词代表了这一阶段的技术水平。大多数文献认为，前三次工业革命引发的技术性失业情况下劳动力市场的演变规律，同样适用于当前的"弱"产业智能化阶段[②]，即技术进步在加快一部分工作岗位消失速度的同时，也在新的领域催生了一大批工作岗位。一般而言，中

---

① 中国各地推进中 PPP 项目近 7000 个　总投资约 9 万亿元[EB/OL].（2019-11-17）[2021-04-13]. https://politics.gmw.cn/2019-11/17/content_33325331.htm.

② 邱子童，吴清军，杨伟国. 人工智能背景下劳动者技能需求的转型：从去技能化到再技能化[J]. 电子政务，2019（6）：23-30.

国自 1978 年改革开放以来发生的技术进步，大多属于技能偏向型，即技术对与之合作的产业工人的劳动技能要求越来越高，而对产业工人的数量需求规模却越来越小[①]。

在产业智能化发展的背景下，发达国家劳动力市场的工作岗位呈现出高技能和低技能快速增长而中等技能凹陷的"沙漏型"两极化现象，中国却由于严格的户籍管理制度、高居不下的房价及生活成本等因素，导致劳动力市场出现只有高技能工作岗位数量大幅增加的单极化现象[②]。换言之，中国劳动力市场出现的单极化现象，表明中低技能工作岗位数量的锐减，产业智能化所引发的失业问题可能会超过以往经验的预期。相反，埃森哲的调查报告显示，人工智能在与产业融合发展的过程中，虽然会在某些传统产业领域发生"机器换人"的现象，但此规模是在经济社会发展的整体可承受能力范围之内，因为人工智能发展而产生的新产业、新业态、新产品、新服务，将给人类生活创造意想不到的巨大价值。例如，"人机共生"工作方式将刺激一大批新兴工作岗位的产生，或许人类社会将会迎来更大的进步、发展和繁荣[③]。

可见，人工智能与产业的融合发展对劳动力就业结构的影响具有不确定性，可能会因"机器换人"而产生两极化或单极化现象，也可能会因"人机共生"而带来产业工人的劳动再技能化现象。换言之，现有文献对产业智能化背景下工作岗位数量变化的预测，并没有达成统一共识。有的工作岗位可能会被自动化的生产机器取代，而人工智能的技术浪潮也可能会在替换旧的工作岗位的同时，创造更多的新兴工作岗位。其实，劳动力市场的波动只是暂时性的结构转型现象，而关键问题应该在于，人工智能在与产业融合发展的过程中真正影响的是工作的具体任务，而非工作岗位数量的变化。机器人在生产车间的应用将承担起大量常规性任务，从而将员工从烦琐的程序性任务中解放出来，有助于其将自身精力集中转向基于项目的工作任务[④]。

① 李昕，关会娟，谭莹. 技能偏向型技术进步、各级教育投入与行业收入差距[J]. 南开经济研究，2019（6）：86-107.

② 孙早，侯玉琳. 工业智能化如何重塑劳动力就业结构[J]. 中国工业经济，2019（5）：61-79.

③ 艾琳·舒克，马克·克尼克雷姆. 智企业，新工作：打造人机协作的未来员工队伍[R]. 埃森哲公司（Accenture），2018.

④ C. 威尔逊，N. 莫里尼. 新型生产劳动力：应对转移劳动力需求[R]. 世界经济论坛，2018.

产业智能化绝非是生产车间技术理性化的加强版，而是将产业工人从生产系统的边缘重新请回中心，在推进劳动技能掌控生产技术的过程中，创造更大的经济绩效。例如，美国制造商达力集团（Dynamic Group）在注模生产车间引进轻型机器人，并基于人机协同工作的理念，重新评估了工作任务和劳动技能，使得员工在提升工作效率的同时，带来了翻了两番的经济效益①。美国零售业巨头亚马逊于 2019 年宣布，将投入 7 亿美元对员工进行人工智能相关的技能培训，以期帮助他们在掌握更多信息的情况下，为客户提供更加优质和精准的个性化服务②。同样，日本零售业巨头迅销公司（Fast Retailing）也为其员工配置了基于人工智能技术的工作设备，实现了 2017 年度利润同比增长接近 39% 的惊人业绩③。

有鉴于此，产业智能化不仅是在拓展员工的工作能力，反过来，员工技能素质也将不断优化人工智能的技术性能。贝克尔作为人力资本研究的先驱，基于"成本—收益"的计算对企业投资校企合作的选择行为开展了从理论阐释到实证检验的系统性研究，认为企业能够完全获得专用性技能培训的全部收益，而对通用性技能培训的投资缺乏动力。但在现实经济生活中，很多企业却对通用性技能培训表现出选择性偏好，甚至将其作为对优秀员工的一种奖励方式。基于不完全竞争劳动力市场假设，阿西莫格鲁创新性提出"工资挤压效应"理论，对企业投资通用性技能培训的选择进行了系统性研究④，认为就算"知识外溢""挖人外因"和收益不确定等外部性问题存在，企业也具有投资通用性技能培训的动力。那么，在人工智能与产业融合发展的背景下，企业在加快从研发投入到商业化生产转化的进程中，就需要一大批技术技能人才来提高先进技术和高端设备的生产能力，从而顺利获取技术创新的经济效益。

因此，企业投资员工技能培训，既是维持竞争优势的基础资源，也是增强市场竞争力的重要途径⑤。质言之，无论是对员工进行通用性技

---

① Tingley K. Learn to Appreciate Our Robot Colleagues[EB/OL]. (2017-02-23)[2020-10-08]. https://www.nytimes.com/2017/02/23/magazine/learning-to-love-our-robot-co-workers.html.

② 艾丽卡·沃利尼，杰夫·施瓦兹，布拉德·丹尼，大卫·马隆. 2020 德勤全球人力资本趋势报告[R]. 德勤有限公司（Deloitte），2020.

③ 2017 Fast Retailing Show Results[EB/OL]. (2017-12-21)[2020-10-08]. http://www.fast retailing.com/eng/ir/financial/summary.html.

④ Acemoglu D. Training and Innovation in an Imperfect Labour Market[J]. The Review of Economic Studies, 1997, 64(3): 445-464.

⑤ Siepel J., Cowling M., Coad A. Non-Founder Human Capital and the Long-Run Growth and Survival of High-Tech Ventures[J]. Technovation, 2017, 59(3): 34-43.

能培训，还是专用性技能培训，都只是企业塑造人力资本的一种方式，受到"成本—收益"机制的深刻影响。当然，员工技能培训经费支出作为构成企业"人力资本炼金术"配方的主要成分，不能单纯地在多花钱还是少花钱之间来回摇摆，而应该关注如何差异化地花费这些技能培训经费，使得培训投资能够高比例地为企业战略性人才赋能[①]。也就是说，员工技能培训投资应考虑人力资本的增加值或者是人力资本投资的回报率，服务于企业差异化的人力资源管理战略。

综上所述，从技能需求提高的角度来看，我们认为产业智能化能够提升企业对员工技能培训的投资力度。

第二节 产业智能化背景下
员工技能培训提升的特征事实

技术进步作为推动产业结构重组的主导力量，亦是影响产业工人技能需求变化的直接因素，引起不同学科领域的学者从不同视角对此进行多重探讨。技术与技能的关系演化，在一定程度上反映了历史唯物主义关于"生产力—生产关系"的辩证论断，其中任何一方的变化都会明显触及生产系统要素的根基。那么，产业智能化在变革劳动技能的同时，也会对作为形成产业工人技能内部积累方式的员工技能培训产生重要影响，这需要在经验层面得到系统性研究。鉴于此，本研究将选择合适的指标度量产业智能化和员工技能培训，分别描述产业智能化、员工技能培训的特征事实。在此基础上，进一步从整体性、产业异质性与技术异质性视角，对产业智能化与员工技能培训的特征事实进行勾勒，以期为第三节产业智能化提升员工技能培训的计量分析奠定事实基础。

一、产业智能化的特征事实

产业智能化就是指以算法为核心，涵盖以数据为主体的信息资源和以网络为基础平台的一种知识型、科技型发展方式。也就是说，人工智

---

① 布莱恩·贝克尔，马克·休斯里德，理查德·贝蒂. 重新定义人才：如何让人才转化为战略影响力[M]. 曾佳，康志军译. 杭州：浙江人民出版社，2016：159-162.

能作为一项通用技术，需要与具体产业的融合才能衍生出特定的技术或产品，从而通过新产品、新工艺获取相应的经济效益。"弱"人工智能时代的产业智能化，可简述为利用人工智能技术对产业的生产要素进行全面变革，在推动产业向智能化转型的过程中获取更大的经济回报。

那么，在对指标度量、数据来源说明的基础上，本研究将从时间演变、产业异质性和技术异质性等维度对产业智能化进行数据刻画，以期立体式勾勒产业智能化的特征事实。具体来说：时间演变维度从2001—2019年线性描述了产业智能化的发展趋势；产业异质性维度从均值比较出发刻画了产业智能化在低技术产业和高技术产业之间的异同；技术异质性维度勾勒了产业智能化在"智能""云""数据""物联"以及"机器学习"分样本中的差异。

（一）指标度量

现有关于产业智能化的研究，主要采用工业机器人使用密度（每千名就业人员操作的工业机器人数量），作为产业智能化的代理指标。这一度量方式的主要不足之处，在于不能包括所有与人工智能相关的产品，因为机器人仅是人工智能的一个应用维度，不能衡量服务业的智能化程度。在借鉴现有文献对产业智能化度量思路的基础上，本书采用一个产业内使用了与人工智能相关的技术或产品的企业数量占比，作为产业智能化的度量指标。如果一个产业内使用了与人工智能相关的技术或产品的企业数量越多，说明人工智能与该产业的融合程度就越高。鉴于此，产业智能化的具体度量指标可表述为：

$$AI_{it} = \frac{Firm\_AI_{it}}{Firm_{it}} \times 100\% \qquad \text{式（3-1）}$$

AI表示t年i产业的智能化水平，Firm_AI表示t年i产业内使用了与人工智能相关的技术或产品的企业数，Firm表示t年i产业内的企业总数。使用人工智能技术或产品的企业占比越高，说明该产业的智能化水平也就越高。本书采用Python第三方Pandas库函数Contains在企查查全样本数据库中对"企业名称"和"经营范围"进行关键词模糊搜索，从而获得与人工智能技术相关的企业。如果其包含了"智能""云""数据""物联"以及"机器学习"等关键词，可认为该企业使用了与人工智能相关的技术或产品。接下来，对选取上述关键词进行模糊搜索的具体原因进行如下论述。

1．智能（Intelligence）

在现实生活中，"智能"与"人工智能"经常被混用，其实两者是有明显区别的。就技术结构而言，智能是自动化技术的前沿代表，亦是人工智能的底层支撑技术，当其与人脑相关的神经网络学或仿生学相结合的时候，就形成了以计算机程序来完成人类智能任务的人工智能。那么，由"智能"关键词引申出"智能化""智能制造""智能设备""智能软件""智能穿戴"等词汇，在一定程度上可以表征企业是否具有人工智能的属性。

2．云（Cloud）

云计算作为互联网虚拟大脑的中枢神经系统，将互联网的硬件层、软件层与信息层统一了起来，以期为其他神经系统提供支持和服务。那么，由"云"关键词引申出"云计算""云平台""云服务""云技术""云端"等词汇，在一定程度上可以表征企业是否具有人工智能的属性。

3．数据（Data）

数据具有结构化、半结构化和非结构化的特征，是人工智能在 21 世纪初得以第三次崛起的前提条件，亦是掌控未来工业变革的关键资产[①]。那么，由"数据"关键词引申出"大数据""数据分析""数据挖掘""数据服务"等词汇，在一定程度上可以表征企业是否具有人工智能的属性。

4．物联（IOT）

物联网的核心因素包括智能设备、数据分析工具及人机交互接口，是智能制造体系与智能服务体系深度融合的产物，在人工智能与产业融合发展的过程中发挥了举足轻重的作用。那么，由"物联"关键词引申出"物联网""物联定位""物联传感""物联家居""万物互联"等词汇，在一定程度上可以表征企业是否具有人工智能的属性。

5．机器学习（ML）

机器学习有时也被称为"机器学习算法"，其应用范围主要集中于人工智能的数据运算领域[②]。可以说，机器学习就是研究如何使机器具

---

① 国务院发展研究中心课题组. 借鉴德国工业 4.0 推动中国制造业转型升级[M]. 北京：机械工业出版社，2018：38.

② 徐恪，李沁. 算法统治世界：智能经济的隐形秩序[M]. 北京：清华大学出版社，2017：164.

备自主学习的能力，从而掌握类似于人脑的自动化智能。当前，机器学习最前沿的代表就是美国学者杰弗里·欣顿等在 2006 年结合神经网络学提出的"深度学习"算法。那么，"机器学习""深度学习""算法"等词汇，在一定程度上可以表征企业是否具有人工智能的属性。

（二）数据来源

产业智能化的数据来自企查查数据库。企查查是一个属于苏州朗动网络科技有限公司开发的全国企业信用信息查询系统，已获得国家工商总局的官方备案。截至 2020 年，企查查汇集了 8000 多万家企业的名称、官网、地址、高管信息、品牌产品、业务范围、经营状况、对外投资、发展历史等信息，为识别应用人工智能技术或产品的企业提供了坚实的数据基础。党的十九大报告提出"加快建设制造强国，加快发展先进制造业，推动互联网、大数据、人工智能和实体经济深度融合"。进一步，2019 年的《政府工作报告》，首次提出"智能+"概念，并且明确要求"打造工业互联网平台，拓展'智能+'，为制造业转型升级赋能"。因此，本书以制造业为研究对象展开产业智能化的系统性研究。

根据国家统计局的行业分类标准，可将制造业的范围分为农副食品加工业，纺织业，家具制造业，食品制造业，造纸和纸制品业，废弃资源综合利用业，铁路、船舶、航空航天和其他运输设备制造业，烟草制品业，医药制造业，汽车制造业，通用设备制造业，专用设备制造业，仪器仪表制造业等 31 个细分产业，分别归属于低技术产业群（15 个）和高技术产业群（16 个）。

具体来说，采用网络爬虫技术对企查查的全样本数据进行采集，利用 Python 第三方 Pandas 库函数 Contains 对人工智能企业进行关键词模糊搜索，获得与"智能""云""数据""物联"以及"机器学习"等相关的人工智能企业数量，进而用人工智能企业占比来衡量产业智能化的水平。

考虑到其他指标变量的数据可获得性，为保证数据样本的前后一致，研究将范围限定为 2001—2019 年之间。

（三）特征事实

1. 产业智能化的时间演变

表 3-1 列示了中国 31 个制造业细分产业，在 2001、2006、2011、2016 及 2019 年使用了人工智能技术的企业数量占比，以考察产业智能

化的时间演变。第（6）列示了 2001—2019 年的平均值，既较好地反映了各产业 19 年以来与人工智能融合发展的整体情况，也说明了各产业的人工智能融合程度存在显著异质性。接下来，以第（6）列的历年均值为例，对各产业的人工智能融合程度进行说明。在产业智能化的产业异质性分析部分，表 3-2 列示了不同技术水平的产业分类情况，为避免赘述，此处不再详细说明。

就低技术产业而言，除了家具制造业，文教、工美、体育和娱乐用品制造业，其他制造业，金属制品、机械和设备维修业的人工智能企业数量占比超过 1% 外，其他低技术产业的人工智能企业数量占比都低于 1%。具体来说，皮革、皮毛、羽毛及其制品和制鞋业的人工智能企业数量占比最低，历年均值仅为 0.38%；金属制品、机械和设备维修业的人工智能企业数量占比最高，历年均值为 2.91%。

从高技术产业来说，除了化学纤维制造业、烟草制品业等产业的人工智能企业数量占比低于 1% 外，其他高技术产业的人工智能企业数量占比都高于 1%，特别是专用设备制造业，电气机械和器材制造业，计算机、通信和其他电子设备制造业，仪器仪表制造业的人工智能企业数量占比超过了 5%。具体而言，化学纤维制造业的人工智能企业数量占比最低，历年均值仅为 0.46%；仪器仪表制造业的人工智能企业数量占比最高，历年均值为 12.61%。

基于第（5）列 2019 年的数据再考察，发现皮革、皮毛、羽毛及其制品和制鞋业，纺织业，酒、饮料和精制茶制造业，木材加工和木、竹、藤、棕、草制品业，化学纤维制造业，黑色金属冶炼和压延加工业的人工智能融合程度最低，其人工智能企业数量的占比均低于 1%；金属制品、机械和设备维修业，通用设备制造业，专用设备制造业，电气机械和器材制造业，计算机、通信和其他电子设备制造业，仪器仪表制造业的人工智能融合程度最高，其人工智能企业数量的占比均高于 5%。特别是，金属制品、机械和设备维修业虽然属于低技术产业，但其 2019 年的人工智能企业数量占比已经达到 6.38%，这在高技术产业群中也是比较好的融合水平。

无论是基于 2001—2019 年的历年均值数据观察，还是基于 2019 年数据的分析，结果都充分说明"高技术产业的人工智能融合程度明显高于低技术产业"的研究结论具有稳健性。一般来说，低技术产业被称为劳动密集型产业，高技术产业被称为资本技术密集型产业。那么，上述研究结论可以重新被表述为：资本技术密集型产业的人工智能融合程度高于劳动密集型产业，且人工智能与劳动密集型产业的融合速度，明显快于其与资本技术密集型产业的融合速度。相较而言，人工智能作为一项通用技术，更有利于传统产业的转型升级，也为"拓展'智能+'，为制造业转型升级赋能"政策的提出提供相关事实依据。

表 3-1 各产业使用人工智能技术的企业数量占比

产业名称	2001 年（1）	2006 年（2）	2011 年（3）	2016 年（4）	2019 年（5）	历年均值（6）
皮革、皮毛、羽毛及其制品和制鞋业	0.11	0.34	0.44	0.46	0.50	0.38
纺织业	0.18	0.39	0.45	0.55	0.73	0.46
酒、饮料和精制茶制造业	0.11	0.28	0.49	0.81	0.99	0.52
木材加工和木、竹、藤、棕、草制品业	0.14	0.39	0.60	0.86	0.95	0.60
废弃资源综合利用业	0.20	0.57	0.74	1.01	1.18	0.75
造纸和纸制品业	0.22	0.65	0.81	1.00	1.21	0.81
印刷和记录媒介复制业	0.30	0.64	0.90	1.20	1.32	0.90
食品制造业	0.17	0.41	0.92	1.37	1.45	0.91
农副食品加工业	0.19	0.41	0.90	1.53	1.62	0.96
非金属矿物制品业	0.30	0.82	1.01	1.21	1.37	0.97
纺织服装、服饰业	0.35	0.88	1.01	1.21	1.39	0.98
家具制造业	0.30	0.89	1.11	1.56	1.73	1.12
文教、工美、体育和娱乐用品制造业	0.39	1.09	1.35	1.70	1.89	1.31
其他制造业	0.66	1.60	1.94	3.08	4.01	2.15
金属制品、机械和设备维修业	0.73	1.64	2.09	4.96	6.38	2.91
化学纤维制造业	0.06	0.32	0.47	0.65	0.77	0.46
黑色金属冶炼和压延加工业	0.13	0.40	0.55	0.73	0.90	0.56
烟草制品业	0.00	0.00	0.49	1.26	1.49	0.63
橡胶和塑料制品业	0.21	0.59	0.75	0.98	1.14	0.75
有色金属冶炼和压延加工业	0.22	0.60	0.80	1.11	1.27	0.82

产业名称	2001 年（1）	2006 年（2）	2011 年（3）	2016 年（4）	2019 年（5）	历年均值（6）
化学原料和化学制品制造业	0.29	0.75	0.94	1.16	1.31	0.91
石油加工、炼焦和核燃料加工业	0.53	0.99	1.14	1.43	1.65	1.15
金属制品业	0.49	1.32	1.67	2.23	2.51	1.68
铁路、船舶、航空航天和其他运输设备制造业	0.49	1.54	2.08	2.86	3.89	2.13
汽车制造业	0.60	1.68	2.18	2.88	3.32	2.15
医药制造业	0.78	1.99	2.78	3.79	4.58	2.81
通用设备制造业	0.81	2.28	3.09	5.74	7.02	3.64
专用设备制造业	1.41	3.79	4.73	7.22	8.03	5.12
电气机械和器材制造业	1.41	3.86	5.11	6.95	8.02	5.16
计算机、通信和其他电子设备制造业	4.21	10.32	11.63	13.35	14.92	11.09
仪器仪表制造业	3.71	9.39	12.05	17.42	19.01	12.61

注：单位是%；历年均值是指从 2001 年到 2019 年共计 19 年的平均值。

从整体趋势来看，2001—2019 年间各个产业使用人工智能技术的企业数量占比在不断提高，由此说明中国产业的智能化水平在不断提升。而且可以看到，虽然皮革、皮毛、羽毛及其制品和制鞋业，纺织业，酒、饮料和精制茶制造业等劳动密集型产业的智能化水平低于汽车制造业，医药制造业，计算机、通信和其他电子设备制造业，仪器仪表制造业等资本技术密集型产业的智能化水平，但劳动密集型产业的智能化水平提升速度并不慢于资本技术密集型产业，这表明国家在推动人工智能与传统产业的深度融合方面取得了较为明显的成效，有助于中国传统制造业的转型升级。如图 3-1 所示，引入时间趋势对产业智能化的中位数情况进行勾勒，可以发现中国的产业智能化发展处于一个逐年上升的积极态势。特别是，人工智能企业数量的占比在 2012 年以后明显大幅提升。

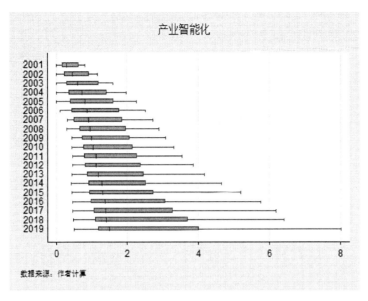

图 3-1　产业智能化的时间演变（单位：%）

2．产业智能化的产业异质性

人工智能作为新一代信息技术的集大成者，凭借"深度学习"算法加持大数据，在 21 世纪初迎来了第三次发展热潮，欧盟、美国、日本、中国等全球主要经济体也纷纷出台了相应的人工智能发展战略以促进技术与产业的融合发展。2020 年 6 月，中央全面深化改革委员会第十四次会议审议通过《关于深化新一代信息技术与制造业融合发展的指导意见》，明确提出以智能制造为主攻方向加快推进制造业数字化、网络化、智能化的发展。那么，产业智能化是否也会随着产业技术水平的不同而有所差异，需要在经验层面得到相应的数据检验。

高技术产业是指国民经济行业中研发（R&D）投入强度相对高的产业[①]，其对于推动产业转型升级、提高劳动生产率和经济效益具有不可替代的作用。本书根据 31 个产业的 R&D 经费支出和销售收入计算其 R&D 投入强度，并参考国家统计局发布的《高技术产业（制造业）分类（2017）》目录[②]，划分了 15 个低技术产业和 16 个高技术产业，具

① R&D 投入强度＝（R&D 经费支出/产业销售收入）×100%
② 国家统计局关于印发《高技术产业（制造业）分类（2017）》的通知[EB/OL]．（2018-12-18）[2020-09-29]．http://www.stats.gov.cn/tjsj/tjbz/201812/t20181218_1640081.html.

体如表 3-2 所示。其中，农副食品加工业，食品制造业，纺织业，废弃资源综合利用业，家具制造业，非金属矿物制品业，文教、工美、体育和娱乐用品制造业，木材加工和木、竹、藤、棕、草制品业等构成了低技术产业群；医药制造业，化学纤维制造业，橡胶和塑料制品业，金属制品业，专用设备制造业，汽车制造业，烟草制品业，计算机、通信和其他电子设备制造业等构成了高技术产业群。

表 3-2　不同技术水平产业的二维划分

技术水平类型	产业名称	技术水平类型	产业名称
低技术产业	农副食品加工业	高技术产业	医药制造业
	食品制造业		化学纤维制造业
	酒、饮料和精制茶制造业		橡胶和塑料制品业
	纺织业		黑色金属冶炼和压延加工业
	纺织服装、服饰业		有色金属冶炼和压延加工业
	皮革、皮毛、羽毛及其制品和制鞋业		金属制品业
	废弃资源综合利用业		通用设备制造业
	家具制造业		专用设备制造业
	造纸和纸制品业		汽车制造业
	印刷和记录媒介复制业		电气机械和器材制造业
	文教、工美、体育和娱乐用品制造业		计算机、通信和其他电子设备制造业
	非金属矿物制品业		仪器仪表制造业
	其他制造业		化学原料和化学制品制造业
	金属制品、机械和设备维修业		石油加工、炼焦和核燃料加工业
	木材加工和木、竹、藤、棕、草制品业		烟草制品业
			铁路、船舶、航空航天和其他运输设备制造业

　　人工智能与产业融合发展的实质，就是新一代信息技术嵌入企业生产系统的融合共生过程，可以归纳为两个方面：一方面是"人工智能的

产业化"，就是把大数据、算法、算力等数字技术进行产业化；另一方面是"产业的人工智能化"，其涉及的发展面特别广，实质是促进传统产业的转型升级。以算法水平为分界点，可将人工智能与产业的融合发展分为"强"融合阶段和"弱"融合阶段。当前，我国人工智能与产业的融合发展正处于"弱"融合阶段，即推进产业向智能化转型的阶段。表 3-1 的统计结果也从一个侧面验证了我国人工智能与产业融合发展还处于"产业智能化"的发展阶段，主要是通过人工智能促进产业的转型升级。那么，探讨"弱"融合阶段的产业智能化与产业技术水平的相关性就显得比较重要。图 3-2 初步勾勒了产业智能化的产业异质性对比结果，显示人工智能与低技术水平产业的融合指数，明显低于人工智能与高技术水平产业的融合指数，这在一定程度上揭示了产业智能化具有技术偏向性。

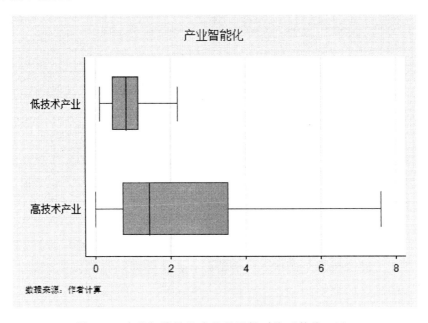

图 3-2　产业智能化的产业异质性对比（单位：%）

表 3-1 列示了各产业使用人工智能技术的企业数量占比结果，显示制造业垂直细分产业间的差异比较明显，这有可能是产业的不同技术水平所造成的差异。那么，本研究使用组间差异检验法分析不同技术水平产业之间产业智能化水平的差异性，表 3-3 列示了产业间差异的检验结

果。第（1）列列示了低技术产业的平均值，第（2）列列示了高技术产业的平均值，第（3）列列示了低技术产业和高技术产业的平均数差值及其显著性检验结果，第（4）列进一步列示了平均数差值检验的 t 统计量。

表 3-3　2001—2019 年高低技术产业应用人工智能企业占比的均值比较

变量名称	低技术产业	高技术产业	分组比较	
	平均值	平均值	均值差异[①]	t 统计量
	（1）	（2）	（3）	（4）
产业智能化	0.9277	2.9392	−2.0114***	−8.5169
智能	0.1368	1.5165	−1.3796***	−7.8465
云	0.7649	1.2061	−0.4412***	−7.8323
数据	0.0260	0.2431	−0.2171***	−5.6172
物联	0.0074	0.0566	−0.0491***	−6.9480
机器学习	0	0.000032	−0.000032**	−2.1529

注：平均值的单位是%；***、**、*分别表示通过 1%、5% 和 10% 的显著性水平检验。

2001—2019 年间，在低技术产业应用人工智能的企业数量占比的均值为 0.92%，在高技术产业应用人工智能的企业数量占比的均值为 2.93%。高技术产业应用人工智能的企业数量占比，相比低技术产业高 2.01 个百分点，并且高低技术产业应用人工智能的企业数量占比均值的差异性通过了 1% 的显著性水平检验。这说明人工智能与低技术水平产业的融合程度，明显低于人工智能与高技术水平产业的融合程度。

照此解释，高技术产业应用"智能"技术企业的占比，相比低技术产业高 1.37 个百分点，并且均值差异通过了 1% 的显著性水平检验，说明"智能"技术与高技术产业的融合程度明显高于低技术产业。

高技术产业应用"云"技术企业的占比，相比低技术产业高 0.44 个百分点，并且均值差异通过了 1% 的显著性水平检验，说明"云"技术与高技术产业的融合程度明显高于低技术产业。

高技术产业应用"数据"技术企业的占比，相比低技术产业高 0.21 个百分点，并且均值差异通过了 1% 的显著性水平检验，说明"数据"

① 计算公式：均值差异＝低技术产业的均值－高技术产业的均值；均值差异一般为"－"号，说明技术水平高低是引发组间差异的重要因素。

技术与高技术产业的融合程度明显高于低技术产业。

高技术产业应用"物联"技术企业的占比，相比低技术产业高0.04个百分点，并且均值差异通过了1%的显著性水平检验，说明"物联"技术与高技术产业的融合程度明显高于低技术产业。

高技术产业应用"机器学习"技术企业的占比，相比低技术产业高0.000032个百分点，并且均值差异通过了5%的显著性水平检验，说明"机器学习"技术与高技术产业的融合程度明显高于低技术产业。

质言之，"智能""云""数据""物联"以及"机器学习"等关键词领域的人工智能企业占比的均值差异都为负数，且都通过了1%或者5%的显著性水平检验，再次验证产业智能化具有技术偏向性。

3. 产业智能化的技术异质性

表3-4列示了2001—2019年应用不同人工智能技术企业占比的描述性统计结果。具体来说："智能"关键词融合指数的最大值为13.08%，远远高于其余几个关键词的融合指数，但其平均值与中位数的差距较大，说明"智能"技术在制造业垂直细分领域的应用不均衡；"云"关键词融合指数的平均值和中位数在几类细分技术领域中表现较好，表明与"云"有关的人工智能企业在应用场景方面具有较强的落地性；"数据"关键词融合指数在平均值、中位数、最大值等指标上的表现不及"智能"和"云"；此外，"物联"和"机器学习"关键词的融合指数无论是平均值还是最大值都明显低于其他关键词的融合指数，说明人工智能在与产业的融合发展过程中存在明显的技术差异性。整体而言，产业智能化处于较低水平，且垂直细分产业之间的差异较为明显。

表3-4　2001—2019年应用不同人工智能技术企业占比的说明

变量名称	平均值	中位数	标准差	最小值	最大值
智能	0.84	0.05	2.07	0	13.08
云	0.99	0.86	0.66	0	3.37
数据	0.13	0.01	0.44	0	3.02
物联	0.03	0.003	0.08	0	0.54
机器学习	0.00002	0	0.00016	0	0.002

注：单位为%。

产业智能化的实质就是人工智能技术或产品嵌入企业生产系统的

融合共生过程。"智能""云""数据""物联"以及"机器学习"代表了当前人工智能的关键技术，并且这些技术呈现出显著的异质性。相对于其他人工智能技术，机器学习（或深度学习）更具有通用技术的属性，亦是人工智能的底层支撑技术。因此，表 3-5 列示了 2001—2019 年应用不同人工智能技术企业占比的均值，在一定程度上反映了产业智能化的技术异质性问题。如表所示，在全样本中，使用了"智能"和"云"的企业较多，企业占比的均值分别约为 0.85%、0.99%。在低技术产业和高技术产业中，企业也是更多地倾向于选择以"智能"和"云"为核心的人工智能技术。从这五个关键词表征的技术维度来看，高技术产业的智能化水平也要高于低技术产业。值得注意的是，使用"机器学习"这一人工智能技术的企业占比明显低于其他人工智能技术领域。这表明制造业领域的人工智能应用主要集中在人工智能的应用端而非基础端，产业智能化的水平仍有待升级。

表 3-5　2001—2019 年应用不同人工智能技术企业占比的均值

人工智能技术	全样本	低技术产业	高技术产业
智能	0.8489	0.1368	1.5165
云	0.9926	0.7649	1.2061
数据	0.1381	0.0260	0.2431
物联	0.0328	0.0074	0.0566
机器学习	0.000016	0	0.000032

注：单位为%。

二、员工技能培训的特征事实

员工技能培训是技术进步与产业工人技能形成体系的互动结果，实质是一种企业生产性组织行为。2017 年 2 月，教育部、人力资源社会保障部、工业和信息化部联合印发的《制造业人才发展规划指南》，预测到 2025 年我国在新一代信息技术、电力装备、高档数控机床和机器人等十大制造业领域将面临高达 3000 万人才的缺口。显然，学历教育在短时间内是无法填补数量如此庞大的技能缺口的，而通过有针对性的技能培训，从现有产业工人队伍中培养相关的技术技能人才，可能有助于比较快地满足市场对高技能人才的大量需求。可见，员工技能培训是当前应对技能转型升级的重要举措。

那么，在对指标度量、数据来源说明的基础上，本研究将从时间演变、产业异质性和技术异质性等维度，对员工技能培训进行数据刻画，以期立体式勾勒员工技能培训的特征事实。具体来说：时间演变维度从2001—2019 年线性描述了员工技能培训的发展趋势；产业异质性维度从均值比较出发，刻画了员工技能培训在低技术产业和高技术产业之间的异同；技术异质性维度勾勒了员工技能培训在"智能""云""数据""物联"以及"机器学习"分样本中的差异。

（一）指标度量

人工智能技术加持产业的目的，在于提升劳动生产率，从而为企业获取更多的经济效益。但是，高技能人力资本的存量不足，是企业技术创新转化为经济效益的主要障碍。阿西莫格鲁认为员工技能培训有助于形成企业对新产品、新工艺的吸收能力，继而提升劳动生产率，这也是企业投资员工技能培训的根本动力[1]。换言之，企业投资员工技能培训并不是主要目的，而在于通过培训优化其人力资本结构，为企业在创新驱动发展时代筑牢竞争优势。那么，员工技能培训作为塑造产业工人技能的内部积累方式，通过职工教育培训经费的支出来衡量企业对人力资本形成与重视的程度，已成为目前文献研究中常用的代理指标。

一般而言，职工教育培训经费主要用于对优秀员工的培训和奖励，较少用于一般员工的入门级岗位技能培训[2]。因此，该指标在一定程度上也反映了企业的人力资本存量，即职工教育培训经费支出越多，那么该企业拥有的高技能员工数量也相应越多。马双和甘犁于 2014 年发表在权威经济学期刊《经济学（季刊）》上的研究成果认为，在考虑了企业有意通过计提职工教育培训经费来逃避税负以及职工教育培训经费的绝对数值历时性变化的问题后，职工教育培训经费仍然是当前能有效反映企业投资员工技能培训真实情况的代理指标[3]，该指标的有效性也

---

① Acemoglu D., Restrepo P. The Race Between Man and Machine: Implications of Technology for Growth, Factor Shares, and Employment[J]. American Economic Review, 2018, 108(6): 1488-1542.

② 蒲艳萍，顾冉. 劳动力工资扭曲如何影响企业创新[J]. 中国工业经济，2019（7）：137-154.

③ 马双，甘犁. 最低工资对企业在职培训的影响分析[J]. 经济学（季刊），2014（1）：1-26.

在后续的产业工人人力资本与劳动生产率[①]、创新绩效[②]等相关文献中得到了进一步的证实。鉴于此，本书采用产业内企业职工教育培训经费的平均值来度量员工技能培训，计算公式如下所示：

$$OJT_{it} = \frac{\sum exp_{fit}}{n_{it}}$$　　　　式（3-2）

OJT 表示 t 年 i 产业的员工技能培训水平，exp 表示 t 年 i 产业 f 企业的职工教育培训经费支出，n 表示 t 年 i 产业内的企业总数。该指标值越大，说明产业内的企业越倾向于开展员工技能培训。

（二）数据来源

员工技能培训的数据，主要依据国泰安数据库（CSMAR）的企业基本信息，检索上海证券交易所和深圳证券交易所的上市企业财务报表后，手动整理出企业对职工教育的经费支出，并将其汇总至产业层面，再除以该产业内的企业数量，从而获得产业内企业平均职工教育培训经费的支出，以此来代理员工技能培训变量。国泰安数据库是由深圳国泰安信息技术有限公司开发的金融经济数据查询系统，涵盖了基本信息、治理结构、财务信息、创新绩效、对外投资、社会责任等众多企业指标。因此，为与产业智能化数据保持一致，员工技能培训的数据也限定在2001—2019 年之间。

（三）特征事实

1. 员工技能培训的时间演变

由于缺失废弃资源综合利用业的员工技能培训经费支出数据，表3-6 只列示了 30 个制造业细分产业在 2001、2006、2011、2016 及 2019年平均每家企业员工技能培训经费支出的情况，以考察员工技能培训的时间演变。第（6）列列示了 2001—2019 年的平均值，既较好地反映了各产业 19 年以来员工技能培训的整体情况，也说明各产业的员工技能培训经费支出存在显著异质性。接下来，以第（6）列的历年均值为例，对各产业的员工技能培训进行说明。

---

① 汤学良,吴万宗.员工培训、出口与企业生产率——基于中国制造业企业数据的研究[J].财贸研究，2015（5）：65-74.

② 孙早，侯玉琳.政府培训补贴、企业培训外部性与技术创新——基于不完全劳动力市场中人力资本投资的视角[J].经济与管理研究，2019（4）：47-63.

表 3-6　各产业平均每家企业的员工技能培训经费支出

产业名称	2001 年 (1)	2006 年 (2)	2011 年 (3)	2016 年 (4)	2019 年 (5)	历年均值 (6)
木材加工和木、竹、藤、棕、草制品业	0.67	1.03	0.22	1.38	2.31	1.05
家具制造业	0.83	0.78	0.62	2.41	3.38	1.50
纺织服装、服饰业	0.76	1.08	0.51	2.81	3.59	1.60
皮革、皮毛、羽毛及其制品和制鞋业	1.04	1.13	0.67	2.22	3.41	1.63
农副食品加工业	1.22	1.19	0.62	2.32	3.07	1.68
印刷和记录媒介复制业	1.33	1.00	0.82	3.18	4.20	2.00
文教、工美、体育和娱乐用品制造业	1.16	1.76	1.29	3.43	4.79	2.25
非金属矿物制品业	2.75	2.30	1.19	3.20	3.74	2.61
造纸和纸制品业	2.67	2.11	1.45	4.61	5.42	3.16
纺织业	4.74	2.98	1.36	3.79	5.12	3.38
食品制造业	2.34	2.87	1.58	5.04	5.71	3.62
其他制造业	0.58	1.84	1.23	5.00	7.55	3.76
酒、饮料和精制茶制造业	5.54	5.71	3.17	4.99	5.55	5.30
金属制品、机械和设备维修业	-	-	-	17.40	23.04	18.48
金属制品业	1.62	1.82	1.25	5.43	6.60	3.13
橡胶和塑料制品业	2.92	1.92	1.27	4.81	6.03	3.47
化学原料和化学制品制造业	8.21	5.88	3.32	9.16	11.20	7.46
通用设备制造业	10.83	6.35	3.07	10.85	12.45	8.37
有色金属冶炼和压延加工业	15.45	9.27	4.93	11.20	14.13	10.50
电气机械和器材制造业	10.18	7.35	5.51	14.65	16.75	10.95
专用设备制造业	11.43	9.14	4.92	13.79	14.14	10.96
化学纤维制造业	17.91	10.75	6.38	12.08	14.71	11.80
石油加工、炼焦和核燃料加工业	21.89	12.00	5.67	10.00	12.19	12.04
仪器仪表制造业	14.36	7.44	5.65	21.78	20.86	13.98
医药制造业	11.47	10.43	9.53	22.97	24.90	16.39
汽车制造业	-	-	-	18.67	21.06	19.34
黑色金属冶炼和压延加工业	33.63	19.74	11.17	14.32	16.82	19.37

产业名称	2001年（1）	2006年（2）	2011年（3）	2016年（4）	2019年（5）	历年均值（6）
计算机、通信和其他电子设备制造业	27.10	23.78	17.90	33.96	35.15	27.99
铁路、船舶、航空航天和其他运输设备制造业	-	-	-	28.01	29.80	28.02
烟草制品业	16.84	36.51	31.70	53.16	62.53	42.74

注："-"代表缺失值；单位为百万元；均值是指从2001年到2019年共计19年的平均值。

就低技术产业而言，除了造纸和纸制品业、纺织业、食品制造业等产业的员工技能培训经费支出超过300万元外，其他低技术产业的员工技能培训经费支出都远远低于300万元。具体来说，木材加工和木、竹、藤、棕、草制品业的员工技能培训经费支出最少，历年均值仅为105万元；金属制品、机械和设备维修业的员工技能培训经费支出最多，历年均值达到1848万元。

从高技术产业来说，除了金属制品业、橡胶和塑料制品业、化学原料和化学制品制造业、通用设备制造业的员工技能培训经费支出低于1000万元外，其他高技术产业的员工技能培训经费支出都高于1000万元，特别是医药制造业，汽车制造业，黑色金属冶炼和压延加工业，计算机、通信和其他电子设备制造业，铁路、船舶、航空航天和其他运输设备制造业以及烟草制品业的员工技能培训经费支出达到了1600万元以上。具体来说，金属制品业的员工技能培训经费支出最少，历年均值仅为313万元；烟草制品业的员工技能培训经费支出最多，历年均值高达4274万元。

基于第（5）列2019年数据再考察，发现木材加工和木、竹、藤、棕、草制品业，家具制造业，纺织服装、服饰业，农副食品加工业的员工技能培训经费支出最少，都低于400万元；仪器仪表制造业，医药制造业，汽车制造业，黑色金属冶炼和压延加工业，计算机、通信和其他电子设备制造业，铁路、船舶、航空航天和其他运输设备制造业，烟草制品业的员工技能培训经费支出最多，都高于1600万元。

无论是基于2001—2019年的历年均值数据观察，还是基于2019年数据的分析，结果都充分说明"高技术产业的员工技能培训经费支出明显高于低技术产业"的研究结论具有稳健性。一般而言,低技术产业被称为劳动密集型产业,高技术产业被称为资本技术密集型产业。那么,上述研究结论可以重新被表述为:资本技术密集型产业的员工技能培训经费支出高于劳动密集型产业,且员工技能培训经费支出在资本技术密集型产业的增长速度,快于劳动密集型产业的增长速度。相较而言,高技术产业的人力资本存量明显高于低技术产业,员工技能培训具有明显的技术偏好,这也在一定程度上揭示了"技术—技能"的互补性。

整体而言,2001—2019 年间,产业内企业对员工技能培训的投资经费呈上升趋势。但值得注意的是,有些产业的员工技能培训经费支出是在波动中上升,如木材加工和木、竹、藤、棕、草制品业,皮革、皮毛、羽毛及其制品和制鞋业,化学原料和化学制品制造业,计算机、通信和其他电子设备制造业等行业。如图 3-3 所示,员工技能培训经费的中位数排序并不是按照年份从小到大分布的,尤其是 2001—2010 年的排序较为混乱,也验证了企业对员工技能培训的投资并不稳定。其中,2009—2010 年的员工技能培训经费明显低于其他时间段,这与 2008 年爆发的国际金融危机密切相关。由此可见,虽然许多身居高位的企业领导者宣称"员工是最重要的资产",但当企业处于经营不景气的时候,率先遭到削减的预算通常就是培训经费。

从 2011 年开始,企业对员工技能培训的投资处于逐年上升的积极趋势,这与产业智能化的演变趋势是较为契合的。同时在一定程度上说明,随着产业智能化进程的推进,企业也愈发重视技能在生产系统更新中的重要作用,从技术—技能互补的视角加大对员工技能培训经费的投资力度。被誉为美国通用电气集团"最受尊敬的首席执行官"的杰克·韦尔奇,也曾对此问题说道:"艰难的时候,更要加大培训投入,而不是相反。"[①]当然,这也不是主张员工技能培训经费越多越好,而是需要调整"人力资本炼金术"的配方,以差异化的培训投资为企业培育满足和匹配工作岗位技能需求的员工。受到"成本—收益"机制规约的员工技能培训经费支出,既可视为企业生产经营的负担成本,也可视为企业积累人力资本的投资行为。这也意味着,员工技能培训经费的支出,

---

① 布莱恩·贝克尔,马克·休斯里德,理查德·贝蒂. 重新定义人才:如何让人才转化为战略影响力[M]. 曾佳,康志军译. 杭州:浙江人民出版社,2016:推荐序.

对于企业而言是一种资产配置行为，且应随着企业发展阶段的不同而进行动态调整。

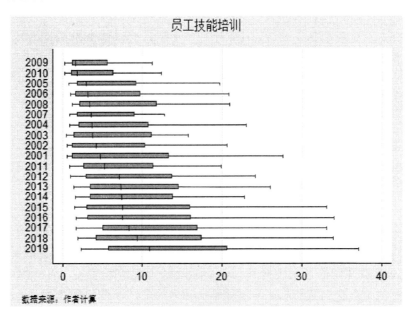

图 3-3 员工技能培训的时间演变（单位：百万元）

2．员工技能培训的产业异质性

表 3-6 的第（6）列列示了 2001—2019 年的平均值，既较好地反映了各产业 19 年以来员工技能培训的整体情况，也说明各产业的员工技能培训经费支出存在显著异质性。

就低技术产业而言，除了造纸和纸制品业、纺织业、食品制造业等产业的企业职业教育经费支出超过 300 万元外，其他低技术产业的企业职业教育经费支出都远远低于 300 万元。具体来说，木材加工和木、竹、藤、棕、草制品业的企业职业教育经费支出最少，历年均值仅为 105 万元；金属制品、机械和设备维修业的企业职业教育经费支出最多，历年均值达到 1848 万元。

从高技术产业来说，除了金属制品业、橡胶和塑料制品业、化学原料和化学制品制造业、通用设备制造业的企业职业教育经费支出低于 1000 万元外，其他高技术产业的企业职业教育经费支出都高于 1000 万元，特别是医药制造业，汽车制造业，黑色金属冶炼和压延加工业，计算机、通信和其他电子设备制造业，铁路、船舶、航空航天和其他运输设备制造业以及烟草制品业的企业职业教育经费支出达到了 1600 万元以上。具体来说，金属制品业的企业职业教育经费支出最少，历年均值仅为 313 万元；烟草制品业的企业职业教育经费支出最多，历年均值高达 4274 万元。

表 3-7 通过均值比较检验的方式，进一步证明了在不同技术水平的产业中员工技能培训强度是存在显著差异的。总的来看，资本技术密集型产业的员工技能培训经费支出，高于劳动密集型产业，且员工技能培训经费支出在资本技术密集型产业的增长速度，快于劳动密集型产业的增长速度。相较而言，高技术产业的人力资本存量明显高于低技术产业，员工技能培训具有明显的技术偏好，也在一定程度上验证了技术—技能的互补性。

表 3-7　2001—2019 年
高低技术产业平均每家企业员工技能培训经费支出的均值比较

解释变量	低技术产业	高技术产业	分组比较	
	平均值	平均值	均值差异[①]	t 统计量
	（1）	（2）	（3）	（4）
员工技能培训	2.9519	14.629	−11.677***	−14.566

注：单位是百万元；***、**、*分别表示通过 1%、5%和 10%的显著性水平检验。

纵观工业革命史可知，技术的每一次突破性进步，都会直接推动生产系统的革命性重构，特别是引发生产要素投入结构的重大变革。大数据、人工智能、区块链等新一代信息技术，加快了数字经济时代来临的步伐，资本、技术、劳动力、土地等传统生产要素也不足以描述生产系统的组织架构，"数据"开始作为一种全新的生产要素迅速介入生产系统，"云办公""直播带货""零工经济"等新业态层出不穷。技术理性生产车间所奉行的劳动去技能化，已不适应生产方式的智能化转型需求，创意类、社会类、情感类工作岗位对劳动技能的要求越来越高，与之相对应的"数字技能"给员工技能培训带来了全新的挑战。"人机共生"的生产方式，在强调人工智能拓展人类能力的同时，也揭示了人类

---

① 计算公式：均值差异＝低技术产业的均值－高技术产业的均值；均值差异一般为"－"号，说明技术水平高低是引发组间差异的重要因素。

在不断优化人工智能的技术性能。

那么，仍然处于自动化生产系统中心的劳动技能，是否会引起企业管理层的足够重视，并以培训经费支出的方式推动员工劳动技能的转型升级，这需要在经验层面得到相应的数据证实。图 3-4 描述了员工技能培训的产业异质性对比结果，显示低技术产业对员工技能培训的投资经费，明显低于高技术产业对员工技能培训的投资经费。其中，低技术产业员工技能培训经费的中位数明显低于 500 万元，高技术产业员工技能培训经费的中位数则明显高于 1000 万元。一般来说，高技术产业是指国民经济行业中 R&D 投入强度相对较高的产业，大多数文献也认为研发创新与劳动技能之间存在互补的可能性。

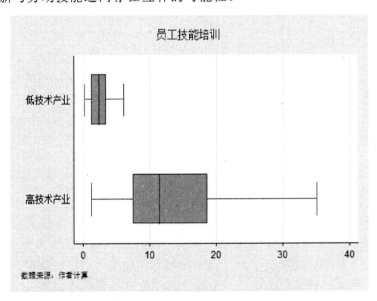

图 3-4　员工技能培训的产业异质性对比（单位：百万元）

3. 员工技能培训的技术异质性

表 3-8 列示了 2001—2019 年，技术异质性下企业对员工技能培训投资的描述性统计结果。具体来说：在"智能"技术样本中，员工技能培训经费的平均值为 875 万元，中位数是 501 万元；在"云"技术样本中，员工技能培训经费的平均值为 885 万元，中位数是 523 万元；在"数据"技术样本中，员工技能培训经费的平均值为 859 万元，中位数是 499 万元；在"物联"技术样本中，员工技能培训经费的平均值为 745

万元，中位数是 413 万元；在"机器学习"技术样本中，员工技能培训经费的平均值为 3428 万元，中位数是 3407 万元。

需要解释的是，有一些产业在推进智能化的过程中，可能会同时采用几种不同的人工智能技术。因此，在"智能""云"与"数据"样本中才会出现最小值和最大值相同的情况。同样，在"物联"和"机器学习"样本中也出现最大值相同的情况。就中位数而言，"物联"样本的员工技能培训经费最少，"智能""云"和"数据"样本的员工技能培训经费并没有明显区别，"机器学习"样本的员工技能培训经费则遥遥领先。

表 3-8　技术异质性下各产业平均每家企业的员工技能培训经费支出的说明

分析维度	员工技能培训				
	智能	云	数据	物联	机器学习
	（1）	（2）	（3）	（4）	（5）
平均值	8.7533	8.8551	8.5952	7.4541	34.284
中位数	5.0113	5.2333	4.9937	4.1347	34.074
标准差	10.160	10.115	10.101	7.6357	0.6178
最小值	0.2058	0.2058	0.2058	0.2058	33.586
最大值	64.929	64.929	64.929	35.157	35.157

注：单位是百万元。

三、产业智能化提升员工技能培训的特征事实

理论分析认为，人工智能在与产业融合发展的过程中，也在深刻影响着劳动技能需求的变化。简单来说，从"机器换人"到"人机共生"的演化，推动了产业工人从去技能化转向再技能化。第二次世界大战后，以日本丰田汽车公司为代表的精益生产方式，也是在突出"人件"主导作用下的"人件—软件—硬件"有机结合中，构建了柔性生产系统。那么，产业智能化能否对企业投资员工技能培训产生直接影响，可通过相关关系分析的方法进行检验。接下来，研究将基于整体性、产业异质性、技术异质性视角，分别勾勒产业智能化提升员工技能培训的特征事实。

（一）产业智能化提升员工技能培训的整体性特征

20 世纪 70 年代至 80 年代，美国经历了长达十余年的"经济滞胀"

时期，高通货膨胀率、高失业率和低经济增长率的长期并存，被视为陷入经济滞胀危机的主要表现。虽然，劳动者实际工资的增长几乎停滞不前，但其相对工资结构却发生了显著变化[①]。高技能劳动者的实际工资收入一直处于增长趋势，而低技能劳动者的实际工资收入却不断萎缩。"高技能—高工资"的现象被称为"技能溢价"，这也吸引了包括阿西莫格鲁在内的一大批学者纷纷对此展开理论分析和实证检验。现有文献通常认为，三次工业革命的技术进步更偏向于中高端技能，强调技能在促进技术扩散的过程中有助于提升劳动生产率[②]。那么，偏向于中高端劳动技能的技术进步，也在一定程度上扩大了技能劳动和非技能劳动的工资差距，从而诱发劳动力市场的技能溢价。也就是说，技能偏向型技术进步所引发的劳动技能需求结构变化，导致了不同技能水平劳动者的工资收入也相应发生变化的现象，就是技能溢价。

一般而言，正规教育是形成劳动技能的主要渠道，但随着技术迭代创新周期的不断收窄，仅仅依靠此方式获取知识，显然不足以应对经济社会的快节奏发展。由此，终身学习理念随之得到社会各界的空前重视，强调非正规教育和非正式学习途径所获取的知识，对于人力资本的形成具有重要价值。那么，员工技能培训作为塑造产业工人人力资本的内部形成方式，是决定企业技术创新成功与否的重要因素[③]。相较"外引"而言，作为"内训"主要载体的员工技能培训对企业创新能力的塑造更具有现实价值[④]。可见，员工技能培训有助于达成"人力资本炼金术"的配方绩效。

图3-5绘制了2001—2019年产业智能化与员工技能培训的拟合趋势，可知，在推动产业智能化的进程中，员工技能培训经费的支出也在不断增长，即产业智能化提升了员工技能培训。罗伯特·索洛提出的新古典增长模型认为资本和技术是构成生产函数的主要元素，即资本与技

---

① 董直庆，蔡啸，王林辉. 技能溢价：基于技术进步方向的解释[J]. 中国社会科学，2014（10）：22-40；205-206.

② 关爱萍，谢晶. 技能偏向性技术进步、"资本—技能"互补与技能溢价[J]. 软科学，2020（9）：24-29.

③ 王万珺，沈坤荣，周绍东，秦永. 在职培训、研发投入与企业创新[J]. 经济与管理研究，2015（12）：123-130.

④ 程博，熊婷. 在职培训、儒家文化影响与企业创新[J]. 广东财经大学学报，2018（1）：72-85.

术之间存在极强的互补性。在某种程度上来说，技术进步源于资本通过大量研发创新的投资来制造先进的设备机器和生产线，以期在节约劳动力的同时提升劳动生产率和产品质量①。简言之，产业智能化的技能偏向性往往也是资本偏向性，"成本—收益"机制深刻影响了产业智能化过程中企业对员工技能培训的投资行为。

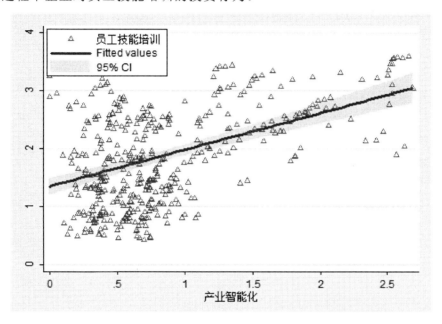

图 3-5　整体性视角下产业智能化与员工技能培训的拟合趋势

二、产业智能化提升员工技能培训的产业异质性特征

前文分析表明，不同技术水平产业的智能化存在显著的差异性，那么产业智能化与员工技能培训的相关性，是否会因产业技术水平的不同而存在区别，需要得到进一步的数据检验。鉴于此，引入产业的不同技术水平维度，重新对产业智能化与员工技能培训的相关关系进行刻画。图 3-6 列示了产业智能化提升员工技能培训的产业异质性对比结果，显示人工智能与低技术产业的融合比其与高技术产业的融合，更能驱动企

① 许怡，叶欣. 技术升级劳动降级？——基于三家"机器换人"工厂的社会学考察[J]. 社会学研究，2020（3）：23-46；242.

业投资员工技能培训。对此可能存在的解释是，高技术产业的 R&D 投入强度明显高于低技术产业，其对高学历的科技创新人才更为看重，而人工智能与低技术产业的融合发展提高了对产业工人的技能需求，促使低技术产业更愿意投资员工技能培训。所以，人工智能与低技术产业的融合发展对员工技能培训经费的拟合关系曲线，明显比其与高技术产业的拟合关系曲线更加陡峭，但产业智能化对低技术水平产业的促进作用与产业智能化对高技术水平产业的促进作用，并没有实质性的差异。

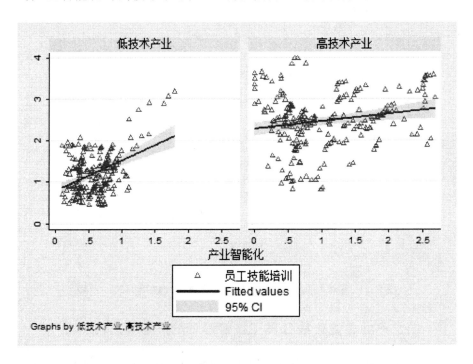

图 3-6 产业异质性下产业智能化与员工技能培训的拟合趋势

表 3-9 列示了不同产业技术水平下，产业智能化与员工技能培训之间的相关关系。在低技术产业中，产业智能化与员工技能培训的相关系数为 0.2895，通过了 1% 的显著性水平检验；在高技术产业中，产业智能化与员工技能培训的相关系数为 0.1621，通过了 5% 的显著性水平检验。相对于高技术产业来说，低技术产业的智能化，更能促进企业开展员工技能培训。对此可能存在的解释是，高技术产业已经具备了大量的高技术员工，当产业进行智能化时，这些员工已经能够应对新技术变革

带来的影响，因而开展员工技能培训的倾向较低。但在低技术产业，高技能员工较少，一旦开始了产业智能化的进程，就需要高技能员工与之相匹配，因而企业开展员工技能培训的倾向较高。产业异质性下的产业智能化与员工技能培训的相关关系分析结果，也在一定程度上佐证了图3-6所呈现的拟合趋势具有较高的可信度。

表3-9　产业异质性下产业智能化与员工技能培训的相关性

变量名称	低技术产业		高技术产业	
	员工技能培训	产业智能化	员工技能培训	产业智能化
	（1）	（2）	（3）	（4）
员工技能培训	1		1	
产业智能化	0.2895***	1	0.1621**	1

注：***、**、*分别表示通过1%、5%和10%的显著性水平检验；对角线系数是变量与自身的相关系数，所以等于1。

三、产业智能化提升员工技能培训的技术异质性特征

不同人工智能技术下的产业智能化，是否会对企业投资员工技能培训的经费支出产生差异化的影响，需要在经验层面得到相关数据检验。本研究采用Python第三方Pandas库函数Contains在企查查全样本数据库中对"企业名称"和"经营范围"进行关键词模糊搜索，如果文本包含了"智能""云""数据""物联"以及"机器学习"等关键词，可认为企业使用了与人工智能相关的技术或产品。如果使用人工智能技术或产品的企业数量占比越高，说明该产业的智能化水平也就越高。表3-10列示了产业智能化与员工技能培训，在不同人工智能技术下的相关关系检验结果。由表可知，"智能"技术下的产业智能化与员工技能培训的相关系数为0.3293，通过了1%的显著性水平检验；"云"技术下的产业智能化与员工技能培训的相关系数为0.2441，通过了1%的显著性水平检验；"数据"技术下的产业智能化与员工技能培训的相关系数为0.4034，通过了1%的显著性水平检验；"物联"技术下的产业智能化与员工技能培训的相关系数为0.3877，通过了1%的显著性水平检验；"机器学习"技术下的产业智能化与员工技能培训的相关系数为0.2571，通过了1%的显著性水平检验。由此可见，在区分不同人工智能技术后，产业智能化仍然能够提升员工技能培训。

表 3-10　技术异质性下产业智能化与员工技能培训的相关性

变量名称	智能	云	数据	物联	机器学习
	（1）	（2）	（3）	（4）	（5）
员工技能培训	0.3293***	0.2441***	0.4034****	0.3877***	0.2571***

注：***、**、*分别表示通过 1%、5% 和 10% 的显著性水平检验。

第三节　产业智能化背景下
员工技能培训提升的计量分析

流水线车间出现的劳动去技能化，已不再适用于信息时代的生产系统，重拾"技艺"满足感的劳动再技能化，成为职场工作的新趋势。人工智能作为新一代信息技术的集大成者，推动了自动化生产系统的重构，也对技术与技能的动态适配关系产生深刻影响。换言之，人工智能在拓展人类能力的同时，人类也在不断优化人工智能的技术性能，这明显区别于流水线生产环境下的"机器换人"。那么，中国情境下的产业智能化对员工技能培训是否具有提升效应，需要在经验层面得到系统性分析。鉴于此，研究将从研究设计、基本回归分析、稳健性检验、产业异质性和技术异质性分析方面完成产业智能化提升员工技能培训的计量研究，以期验证技术—组织维度下理论分析的正确性。

一、研究设计

（一）计量模型设定

研究使用制造业产业层面的数据，实证检验产业智能化对员工技能培训的提升效应，构建了如下所示的计量模型：

$$\mathrm{OJT}_{it} = \beta_0 + \beta_1 \mathrm{AI}_{it} + \gamma Ctr_{it} + \omega_i + \mu_t + \varepsilon_{it} \qquad 式（3-3）$$

其中，i 代表制造业二位码产业；t 表示年份；OJT 是被解释变量，表示产业的员工技能培训强度；AI 是解释变量，表示产业的智能化水平；Ctr 表示控制变量，用以缓解遗漏重要解释变量所带来的内生性问题；ω_i 表示行业固定效应；μ_t 表示时间固定效应；ε_{it} 是随机误差项。

研究采用普通最小二乘法（OLS 模型），对公式（3-3）所示的计量模型进行估计。β_1 是重点关注的回归系数,如果该回归系数显著为正,则说明产业智能化提升了员工技能培训的强度。β_1 数值的大小,在一定程度上代表了产业智能化对员工技能培训的提升效应,如果产业的智能化水平提高一个百分点,则意味着员工技能培训的强度将上升 β_1%。

（二）变量度量

1. 被解释变量：员工技能培训（OJT）

员工技能培训有助于形成员工对新产品、新工艺的吸收能力,继而在提升劳动生产率的过程中获取更大的经济回报,这也是企业投资员工技能培训的根本动力[1]。那么,员工技能培训作为塑造产业工人技能的内部积累方式,通过职工教育培训经费的支出来衡量企业对人力资本形成与重视的程度,已成为目前文献研究中常用的代理变量指标。一般而言,职工教育培训经费主要用于对优秀员工的培训和奖励,较少用于一般员工的入门级岗位技能培训[2]。因此,该指标在一定程度上也反映了企业的人力资本存量,即职工教育培训经费支出越多,那么该企业拥有的高技能员工数量也相应越多。马双和甘犁于 2014 年发表在国内权威经济学期刊《经济学（季刊）》上的研究成果认为,在考虑了企业有意通过计提职工教育培训经费来逃避税负以及职工教育培训经费的绝对数值历时性变化的问题后,职工教育培训经费仍然是当前能够有效反映企业投资员工技能培训真实情况的代理指标[3],该指标的有效性也在后续的产业工人人力资本与劳动生产率[4]、创新绩效[5]等相关文献中得到了进一步的证实。基于上述分析,利用产业内企业职工教育培训经费的平均值来度量员工技能培训。员工技能培训指标的具体计算公式参见本章第二节部分的说明,这里不再进行赘述。

---

① Acemoglu D., Restrepo P. The Race Between Man and Machine: Implications of Technology for Growth, Factor Shares, and Employment[J]. American Economic Review, 2018, 108(6): 1488-1542.

② 蒲艳萍, 顾冉. 劳动力工资扭曲如何影响企业创新[J]. 中国工业经济, 2019（7）：137-154.

③ 马双, 甘犁. 最低工资对企业在职培训的影响分析[J]. 经济学（季刊）, 2014（1）：1-26.

④ 汤学良, 吴万宗. 员工培训、出口与企业生产率——基于中国制造业企业数据的研究[J]. 财贸研究, 2015（5）：65-74.

⑤ 孙早, 侯玉琳. 政府培训补贴、企业培训外部性与技术创新——基于不完全劳动力市场中人力资本投资的视角[J]. 经济与管理研究, 2019（4）：47-63.

2．解释变量：产业智能化（AI）

现有关于产业智能化的研究，主要采用工业机器人使用密度（每千名就业人员操作的工业机器人数量），作为产业智能化的代理指标，这一度量方式的主要不足之处在于不能包括所有与人工智能相关的产品，因为机器人仅是人工智能的一个应用维度，不能衡量服务业的智能化程度。在借鉴主要文献对产业智能化度量思路的基础上，本研究采用一个行业内使用了与人工智能相关的技术或产品的企业数量占比作为产业智能化的度量指标。一个行业内使用与人工智能相关的技术或产品的企业越多，说明人工智能与该行业的融合程度越高。使用人工智能技术或产品的企业占比越高，说明产业的智能化水平也就越高。本研究采用文本关键词提取技术从"企业名称"和"经营范围"中获得与人工智能相关的关键词，如果文本中包含了"智能""云""数据""物联"以及"机器学习"等关键词，可认为企业使用了与人工智能相关的技术或产品。产业智能化指标的具体计算公式参见本章第二节部分的说明，这里不再重复。

3．控制变量（Ctr）

参考现有文献的通常做法，并结合具体的研究问题，选取产业规模、产业规模的平方、民营企业占比、市场进入率、出口交货值占比作为控制变量。接下来，对这些控制变量的选取依据依次进行说明：

（1）产业规模（Size）。该指标类似于"企业规模"指标，一般使用产业内企业的平均销售收入来代理产业规模。产业规模越大，说明该产业的经营状况越好，其就越有可能在产业供应链环节中占据重要的位置[①]。

（2）产业规模的平方（Size2）。考虑到产业规模与员工技能培训经费之间可能存在"倒U型"的函数关系，所以加入产业规模的平方予以相关检验。

（3）民营企业占比（Private_ratio）。民营企业无论是在增强市场经济活力方面，还是在吸纳民生就业数量方面，都具有举足轻重的作用。那么，使用产业内民营企业占比来考察该产业整体发展能力，是目前文献的常用计算方法[②]。

[①] 惠宁,葛鹏飞.产业规模、R&D投入与软件产业发展的关联度[J].改革,2015(6):100-109.

[②] 任力,向宇.中国民营企业政商关系、多元化与企业绩效研究[J].福建论坛（人文社会科学版），2019（8）:67-77.

（4）市场进入率（Enter_ratio）。市场进入与商事改革密切相关，高质量的商事改革在降低市场准入门槛的同时，有助于增加企业进入新市场的机会，从而激发市场主体的活力[①]。那么，使用新进入市场的企业数占企业总数的比重，能有效衡量市场进入率。

（5）出口交货值占比（Export_ratio）。出口交货值是现阶段衡量企业融入全球市场的一个重要参数，将交易时的外汇价格折算成人民币后可表征出口产品的市场价值[②]。那么，出口交货值也是企业销售收入的重要组成部分，通过计算两者之间的比重，能够在一定程度上反映企业的国际化水平。

综上所述，研究将被解释变量、核心解释变量与控制变量的设定依据、具体释义及计算方法总结在表 3-11 中。

表 3-11　变量设定及具体释义

	变量名称	变量代码	变量定义
被解释变量	员工技能培训	OJT	产业内企业职工教育培训经费的平均值，并取自然对数
解释变量	产业智能化	AI	人工智能企业数占企业总数的比重
控制变量	产业规模	Size	产业内企业的平均销售收入，并取自然对数
	产业规模的平方	Size2	产业内企业平均销售收入自然对数的平方
	民营企业占比	Private_ratio	民营企业数占企业总数的比重
	市场进入率	Enter_ratio	新进入市场的企业数占企业总数的比重
	出口交货值占比	Export_ratio	出口交货值占销售收入的比重

（三）数据来源

研究所使用的统计分析数据，主要来源于国泰安数据库、上海证券交易所和深圳证券交易所的上市企业财务报表、《中国城市和产业创新力报告（2017）》《中国科技统计年鉴（2020）》以及国家统计局网站的国家数据资料库。需要指出的是，员工技能培训和产业智能化的数据来

[①] 徐现祥，马晶. 商事制度改革与市场主体进入率——数量竞争还是质量竞争[J]. 中山大学学报（社会科学版），2019（6）：191-202.

[②] 赵鹏豪，王保双. 出口贸易对异质性企业生产率的影响——基于不同行业类别和企业类别的实证研究[J]. 经济经纬，2016（4）：68-73.

源在本章第二节部分已有详细说明，此处不再赘述。那么，产业规模、民营企业占比、市场进入率、出口交货值占比等控制变量所需的数据均来源于 2002—2020 年的《中国科技统计年鉴》和国家统计局网站的国家数据资料库。为与员工技能培训、产业智能化的数据保持一致，本书将研究的时间范围也限定为 2001—2019 年之间。

二、产业智能化提升员工技能培训的基本计量结果

（一）描述性分析

在运用数据对研究问题进行量化分析之前，需要用一套以整理、描述、解释为目的的方法，对数据进行整体性概括，便于了解数据的基本特征以及把握其总体分布形态。鉴于此，研究从平均值、中位数、标准差、最小值、最大值等基础性统计量出发，对样本数据进行一个整体的描述性说明。与此同时，为了规避样本数据可能会出现的极端值现象，保证计量模型估计结果的科学性、有效性和精准性，研究对数据在前后 1% 的分位数上进行了缩尾处理、方差膨胀因子检验（VIF）等必要的清洗处理。表 3-12 列示了被解释变量、解释变量以及控制变量的描述性统计结果。具体来说：

员工技能培训一行列示了产业内企业投资员工技能培训的现状，其平均值为 906 万元，中位数为 534 万元，最小值为 20 万元，最大值为 6492 万元，说明不同产业对员工技能培训的重视程度存在明显差异，这也在另一个角度揭示了不同产业的人力资本存量之间的差距较大。产业智能化测度了人工智能与产业融合发展的整体情况，其平均值为 2.17%，中位数为 1.08%，最小值为 0，最大值为 19.01%，在一定程度上说明产业智能化的程度整体处于较低水平，且不同产业之间的差异较为明显。

就产业规模而言，平均值为 31.4 亿元，中位数为 12.3 亿元，最小值为 1.8 亿元，最大值为 751.6 亿元，说明垂直细分产业之间的资产规模相差较大，最大差值接近 750 亿元。从民营企业占比来说，平均值为 47.56%，中位数为 50.90%，最小值为 0.95%，最大值为 75.50%，平均值与中位数的差异并不大，说明民营企业占据了制造业的半壁江山，当然在垂直细分产业中的差异也较为明显。就市场进入率而言，平均值为 8.32%，中位数为 8.43%，最小值为 0.92%，最大值为 19.24%，平均值与中位数几乎一致，说明制造业的市场商事改革虽有所改善但依然任重

道远。从出口交货值占比来说，平均值为 17.25%，中位数为 10.36%，最小值为 0.15%，最大值为 69.64%，说明垂直细分产业之间融入全球市场的差异较大，且整体水平并不高。

表 3-12 变量的描述性统计

变量名称		平均值	中位数	标准差	最小值	最大值
被解释变量	员工技能培训	9.06	5.34	10.27	0.20	64.92
解释变量	产业智能化	2.17	1.08	3.08	0	19.01
控制变量	产业规模	3.14	1.23	8.27	0.18	75.16
	产业规模的平方	78.16	1.53	524.04	0.0356	5649.03
	民营企业占比	47.56	50.90	15.78	0.95	75.50
	市场进入率	8.32	8.43	3.04	0.92	19.24
	出口交货值占比	17.25	10.36	16.99	0.15	69.64

注：员工技能培训的单位是百万元；产业规模的单位是十亿元；其他变量的单位是%。

（二）基本计量结果与分析

根据公式（3-3）所示的计量模型，研究采用普通最小二乘法（OLS 模型），估计产业智能化对员工技能培训的提升效应。表 3-13 列示了产业智能化对员工技能培训的提升效应的基本回归结果，具体来说：

第（1）列列示了在未添加控制变量、时间固定效应和产业固定效应的情况下，产业智能化的回归系数在 1% 的显著性检验水平上为 0.1587，即产业智能化的水平提高一个百分点，则意味着企业投资员工技能培训的经费支出也将相应提升 0.1587%。在此基础上，控制时间固定效应和产业固定效应之后，第（2）列列示了产业智能化的回归系数在 1% 的显著性检验水平上为 0.0514，即产业智能化的水平提高一个百分点，则意味着企业投资员工技能培训的经费支出也将相应提升 0.0514%。由此可见，产业智能化的回归系数出现了较大的波动，但拟合优度从第（1）列的 0.1726 一跃升至 0.6544，说明在控制了时间固定效应和产业固定效应之后，第（2）列回归结果的解释力得到明显提升。第（3）列进一步添加了控制变量，产业智能化的回归系数在 1% 的显著性检验水平上为 0.0735，即产业智能化的水平提高一个百分点，则意味着企业投资员工技能培训的经费支出也将相应提升 0.0735%。虽然，这与第（2）列的回归结果在数值方面并没有明显差异，但拟合优度却从 0.6544 大幅上升至 0.8783。说明在添加了控制变量之后，产业智能化对员工技能培训的回归系数具有更强的解释力。

此外，依据第（3）列控制变量的回归系数进行相关解读，以进一步丰富研究结论。产业规模的回归系数在 1% 的显著性检验水平上为 0.7776，且其平方项的回归系数在 1% 的显著性检验水平上为-0.1491，说明产业规模与员工技能培训之间存在"倒 U 型"的曲线关系。也就是说，企业投资员工技能培训的经费支出，一开始会随着产业规模的上升而增长，但当产业发展到一定规模的时候，其投资力度就开始呈下降趋势。当然，这里只是在统计学意义上揭示产业规模与员工技能培训经费支出之间存在一个最优解，但实际情况还得在具体案例中进行分析说明。民营企业占比的回归系数在 1% 的显著性检验水平上为-0.0226，这可能与员工技能培训经费支出的"成本—收益"机制有关，规模以上企业（主营业务收入达到 2000 万以上），自主或联合建立职工培训中心成为现阶段的主流形式。出口交货值占比的回归系数虽然通过了 1% 的显著性检验水平，但其数值仅为-0.0091，在实际发展情况中几乎可以忽略不计。市场进入率的回归系数没有通过显著性水平检验，故不对此进行过多的解释。

表 3-13　产业智能化对员工技能培训提升效应的基本回归结果

解释变量	员工技能培训		
	（1）	（2）	（3）
产业智能化	0.1587*** （0.0124）	0.0514*** （0.0107）	0.0735*** （0.0092）
产业规模			0.7776*** （0.0495）
产业规模的平方			-0.1491*** （0.0167）
民营企业占比			-0.0226*** （0.0029）
出口交货值占比			-0.0091*** （0.0013）
市场进入率			0.0051（0.0108）
时间固定效应	未控制	控制	控制
产业固定效应	未控制	控制	控制
拟合优度	0.1726	0.6544	0.8783
样本量	447	447	447

注：***、**、*分别表示通过 1%、5%、10% 的显著性水平检验；（）括号内数值为 Robust 稳健标准差。

　　当然，产业智能化、产业规模、产业规模的平方、民营企业占比、市场进入率、出口交货值占比等变量在表 3-13 中的回归系数不能直接进行大小比较，需要借助相关的计量经济学方法予以分解。那么，研究引入 Shapley 分解法对此展开进一步研究，以便直观比较各变量对员工技能培训的贡献度。表 3-14 列示了相关的 Shapley 贡献度分解结果，第（1）列列示了各变量具体的 Shapley 值，第（2）列列示了 Shapley 值所占的比重。具体来说，产业规模的贡献度最大，高达 44.85%；其次是产业智能化的贡献度，几乎占据了总贡献度的 1/5；民营企业占比、产业规模的平方、市场进入率、出口交货值占比的贡献度则依次降低。相较而言，Shapley 贡献度的分解结果，也在一定程度上说明受到"成本—收益"机制规约的员工技能培训是一种企业资产配置行为。那么，员工技能培训的经费支出应随着企业发展而动态调整，既可被视为企业生产经营的负担成本，也可被视为企业积累人力资本的投资行为。

表 3-14　Shapley 贡献度的分解结果

解释变量	员工技能培训	
	Shapley 值	贡献度
	（1）	（2）
产业智能化	0.1369	18.22%
产业规模	0.3371	44.85%
产业规模的平方	0.0801	10.66%
民营企业占比	0.0993	13.21%
出口交货值占比	0.0486	6.47%
市场进入率	0.0495	6.60%
总计	0.7517	100%

（三）基本计量结果的内生性处理

　　产业智能化能够提升企业对员工技能培训的经费支出，反过来具有知识技能偏好的企业也有可能会更愿意借助人工智能推进企业的智能化转型，从而获取更为丰厚的经济回报。换言之，产业智能化与员工技能培训之间可能存在反向因果关系，这可能会导致表 3-13 列示的基本回归结果存在偏误。

　　计量经济学针对可能存在的内生性问题有很多解决方案，其中较为常用的就是寻找与解释变量（产业智能化）相关，但不受被解释变量（员工技能培训）影响的变量作为工具变量（IV）。当然，使用此方法的前提是存在有效的工具变量，即工具变量的使用需要同时满足以下两个条件：相关性和外生性。具体来说，相关性是指工具变量与内生解释变量（产业智能化）相关，即 $Cov(IV_{it}, AI_{it}) \neq 0$；外生性是指工具变量与扰动项不相关，即 $Cov(IV_{it}, \varepsilon_{it}) = 0$。因此，在实证研究中找到一个合适的工具变量通常是比较困难的。参照已有文献的做法，对于时间序列数据或面板数据而言，较为常用的工具变量是采用解释变量的滞后变量（IV_1）[①]，即采用产业智能化的滞后一期（IVAI_1）变量作为工具变量。

一般而言，作为工具变量的滞后变量天然地与解释变量相关，自然满足了相关性；同时，与当期被解释变量相比，滞后变量可被视为已经发生了的"前定"事实，不会受到当期扰动项的影响，自然也满足了外生性。比较经典的案例是，格罗夫斯等学者在国际顶级经济学期刊《经济学季刊》（QJE）上使用了奖金比重的滞后值作为工具变量，考察中国国有企业改革中职工奖金激励制度对企业生产率的作用[②]。此后，使用解释变量的滞后变量作为工具变量来考察研究是否存在反向因果问题，已成为内生性检验的一种常见研究方法。

鉴于此，研究使用产业智能化的滞后一期（IVAI_1）变量作为工具变量，考察其与员工技能培训之间是否存在反向因果关系。一般而言，i 产业的人工智能融合程度越高就越能提升企业对知识技能的需求，反之，知识技能水平越高的企业越有意愿和能力提升其与人工智能的融合程度，继而助推所在 i 产业的人工智能融合程度，两者之间可能存在双向因果关系。那么，使用产业智能化的滞后值作为工具变量，就能比较巧妙地满足相关性和外生性。也就是说，产业智能化的滞后值本身就与当期 i 产业的智能化程度存在相关性，但同期 i 产业的扰动项不可能时光倒流地去影响已经前定的产业智能化水平，这就有效地满足了工具变量所要求的外生性规定。

基于工具变量的选取，研究运用两阶段最小二乘法（2SLS 模型）重新回归公式（3-3），以期验证理论分析的可靠性。表 3-15 列示了产

---

① 陈强. 高级计量经济学及 Stata 应用（第二版）[M]. 北京：高等教育出版社，2014：151.

② Groves T., Yongmiao Hong, McMillan J., Naughton B. Autonomy and Incentives in Chinese State Enterprises[J]. Quarterly Journal of Economics, 1994, 109(1): 183-209.

业智能化提升员工技能培训的工具变量回归结果。具体来说：

第（1）列列示了在未添加控制变量、时间固定效应和产业固定效应的情况下，产业智能化滞后一期变量的回归系数，在 1% 的显著性检验水平上为 0.1556，即产业智能化的水平提高一个百分点，则意味着企业投资员工技能培训的经费支出也将相应提升 0.1556%。在此基础上，控制时间固定效应和产业固定效应之后，第（2）列列示了产业智能化滞后一期变量的回归系数，在 1% 的显著性检验水平上为 0.0515，即产业智能化的水平提高一个百分点，则意味着企业投资员工技能培训的经费支出也将相应提升 0.0515%。由此可见，产业智能化滞后一期变量的回归系数出现了较大的波动，但拟合优度也从第（1）列的 0.1792 一跃升至 0.6573，说明在控制了时间固定效应和产业固定效应之后，第（2）列回归结果的解释力得到明显提升。第（3）列进一步添加了控制变量，产业智能化滞后一期变量的回归系数，在 1% 的显著性检验水平上为 0.0716，即产业智能化的水平提高一个百分点，则意味着企业投资员工技能培训的经费支出也相应提升 0.0716%。这与第（2）列的拟合优度相比，数值也从 0.6573 大幅上升至 0.8821，说明在添加了控制变量之后，产业智能化滞后一期变量的回归系数虽在数值方面有所波动，但并没有发生实质性的改变，且模型的解释力也更高了。

关于工具变量的有效性检验，表 3-15 的第（1）至（3）列列示了 Kleibergen-Paap Wald rk F 统计结果的 p 值，显示了未识别检验通过了 1% 的显著性水平检验，拒绝了原假设，工具变量的回归不存在未识别问题；同时，第（1）至（3）列也列示了 Kleibergen-Paap rk LM 统计结果的 p 值，结果提示弱识别检验均通过了 1% 的显著性水平检验，拒绝了原假设，工具变量的回归不存在弱识别问题。换言之，工具变量通过了未识别检验和弱识别检验。

鉴于此，研究有充分理由认为两阶段最小二乘法回归不存在弱工具变量，即产业智能化的滞后一期变量作为工具变量是有效的，在考虑了内生性问题后，产业智能化仍然能够提升企业对员工技能培训的经费支出，说明表 3-13 列示的基本回归结果具有较好的稳健性。

表 3-15　产业智能化对员工技能培训提升效应的内生性问题处理

解释变量	员工技能培训		
	（1）	（2）	（3）
产业智能化 滞后一期	0.1556*** （0.0122）	0.0515*** （0.0105）	0.0716*** （0.0088）
控制变量	未控制	未控制	控制
时间固定效应	未控制	控制	控制
产业固定效应	未控制	控制	控制
弱识别检验	P=0.000	P=0.000	P=0.000
未识别检验	P=0.000	P=0.000	P=0.000
拟合优度	0.1792	0.6573	0.8821
样本量	420	420	420
是否稳健	是	是	是

注：同表 3-13 的表注。

三、产业智能化提升员工技能培训的进一步分析

前文的基本计量结果，已经证实产业智能化对员工技能培训具有提升效应，那么该结论在其他情况下是否仍然成立，需要在进一步的分样本检验得到证实。具体而言：一是在公式（3-3）中分别引入产业智能化与研发人员数量的交互项、产业智能化与研发投入强度的交互项，借此对产业的技术水平进行由低到高的线性趋势分解，以期检验产业异质性下产业智能化提升员工技能培训的结论是否可靠。二是鉴于"智能""云""数据""物联"以及"机器学习"等关键词所表征的人工智能技术具有较为明显的差异，那么，在对产业智能化进行技术异质性区分的情况下，检验产业智能化提升员工技能培训的结论是否可靠。

（一）产业异质性分析

基础资源理论认为，研发人员数量从人力资本角度影响产业的技术水平，研发投入强度则从机会成本角度影响产业的技术水平。人力资源虽不能等同于人力资本，但研发人员数量越多，就越能表明该产业对知识和技术的需求较大，因此可在一定程度上被视为高技术产业。同样，在消费需求更新迭代速度加快的背景下，研发投入也面临着沦为"沉没成本"的风险，但研发投入强度越大，越能从一个侧面说明该产业对技

术创新的需求较大，敢于承担投资失败风险的产业也正是高技术产业的一个鲜明特征。产业的技术水平不同，会影响人力资本需求结构的变化，这可能是由于技能与技术融合方式的区别或是融合程度的不同，因而对产业创新能力产生差异化的影响。

那么，研究通过引入以下两个指标从不同的角度衡量产业技术水平的差异：一个是从人力资本的角度，即采用产业内研发人员数量的均值作为代理指标；另一个是从机会成本的角度，即采用产业内研发投入占销售收入的比重作为代理指标。同时，参照现有文献的计算方法[①]，在公式（3-3）中，加入产业智能化与产业技术水平的交互项，探讨产业智能化在不同技术水平的产业背景下，对员工技能培训的提升效应。交互项的引入，有效避免了简单将样本区分为低技术产业和高技术产业后，计量模型的回归系数不能直接进行数值比较所产生的困境，较为直观地展示了产业智能化在不同产业技术水平的背景下，对员工技能培训的影响效应，具体回归结果如表 3-16 所示。

Panel A 部分列示了使用研发人员数量测度产业技术水平的回归结果，具体来说：第（1）列列示了在未添加控制变量、时间固定效应和产业固定效应的情况下，产业智能化与研发人员数量交互项的回归系数，在 1% 的显著性检验水平上为正数，表明随着产业技术水平的提高，产业智能化更能提升企业投资员工技能培训的经费支出。在此基础上，控制时间固定效应和产业固定效应之后，第（2）列列示了产业智能化与研发人员数量交互项的回归系数，在 1% 的显著性检验水平上仍然为正数。虽然交互项的回归系数出现了较大的波动，但拟合优度从第（1）列的 0.2496 一跃升至 0.6697，说明在控制了时间固定效应和产业固定效应之后，第（2）列回归结果的解释力得到明显提升。第（3）列进一步添加了控制变量，产业智能化与研发人员数量交互项的回归系数，在 1% 的显著性检验水平上继续为正数，与第（2）列的回归系数在数值方面并没有明显差异，但拟合优度从 0.6697 大幅增长至 0.8812。这说明在添加了控制变量之后，产业智能化对员工技能培训的回归系数具有更强的解释力。Panel A 部分的回归结果提示，随着研发人员数量测度

---

① 李坤望，邵文波，王永进．信息化密度、信息基础设施与企业出口绩效——基于企业异质性的理论与实证分析[J]．管理世界，2015（4）：60-73.

的产业技术水平的提高，产业智能化也更能提升员工技能培训。

表 3-16 产业智能化对员工技能培训提升效应的产业异质性分析

解释变量	Panel A：使用研发人员数量测度产业技术水平		
	员工技能培训		
	（1）	（2）	（3）
产业智能化× 研发人员数量	0.0615*** （0.0045）	0.0239*** （0.0035）	0.0253*** （0.0032）
控制变量	未控制	未控制	控制
时间固定效应	未控制	控制	控制
产业固定效应	未控制	控制	控制
拟合优度	0.2496	0.6697	0.8812
样本量	447	447	447
解释变量	Panel B：使用研发投入强度测度产业技术水平		
	员工技能培训		
	（1）	（2）	（3）
产业智能化× 研发投入强度	0.0993*** （0.0097）	0.0330*** （0.0068）	0.0398*** （0.0064）
控制变量	未控制	未控制	控制
时间固定效应	未控制	控制	控制
产业固定效应	未控制	控制	控制
拟合优度	0.2038	0.6575	0.8783
样本量	446	446	446

注：同表 3-13 的表注；"×"表示交互项。

Panel B 部分列示了使用研发投入强度测度产业技术水平的回归结果，具体来说：第（1）列列示了在未添加控制变量、时间固定效应和产业固定效应的情况下，产业智能化与研发投入强度交互项的回归系数，在 1% 的显著性检验水平上为正数，表明随着产业技术水平的提高，产业智能化更能提升企业投资员工技能培训的经费支出。在此基础上，控制时间固定效应和产业固定效应之后，第（2）列列示了产业智能化与研发投入强度交互项的回归系数，在 1% 的显著性检验水平上仍然为正数。虽然，交互项的回归系数出现了较大的波动，但拟合优度从第（1）列的 0.2038 一跃升至 0.6575，说明在控制了时间固定效应和产业固定效应之后，第（2）列回归结果的解释力得到明显提升。第（3）列进一步添加了控制变量，产业智能化与研发投入强度交互项的回归系数，在1%的显著性检验水平上继续为正数，与第（2）列的回归系数在数值方面并没有明显差异，但拟合优度从0.6575大幅增长至0.8783。这说明在添加了控制变量之后，产业智能化对员工技能培训的回归系数具有更强的解释力。Panel B部分的回归结果提示，随着研发投入强度测度的产业技术水平的提高，产业智能化也更能提升员工技能培训。

综上所述，产业智能化对员工技能培训具有提升效应的理论分析在产业异质性检验中仍然成立，说明表3-13列示的基本回归结果具有较高的可信度。

（二）技术异质性分析

人工智能作为一项通用技术，需要在与具体产业融合发展的过程中，才能衍生出特定的技术或产品，从而通过新产品、新工艺获取相应的经济效益。但产业内企业的技术水平参差不齐，不是所有的企业都有能力将人工智能技术顺利运用于其产品从研发、生产到销售的全链条经营网络之中。那么，这就为产业内涌现出一批为该产业服务的人工智能企业创造了有利契机。人工智能企业针对其所在产业的基本特征，开发出与之相适应的一套完整的人工智能技术应用方案，为"人工智能+产业"提供了技术可能性，其中可能涉及"智能""云""数据""物联"以及"机器学习"等关键词表征的专用技术。当前，人工智能发展在某些特定产业领域，出现了高度专业化的发展趋势，但相关专利的技术通用性不强[1]。同样，国内的人工智能技术也主要运用于信息通讯、交通运输、生命医药科学等资本技术密集型产业[2]。

鉴于此，测度产业智能化的思路，就可以相应调整为识别某一产业内人工智能企业数量的占比。也就是说，某一产业内的人工智能企业数量越多，则该产业其他企业就越能较为便捷地获取相关人工智能技术的应用方案，从而推动该产业整体的智能化程度。本研究采用网络爬虫技术对企查查的全样本数据进行采集，利用Python第三方Pandas库函数

---

① Cockburn I. M., Henderson R. M., Stern S. The Impact of Artificial Intelligence on Innovation [R]. NBER Working Papers, 2018.

② 郭凯明. 人工智能发展、产业结构转型升级与劳动收入份额变动[J]. 管理世界，2019（7）：60-76.

Contains，对人工智能企业进行关键词模糊搜索，获得与"智能""云""数据""物联"以及"机器学习"等相关的人工智能企业数量，进而用人工智能企业占比来衡量产业智能化的水平。那么，不同的人工智能技术在与产业融合发展的过程中，是否仍然提升企业对员工技能培训的投资力度，需要在经验层面得到相关证实。

表3-17　产业智能化对员工技能培训提升效应的技术异质性分析

解释变量	员工技能培训				
	（1）	（2）	（3）	（4）	（5）
智能	0.0806***				
	（0.0111）				
云		0.3210***			
		（0.0419）			
数据			0.3116***		
			（0.0495）		
物联				2.0396***	
				（0.2725）	
机器学习					246.08***
					（45.546）
控制变量	控制	控制	控制	控制	控制
时间固定效应	控制	控制	控制	控制	控制
产业固定效应	控制	控制	控制	控制	控制
拟合优度	0.8741	0.8774	0.8691	0.8739	0.8623
样本量	447	447	447	447	447

注：同表3-13的表注。

表3-17列示了产业智能化对员工技能培训提升效应的技术异质性分析结果，具体来说。

第（1）列列示了"智能"技术在与产业融合发展的过程中对员工技能培训的回归系数，在1%的显著性检验水平上为0.0806，即"智能"技术与产业融合发展的程度提高一个百分点，则意味着企业投资员工技能培训的经费支出也将相应提升0.0806%。第（2）列列示了"云"技术在与产业融合发展的过程中对员工技能培训的回归系数，在1%的显著性检验水平上为0.3210，即"云"技术与产业融合发展的程度提高一个百分点，则意味着企业投资员工技能培训的经费支出也将相应提升0.3210%。第（3）列列示了"数据"技术在与产业融合发展的过程中对员工技能培训的回归系数，在 1% 的显著性检验水平上为 0.3116，即"数据"技术与产业融合发展的程度提高一个百分点，则意味着企业投资员工技能培训的经费支出也将相应提升 0.3116%。第（4）列列示了"物联"技术在与产业融合发展的过程中对员工技能培训的回归系数，在 1% 的显著性检验水平上为 2.0396，即"物联"技术与产业融合发展的程度提高一个百分点，则意味着企业投资员工技能培训的经费支出也将相应提升 2.0396%。第（5）列列示了"机器学习"技术在与产业融合发展的过程中对员工技能培训的回归系数，在 1% 的显著性检验水平上为 246.08，即"机器学习"技术与产业融合发展的程度提高一个百分点，则意味着企业投资员工技能培训的经费支出也将相应提升246.08%。

相较而言，"智能"技术的回归系数明显小于"云""数据""物联"以及"机器学习"技术的回归系数，说明"智能"类型的人工智能企业可能由于其专业性较强且技术应用较为狭窄，所以对提升产业内其他企业创新能力的作用较为有限，也相应限制了企业在该技术应用背景下对员工技能培训的投资力度。"物联"技术下的产业智能化对员工技能培训的提升效应，之所以明显高于"智能""云""数据"技术的应用效果，可能在于物联技术的应用有助于将企业的硬件层、软件层和应用层立体式地统合起来，从而有助于推进产业智能化的整体转型。"机器学习"技术的回归系数明显较高，说明与其他人工智能技术相比，机器学习（深度学习）作为一种通用性技术，能够为产业内其他企业的智能化转型提供更多的技术或产品服务，进而为企业在创新驱动发展时代构筑竞争优势，这也有助于提升企业在该技术应用背景下对员工技能培训的投资热情。

可见，人工智能技术的运用刺激了技能需求的提高，从而驱动企业投资员工技能培训，以塑造企业对知识技术的吸收能力。此外，第（1）至（6）列的拟合优度均高于 0.85，在一定程度上说明公式（3-3）的回归结果具有较高的可信度。

基于对德国"隐形冠军"企业的分析，研究发现企业的发展优势并非只源于从"0"到"1"的产品创新，而由产业工人高超劳动技能所带来的工艺流程创新，也能塑造这些中小型企业在全球利基市场上的综合竞争力。换言之，德国中小型企业专注全球产业价值链上的某一环节，紧紧依靠产业工人技能实现该环节生产的累积型创新，从而把企业打造成这一环节不可替代的产品提供商，最终形成企业在全球市场的独特价值。鉴于此，研究提出以下几点建议思考。

一是打好政策套餐"组合拳"。财政方面，以技能需求和技能评价结果为导向，对企业实施培训补贴政策，实现财政经费的精准投入与规避培训经费"寻租"的问题。金融方面，政府根据强制性、非营利性和营利性来划分技能培训项目，以此引导和鼓励政策性银行、商业银行等金融机构对培训项目编制不同的贷款方案。税收方面，严格落实财政部和税务总局印发的《关于企业职工教育经费税前扣除政策的通知》，助推企业加快技术技能人才培养。信用方面，将企业是否举办或参与培训列入监测企业履行社会责任的指标清单，并从金融贷款、评优评先等方面奖励履行社会责任贡献突出的企业。

二是培育产教融合型企业。重点在智能制造、高端装备、节能环保、现代农业等领域推行企业新型学徒制，充分发挥企业在人才培养与评价、实训基地建设、"双师型"教师认定等方面的主体作用。鼓励企业将技能人才队伍建设纳入企业发展战略规划之中，从财政、金融、土地等方面为企业大规模开展员工技能培训提供政策组合支持。落实企业在用人选人方面的人事自主权，鼓励其根据自身发展需要进行职业技能等级认证，切实促进更多有真才实学的技能工人脱颖而出。

三是完善终身职业技能培训制度。试行"区块链+职业培训券"模式，建立个人终身职业技能培训账户，实现培训信息与学历教育、就业求职、社会保障信息联通共享。推行学历教育与培训并重的现代职业教育体系，支持职业院校主动承接企业培训需求，形成校企协同培养技能人才的教育格局。在企业实施高技能人才培训基地、技能大师工作室、工匠大师工作室的建设，在组织制度层面增强企业培训的规范化和科学化。顺应数字经济快速发展浪潮，开发和推行数字技能培训包制度，以全面提升企业职工的数字素养和能力。

第四章　产业智能化背景下
员工技能培训的创新绩效

技术进步是塑造产业工人技能形成体系的内生动力,其所引发利益攸关方之间的不同合作方式,构成了不同实践样态的技能形成体系,也相应塑造了不同层次的产业创新能力。当前,英国的低技能均衡发展模式和德国的高技能均衡发展模式,就体现了产业工人的技能水平对经济社会发展所产生的差异化影响。一般而言,企业投资员工技能培训并不是主要目的,而在于通过培训优化其人力资本结构,为企业在创新驱动发展时代筑牢竞争优势。那么,在中国情境下,员工技能培训能否塑造创新、产业智能化加持员工技能培训是否更能塑造创新,需要在经验层面得到相关数据的论证。接下来,基于第二章的分析框架,研究分别对员工技能培训塑造创新、产业智能化加持员工技能培训塑造创新进行理论分析,并通过计量模型对此进行逐步检验。

第一节　技术—组织—制度维度下的理论分析

在技术·组织·制度分析框架下,第三章基于技术—组织维度,对产业智能化与员工技能培训进行了理论分析。在此基础上,研究先从组织—制度维度出发,对员工技能培训与创新进行理论分析;然后,再基于技术—组织—制度维度,对产业智能化加持的员工技能培训与创新进行理论分析。也就是说,产业智能化在员工技能培训塑造创新的过程中发挥了调节效应。当然,此处的创新是指产业创新能力,表征的是技能形成体系的创新绩效,可参考第二章第四节的理论论述。简言之,随着产业智能化水平的提升,员工技能培训更能从人力资本的角度塑造产业创新能力。鉴于此,为清晰地表达研究即将开展的理论分析,绘制了如

图 4-1 所示技术·组织·制度的调节效应示意图。

图 4-1　员工技能培训、产业智能化与创新的调节效应

一、员工技能培训塑造创新的理论分析

无法适应技术变革的员工队伍，或许是实现大规模创新、推动未来增长的主要障碍，企业决策层需要对此做出相应的选择，是通过外部引进人才的方式，还是通过内部员工技能培训的方式来应对技术变革。显然，不同的应对方式会形成不同类型的企业人力资本，进而对企业创新绩效产生差异化的影响。日本学者小池和男与猪木武德在其专著《日本与东南亚地区的技能形成》中，基于"如何开发"和"如何管理"的双重视角，对产业工人在生产车间的技能形成问题进行了系统性研究，并明确指出依附于劳动者身体的技能是有高低优劣之分的[1]。其中，"如何开发"议题，指涉产业工人如何参与职业技能培训，即技能形成体系中的培训供给制度；"如何管理"议题，指涉产业工人的技能如何被有效评估，即技能形成体系中的技能认证制度。

从现有囊括欧美、日本发达国家的研究成果来看，技能形成体系可以从多种不同的理论视角来考察，其中最具影响力的当属凯瑟琳·西伦。她首次从政治经济学视角，研究员工技能培训对劳动力市场结构的形塑作用。就哲学范畴而言，基于人的技术亦可称为"具身"技术，表现为技能[2]。那么，劳动过程在本质上就是以人为中心的技术与技能双重转化过程，可分为技能分工和等级分工。可见，技能作为劳动者个人发展的一部分，已深深嵌入到与实践场域相关的多个链条交织而成的经济社会制度网络之中。因而，技能形成体系的构建需要充分考虑"时间"

---

① 许竞. 职业技能形成：跨学科理论与国际比较[M]. 北京：社会科学文献出版社，2019：93-94.

② 姜大源. 技术与技能辨[J]. 高等工程教育研究，2016（4）：71-82.

维度，这里的时间与劳动者习得技能的时间历程密切相关。一般来说，脱岗培训和在岗培训作为员工技能培训的两种主要形式，也鲜明体现了时间维度在劳动技能形成方面的影响力。

脱岗培训强调时间的"集中化"，回归夸美纽斯式的全日制课堂，着重进行通用性技能培训内容的系统化教学。而在岗培训则强调时间的"分散化"，要求工人直接在工作现场操作生产设备，工匠师傅可根据学徒的表现及时因势利导进行差异化培训。相较而言，在岗培训无疑是最有效的技能形成方式，其作为一种占优势的培训制度，为知识与技能在工作场所的传播提供了关键途径[①]。自舒尔茨以来，人力资本理论赋予了劳动技能在生产要素中的重要角色，认为投资员工技能培训可以较快改变企业人力资本的结构成分，形成企业参与市场竞争的资源优势。因为，劳动技能的价值不仅体现在"体力技能"是完成寻常工作任务的基础能力，也涵盖"脑力技能"是应对不寻常工作任务的高阶素养。

考虑到技能与知识及技术的天然亲近性，员工技能培训不仅有助于员工掌握生产经营过程中积累的知识和技术，还可以通过"干中学"机制形成员工对知识和技术的吸收能力[②]。吸收能力是一种"整合型"的高阶素养，要求产业工人既需要知道机器的生产流程以能熟练操作，也需要有足够的能力去应对生产过程中可能会随时出现的问题。在岗培训作为内部技能形成方式，是导致制造业生产力差异化的主要源头，在劳资关系的制度化安排中扮演着关键性角色。制造业是实体经济的基础，而实体经济是一国经济的命脉所在，也是构筑未来发展战略优势的重要支撑。美国之所以在 20 世纪一跃成为资本主义世界头号强国，无不与其制造业的崛起息息相关，制造业及其创造的高薪和相对稳定的就业造就了美国庞大的中产阶级。大卫·梯斯也基于动态能力分析框架认为，"对于一个创新型国家而言，没有必要的制造基础，创新企业可能也无法生存，即使他们最擅长创新"[③]。由此可见，企业投资员工技能

---

① Kazuo Koike, Takenori Inoki. Skill Formation in Japan and Southeast Asia[M]. Tokyo: University of Tokyo Press, 1990: 44.

② 王京，安毅，孙菁. 在职培训会影响企业价值吗？——来自我国 A 股上市企业的经验证据[J]. 经济科学，2020（1）：59-71.

③ David J. Teece. Explicating Dynamic Capabilities: The Nature and Microfoundations of (Sustainable) Enterprise Performance[J]. Strategic Management Journal, 2007, 28(6): 1319-1350.

培训，在实现人力资源与生产技术优化配置的同时，也可以提高员工对研发创新的转化扩散能力[①]。

2019 年 8 月，英国科技委员会（CST）发布了《为提高生产力而进行技术扩散》，该报告认为领导和管理能力的不足、技能和知识的广泛差距所引起的技术扩散传播障碍，是英国生产力低迷的主要原因，明确建议英财政部，商业、能源和工业战略部以及教育部联合制定相应政策法规，以鼓励企业雇主支持新技术运用和投资员工技能培训[②]。一般来说，无论是产品创新，还是工艺创新，都属于企业的商业机密，通过正式的学历教育是无法有效获取其核心知识的，而针对员工的内部技能培训却可以有效消除信息不对称的问题，为劳动者提供兼具实践性和专用性的技能习得机会。

20 世纪 70 年代的"去工业化"运动，造成美国形成"研发在国内、制造在国外"的产业格局。为了扭转这一局势，奥巴马政府和特朗普政府都不遗余力制定实施了复兴美国制造业的政策。随着美国制造业岗位需求新变化的出现，掌握科学、技术、工程和数学知识与技能的劳动力出现供给短缺现象。为避免由于劳动者技能不匹配而减缓先进制造业的发展速度，美国政府先后实施了制造工作者培训计划、STEM 学徒培训计划等，通过政府的强势介入，整合各方资源，以加大劳动技能培训的投资，弥补劳动技能与制造业需求之间存在的差距。那么，智能制造作为新一代信息技术与制造业融合发展的主攻方向，需要借助产业工人的劳动技能，弥合研发创新与成果转化之间存在的技术鸿沟，从而推进制造业数字化、网络化、智能化的发展进程。

鉴于此，从人力资本效应的角度来看，本研究认为员工技能培训能够塑造产业的创新能力。

二、产业智能化背景下员工技能培训塑造创新的理论分析

通过对历次工业革命发展史的梳理，我们可知制造业一直是技术进

---

① De Winne S., Luc S. Interrelationships Between Human Capital, HRM and Innovation in Belgian Start-ups Aiming at an Innovation Strategy[J]. International Journal of Human Resource Management, 2010, 9(21): 1863-1883.

② Correspondence: Diffusion of Technology for Productivity[EB/OL]. (2020-02-28) [2020-11-10]. https://www.gov.uk/government/publications/diffusion-of-technology-for-productivity.

步产生和运用的核心领域，制造业质量是一国综合竞争力的主要组成部分①。美国、德国、日本一直被视为发达资本主义强国的一个重要原因，就在于其制造业长期处于全球领先地位，而英国综合竞争力的兴衰无不与其制造业息息相关②。换言之，制造业对创新的重要性，怎么强调和重视也不为过，其对于形成国家整体创新能力具有举足轻重的作用③。20世纪90年代，美国迎来了第二次世界大战后资本主义世界所谓的"黄金时代"，引发了理论界对这一经济奇迹发生的根源进行激烈探讨。其中，保罗·罗默敏锐捕捉到美国经济复苏朝着以信息技术、个人电脑、生物技术、金融服务、软件开发等为代表的知识密集型产业发展，率先提出"知识已成为经济增长内生动力"的重要论断④。

　　进入21世纪以来，创新能力越发成为一国获得竞争优势的关键性因素，高素质的技术技能人才越来越重要，土地、自然资源、建筑等物质资本越来越次之。一般而言，被视为能够创造和推动国家创新能力的知识，主要有三个不同类型的来源，即研究与开发、大学和科研机构的研究以及产业工人的人力资本。现有文献认为，员工技能培训作为塑造产业工人人力资本的内部形成方式，是决定企业技术创新成功与否的重要因素⑤。但当前学术界对产业工人人力资本的衡量，主要是从最高学历、受教育年限等正规教育的视角来予以测算，而从职业资格证书、职业技能等级证书等非正式学习的角度来进行评估的研究较为缺乏⑥。与正规教育的学习途径相比，员工技能培训对产业创新能力的塑造更具有

①　王家庭，李艳旭，马洪福，曹清峰．中国制造业劳动生产率增长动能转换：资本驱动还是技术驱动[J]．中国工业经济，2019（5）：99-117．

②　张双志．中国终身职业技能培训政策文本研究——基于政策主体、工具与目标的分析框架[J]．中国职业技术教育，2020（9）：88-96．

③　贾根良，楚珊珊．制造业对创新的重要性：美国再工业化的新解读[J]．江西社会科学，2019（6）：41-50；254-255．

④　Larry E. Jones, Rodolfo E. Manuelli. Endogenous Growth Theory: An Introduction[J]. Journal of Economic Dynamics and Control, 1997, 21(1): 1-22.

⑤　王万珺，沈坤荣，周绍东，秦永．在职培训、研发投入与企业创新[J]．经济与管理研究，2015（12）：123-130．

⑥　肖凤翔，张双志．高管海外经历、员工技能培训与企业创新——来自中国微观企业数据的经验证据[J]．统计与决策，2020（18）：180-184．

现实价值①。

技术进步不会自动转化为劳动生产力，知识创新的商业化运作需要解决其中存在的"知识距离"问题，正如德国哲学家歌德曾告知的一样"仅仅知道是不够的，必须加以运用；仅仅愿意是不够的，必须真正行动"。那么，员工技能培训在有效缩短"知识距离"的传导机制之中，是如何形成与运转的，需要进一步探讨分析，以便打开这个"组织黑箱"，为构建以企业为主体的国家创新体系提供相关学理思考。1989 年，科恩和利文索尔首次提出组织"吸收能力"概念，认为大量高素质技术技能人才有助于提高组织对研发创新成果的模仿、吸收和再利用水平②。

作为提高员工掌握通用性知识和专用性知识的员工技能培训，是形成组织吸收能力的主要途径，其可通过激励相容、信息效率和资源配置的机制来影响企业的技术创新过程。特别是对于低研发密集型企业来说，组织吸收能力更是其同化和平衡外界新技术知识的必备生存要素，以此形成的"粘性知识"也是企业塑造持久竞争优势的主要条件。二十余年来，吸收能力已成为创新理论、企业经济学以及组织与管理理论的关键性概念之一③。已有相关研究认为吸收能力是企业技术创新的核心，对于提高企业综合竞争力和实现长期生存发展是至关重要的。因此，吸收能力为员工技能培训在塑造和优化企业人力资本的过程中提升企业技术创新绩效，提供了恰当的理论解释。

员工技能培训作为企业形成人力资本的主要干预措施④，在正式或非正式的开放、多维和立体学习中整合、吸收和利用知识，从而塑造组织吸收能力来提升企业创新绩效。培训为员工之间、员工与高管之间的集体学习，提供了一个交互式的信息平台，通过"干中学""用中学""做中学"机制塑造企业创新必备的吸收能力。"双元制"教育体系，为德国中小型企业提供了一大批训练有素且灵活机动的高技能产业工人，也创造了高达 42% 份额的工业增加值，这被德国著名智库弗劳恩霍夫

① 程博，熊婷. 在职培训、儒家文化影响与企业创新[J]. 广东财经大学学报，2018（1）：72-85.

② Cohen W. M., Levinthal D. A. Innovation and Learning: The Two Faces of R&D[J]. The Economic Journal, 1989, 99(397): 569-596.

③ 艾志红. 吸收能力的理论演化与研究述评[J]. 技术经济与管理研究，2017（1）：38-42.

④ 张志强. 在岗培训提升企业绩效和员工的议价能力吗？——基于中国制造业企业的证据[J]. 中央财经大学学报，2018（10）：105-113.

协会，称为非高密度投入下获得的持续创新绩效。也就是说，德国中小型企业总是与当地社区构建起强大的"职业"（Beruf）文化联系，借助地方学徒项目获得高技能劳动力，并为社区发展积极履行自身的社会责任[①]。

同样，作为高技能均衡发展模式代表的日本，在第二次世界大战后形成了强调"人件"主导作用的"人件—软件—硬件"有机结合的柔性生产系统，塑造了以高技能、高工资和高价值为主要特征的产业创新能力。丰田汽车公司的精益生产方式，以人的技能为中心，视机器设备为提升劳动生产率的辅助手段。流水线车间催生的劳动去技能化，已不再适用于信息时代的生产系统，重拾"技艺"满足感的劳动再技能化成为新的职业发展趋势。产业工人劳动技能所塑造的企业人力资本，是企业形成创新能力的关键要素，这一过程亦是企业使用技术进步获取经济效益的传导机制。简言之，企业投资员工技能培训，是技术进步与产业工人技能形成体系的互动结果，实质是一种企业生产性组织行为，在产业智能化的加持下会产生"1+1>2"的协同效应，继而形成更大的创新促进效应。

综上所述，从组织吸收能力和技能需求提高的角度来看，本研究认为人工智能作为新一代信息技术的代表，其与产业的融合发展，从技术维度推动企业对员工技能培训的投资扩张，使得培训在提升员工技能水平的过程中，对产业创新能力的塑造作用更加明显。

第二节　员工技能培训塑造创新的计量分析

理论分析认为员工技能培训对产业创新能力具有塑造作用，并且在产业智能化背景下，"人机协作"使得这一塑造效应会更加明显。那么，下文将从研究设计、基本回归分析、稳健性检验以及进一步分析方面，完成员工技能培训塑造产业创新能力的计量分析，以在经验层面验证第一个理论分析。具体来说：一是采用基本的最小二乘法，检验员工技能培训经费支出对产业创新能力是否存在显著的正向影响；二是在考虑了

---

① 埃里克·莱曼，戴维·奥德兹. 德国的七个秘密：全球动荡时代德国的经济韧性[M]. 颜超凡译. 北京：中信出版集团，2018：10.

内生性问题后,运用两阶段最小二乘法来验证基本回归结果的稳健性;三是进一步论证,员工技能培训塑造产业创新能力在产业异质性和技术异质性分样本检验中是否仍然成立。

一、研究设计

(一)计量模型设定

研究使用制造业产业层面的数据,实证检验员工技能培训塑造产业创新能力的具体效应,构建了如下所示的计量模型:

$$\text{Innovation}_{it} = \beta_0 + \beta_1 \text{OJT}_{it} + \gamma Ctr_{it} + \omega_i + \mu_t + \varepsilon_{it} \quad 式(4\text{-}1)$$

其中,i 代表制造业二位码产业;t 表示年份;Innovation 是被解释变量,表示产业创新能力;OJT 是解释变量,表示产业的员工技能培训强度;Ctr 表示控制变量,用以缓解遗漏重要解释变量所带来的内生性问题;ω_i 表示行业固定效应;μ_t 表示时间固定效应;ε_{it} 是随机误差项。研究采用普通最小二乘法(OLS 模型),对公式(4-1)所示的计量模型进行估计。β_1 是重点关注的回归系数,如果该回归系数显著为正,则说明员工技能培训促进了产业创新能力的提升。β_1 数值的大小在一定程度上代表了员工技能培训影响产业创新能力的强弱,如果员工技能培训经费支出提高一个百分点,则意味着产业创新能力将上升 β_1%。

(二)变量度量

1. 被解释变量:产业创新能力(Innovation)

2017 年 6 月,中共中央、国务院印发《新时期产业工人队伍建设改革方案》,明确提出产业工人是创新驱动发展的骨干力量,也是实施"制造强国"战略的有生力量。党的十九届五中全会,再次重申和强调了"坚持创新在我国现代化建设全局中的核心地位"。那么,塑造和提升产业工人技能素质的技能形成体系,也需要服务于国家创新驱动发展战略。克里斯托夫·弗里曼在《技术政策与经济业绩:来自日本的经验》中,认为创新是一个比技术创新更为宽泛的学术概念,强调企业在生产实践中推动创造、扩散和运用新技术有助于提升创新绩效[①]。鲁皮塔和

---

① 张倩红,刘洪洁. 国家创新体系:以色列经验及其对中国的启示[J]. 西亚非洲,2017(3):28-49.

巴克斯利用发达工业国家的微观数据,检验了基于工作场所的员工技能培训与研发创新之间的关系,认为以高技能、高工资与高附加值为主要特征的高技能均衡发展模式,对产业创新能力的塑造作用更加明显[①]。换言之,员工技能培训作为产业工人技能形成的内部供给方式,是企业开发与积累人力资本的重要途径,成为塑造企业技术创新能力的重要因素[②]。

鉴于此,本研究使用产业创新能力作为技能形成体系创新绩效的代理变量,以考察作为形成产业工人技能内部积累方式的员工技能培训,是否能够服务于创新驱动发展。测度产业创新能力的数据,源于复旦大学产业发展研究中心发布的《中国城市和产业创新力报告(2017)》,该指标充分考虑了专利的内在价值,有助于规避使用专利数量和发明专利占比测算产业创新能力时可能会存在的误差。当然,该指标所缺失的2017—2019 年数据,也采用了增长率插值法予以补充完善,据此获得了 2001—2019 年的研究数据。为避免估计系数存在偏误的情况,在计量回归过程中对产业创新能力取自然对数。

2. 核心解释变量:员工技能培训(OJT)

员工技能培训作为塑造产业工人技能的内部积累方式,通过职工教育培训经费的支出来衡量企业对人力资本形成与重视的程度,已成为目前文献研究中常用的代理变量指标。第三章第二节论述了采用产业内企业职工教育培训经费的平均值来度量员工技能培训的缘由及计算公式,这里不再进行赘述。

3. 控制变量(Ctr)

参考现有文献的通常做法,并结合具体的研究问题,选取产业规模、产业规模的平方、民营企业占比、市场进入率、出口交货值占比作为控制变量。具体的变量选取依据在第三章第三节部分已有详细说明,此处不再重复论述。

综上所述,研究将被解释变量、核心解释变量与控制变量的设定依据、具体释义及计算方法总结在表 4-1 中。

---

① Rupietta C., Backes Gellner U. High Quality Workplace Training and Innovation in Highly Developed Countries[R]. Institute for Strategy and Business Economics (ISU), 2012.

② 肖凤翔,张双志. 高管海外经历、员工技能培训与企业创新——来自中国微观企业数据的经验证据[J]. 统计与决策,2020(18):180-184.

表 4-1　变量设定及具体释义

变量名称		变量代码	变量定义
被解释变量	产业创新能力	Innovation	不同年龄专利的平均价值汇总至产业层面，并取自然对数
解释变量	员工技能培训	OJT	产业内企业职工教育培训经费的平均值，并取自然对数
控制变量	产业规模	Size	产业内企业的平均销售收入，并取自然对数
	产业规模的平方	Size2	产业内企业平均销售收入自然对数的平方
	民营企业占比	Private_ratio	民营企业数占企业总数的比重
	市场进入率	Enter_ratio	新进入市场的企业数占企业总数的比重
	出口交货值占比	Export_ratio	出口交货值占销售收入的比重

（三）数据来源

研究所使用的统计分析数据，主要来源于国泰安数据库、上海证券交易所和深圳证券交易所的上市企业财务报表、《中国城市和产业创新力报告（2017）》《中国科技统计年鉴（2020）》以及国家统计局网站的国家数据资料库。接下来，对此进行具体说明。

一是产业创新能力的数据，来源于复旦大学产业发展研究中心发布的《中国城市和产业创新力报告（2017）》，该报告通过将不同年龄专利的平均价值汇总至产业层面，得到整体测度产业创新能力的指标数据，已获得学术界相关研究的佐证支撑和广泛使用。同时，考虑到该报告的数据只更新至 2016 年，为了与员工技能培训、产业智能化、产业规模、市场进入率、出口交货值等指标的数据同步，根据历年产业创新能力的增长率，预测和插补了 2017—2019 年的数据，以此形成 2001—2019 年的产业创新能力数据。

二是员工技能培训的数据，主要依据国泰安数据库的企业基本信息，检索上海证券交易所和深圳证券交易所的上市企业财务报表后，通过手动整理出企业对职工教育培训的经费支出，并将其汇总至产业层面，再除以该产业内的企业数量，从而获得产业内企业平均职工教育培训经费的支出，以此来代理员工技能培训变量。国泰安数据库是由深圳国泰安信息技术有限公司开发的金融经济数据查询系统，涵盖了基本信息、治理结构、财务信息、创新绩效、对外投资、社会责任等众多企业指标。

三是产业规模、民营企业占比、市场进入率、出口交货值占比等控制变量所需的数据，均来源于 2002—2020 年的《中国科技统计年鉴》和国家统计局网站的国家数据资料库。

综上所述，为保证研究数据的连贯性、有效性和精确性，本书将研究的时间范围限定为 2001—2019 年，最终获得共计 19 年的数据样本。

二、员工技能培训塑造创新的基本计量结果

（一）描述性分析

第三章第三节对员工技能培训、产业规模、产业规模的平方、民营企业占比、市场进入率、出口交货值占比等变量，在平均值、标准差、最小值、最大值方面进行了描述性说明，此处不再重复赘述。表 4-2 列示了被解释变量的描述性统计结果，具体来说：产业创新能力的平均值为 46.46，中位数为 7.81，最小值为 0.04，最大值为 815.15，两者相差高达 20378 倍，说明制造业的垂直细分产业之间的创新能力存在明显差异。

表 4-2　被解释变量的描述性统计

被解释变量	平均值	中位数	标准差	最小值	最大值
产业创新能力	46.46	7.81	107.63	0.04	815.15

（二）基本计量结果与分析

根据公式（4-1）所示的计量模型，研究采用普通最小二乘法，估计员工技能培训对产业创新能力的影响效应。表 4-3 列示了员工技能培训创新绩效的基本回归结果，具体来说：第（1）列列示了在未添加控制变量、时间固定效应和产业固定效应的情况下，员工技能培训的回归系数在 1% 的显著性检验水平上为 0.7939，即企业投资员工技能培训的经费支出提高一个百分点，则意味着产业创新能力也将相应上升 0.7939%。在此基础上，控制时间固定效应和产业固定效应之后，第（2）列列示了员工技能培训的回归系数在 5% 的显著性检验水平上为 0.0988，即企业投资员工技能培训的经费支出提高一个百分点，则意味着产业创新能力也将相应上升 0.0988%。由此可见，员工技能培训的回归系数出现了较大的波动，但拟合优度从第（1）列的 0.2031 一跃升至

0.9906，说明在控制了时间固定效应和产业固定效应之后，第（2）列的回归结果具有较强的解释力。

第（3）列进一步添加了控制变量，员工技能培训的回归系数在 1% 的显著性检验水平上为 0.1353，即企业投资员工技能培训的经费支出提高一个百分点，则意味着产业创新能力也将相应上升 0.1353%。这与第（2）列回归结果的数值差异并不大，且拟合优度也仅从 0.9906 略微增长至 0.9917，说明在添加了控制变量之后，员工技能培训的回归系数没有发生实质性的变化，也在一定程度上揭示了控制变量对第（2）列回归结果的影响并不明显。

表 4-3　员工技能培训创新绩效的基本回归结果

解释变量	产业创新能力		
	（1）	（2）	（3）
员工技能培训	0.7939*** （0.0887）	0.0988** （0.0398）	0.1353*** （0.0497）
产业规模			-0.3271*** （0.0861）
产业规模的平方			-0.0254*** （0.0086）
民营企业占比			-0.0005 （0.0032）
出口交货值占比			-0.0011 （0.0026）
市场进入率			-0.0052 （0.0093）
时间固定效应	未控制	控制	控制
产业固定效应	未控制	控制	控制
拟合优度	0.2031	0.9906	0.9917
样本量	447	447	447

注：***、**、*分别表示通过 1%、5%、10% 的显著性水平检验； （ ）括号内数值为 Robust 稳健标准差。

此外，依据第（3）列控制变量的回归系数进行相关解读，以进一步丰富研究结论。产业规模的回归系数在 1% 的显著性检验水平上为 -0.3271，且其平方项的回归系数在 1% 的显著性检验水平上为-0.0254，说明产业规模与产业创新能力之间存在"倒 U 型"的曲线关系。换言之，产业创新能力一开始会随着产业规模的上升而增长，但当产业发展到一定规模的时候其创新能力就开始呈下降趋势。当然，这里只是在统计学意义上，揭示产业规模与产业创新能力之间存在一个最优解，但实际情况还得在具体场域下进行分析说明。同时，民营企业占比、出口交货值占比和市场进入率的回归系数都没有通过显著性水平检验，故不对此进行过多的解释。

当然，员工技能培训、产业规模、产业规模的平方、民营企业占比、市场进入率、出口交货值占比等变量在表 4-3 中的回归系数，不能直接进行大小比较，需要借助相关的计量经济学方法予以分解。那么，本研究引入 Shapley 分解法对此展开进一步研究，以便直观比较各变量对产业创新能力的贡献度。表 4-4 列示了相关的夏普利贡献度分解结果，第（1）列列示了各变量具体的 Shapley 值，第（2）列列示了 Shapley 值所占的比重。具体来说，员工技能培训的贡献度最大，占据了总贡献度的 1/3；其次是民营企业占比的贡献度，也达到了 17.64%；产业规模的平方、产业规模、市场进入率与出口交货值占比的贡献度则依次降低。相较而言，Shapley 贡献度的分解结果，也在一定程度上说明员工技能培训在塑造产业创新能力方面具有重要的作用。

表 4-4　Shapley 贡献度的分解结果

解释变量	产业创新能力	
	Shapley 值	贡献度
	（1）	（2）
员工技能培训	0.1653	33.65%
产业规模	0.0754	15.36%
产业规模的平方	0.0767	15.62%
民营企业占比	0.0866	17.64%
出口交货值占比	0.0247	5.03%
市场进入率	0.0623	12.69%
总计	0.4912	100%

（三）基本计量结果的内生性处理

对企业创新进行产品创新与工艺创新区分后，研究发现工艺创新作为"累积型"技术进步，需要一大批会操作、懂维修先进机器设备和生产线的高技能人才作为支撑，这也相应驱动企业投资员工技能培训。也就是说，员工技能培训在塑造产业创新能力的同时，也可能会存在技术创新能力强的产业也许更愿意借助产业工人的人力资本推动产业转型升级，继而获取更为丰厚的经济回报。那么，员工技能培训与产业创新能力之间可能存在的反向因果关系，会导致表 4-3 列示的基本回归结果存在偏误。计量经济学针对可能存在的内生性问题有很多解决方案，其中较为常用的就是寻找与员工技能培训相关，但不受产业创新能力影响的变量作为工具变量（IV）。

当然，使用此方法解决内生性问题的前提，是能够找到一个合适且有效的工具变量，即工具变量需要同时满足相关性和外生性的条件。具体来说，相关性是指工具变量与内生解释变量相关，即 $Cov（IV_{it}, AI_{it}）\neq 0$；外生性是指工具变量与扰动项不相关，即 $Cov（IV_{it}, \varepsilon_{it}）=0$。寻找合适的工具变量对于实证研究来说通常是比较困难的，那么，在现有文献中较为常用的工具变量是滞后变量（IV_1）[①]，即考虑使用员工技能培训的滞后一期变量作为工具变量。

一般而言，作为工具变量的滞后变量天然地与解释变量相关，自然满足了相关性；同时，与当期被解释变量相比，滞后变量可被视为已经发生了的"前定"事实，不会受到当期扰动项的影响，自然也满足了外生性。比较经典的案例是，格罗夫斯等学者在国际顶级经济学期刊《经济学季刊》上，使用了奖金比重的滞后值作为工具变量，考察中国国有企业改革中职工奖金激励制度对企业生产率的作用[②]。此后，使用解释变量的滞后变量作为工具变量，考察研究是否存在反向因果问题，已成为内生性检验的一种常见研究方法。

鉴于此，研究使用员工技能培训的滞后一期（IVOJT_1）变量作为工具变量，考察其与产业创新能力之间是否存在反向因果关系。一般来说，i 产业的企业投资员工技能培训经费越高，就越能塑造产业创新能力；反之，创新能力越高的 i 产业，越有意愿和能力投资员工技能培训以形成高人力资本，两者之间可能存在双向因果关系。那么，使用员工技能培训的滞后值作为工具变量，就能比较巧妙地满足相关性和外生性。换言之，员工技能培训的滞后值本身就与当期 i 产业的员工技能培训经费存在相关性，但同期 i 产业的扰动项不可能时光倒流地去影响已经前定的员工技能培训经费，这就有效地满足了外生性的要求。

基于工具变量的选取，研究运用两阶段最小二乘法（2SLS 模型），

　　① 陈强. 高级计量经济学及 Stata 应用（第二版）[M]. 北京：高等教育出版社，2014：151.
　　② Groves T., Yongmiao Hong, McMillan J., Naughton B. Autonomy and Incentives in Chinese State Enterprises[J]. Quarterly Journal of Economics, 1994, 109(1): 183-209.

重新回归公式（4-1），以期验证理论分析的可靠性。表 4-5 列示了员工技能培训塑造产业创新能力的工具变量回归结果。具体来说：

第（1）列列示了在未添加控制变量、时间固定效应和产业固定效应的情况下，员工技能培训滞后一期变量的回归系数，在 1% 的显著性检验水平上为 0.7842，即企业投资员工技能培训的经费支出提高一个百分点，则意味着产业创新能力也将相应上升 0.7842%。在此基础上，控制时间固定效应和产业固定效应之后，第（2）列列示了员工技能培训滞后一期变量的回归系数，在 1% 的显著性检验水平上为 0.6312，即企业投资员工技能培训的经费支出提高一个百分点，则意味着产业创新能力也将相应上升 0.6312%。由此可见，员工技能培训滞后一期变量的回归系数出现了较大的波动，但拟合优度从第（1）列的 0.2078 一跃升至 0.5042，说明在控制了时间固定效应和产业固定效应之后，第（2）列的回归结果具有较强的解释力。第（3）列进一步添加了控制变量，员工技能培训滞后一期变量的回归系数，在 1% 的显著性检验水平上为 0.7213，即企业投资员工技能培训的经费支出提高一个百分点，则意味着产业创新能力也将相应上升 0.7213%。这与第（2）列的拟合优度相比，也从 0.5042 大幅上升至 0.7494，说明在添加了控制变量之后，员工技能培训滞后一期变量的回归系数虽在数值方面有所波动，但并没有发生实质性的改变，且模型的解释力也更高了。

关于工具变量的有效性检验，表 4-5 的第（1）至（3）列列示了 Kleibergen-Paap Wald rk F 统计结果的 p 值，显示了未识别检验通过了 1% 的显著性水平检验，拒绝了原假设，工具变量的回归不存在未识别问题；同时，第（1）至（3）列也列示了 Kleibergen-Paap rk LM 统计结果的 p 值，结果提示弱识别检验均通过了 1% 的显著性水平检验，拒绝了原假设，工具变量的回归不存在弱识别问题。换言之，工具变量通过了未识别检验和弱识别检验。鉴于此，研究有充分理由认为两阶段最小二乘法回归不存在弱工具变量，即员工技能培训的滞后一期变量作为工具变量是有效的，在考虑了内生性问题后，企业投资员工技能培训仍然能够塑造产业创新能力，说明表 4-3 列示的基本回归结果具有稳健性。

表 4-5 员工技能培训创新绩效的内生性问题处理

解释变量	产业创新能力		
	（1）	（2）	（3）
员工技能培训滞后一期	0.7842***（0.0955）	0.6312***（0.0807）	0.7213***（0.1363）
控制变量	未控制	未控制	控制
时间固定效应	未控制	控制	控制
产业固定效应	未控制	控制	控制
弱识别检验	P=0.000	P=0.000	P=0.000
未识别检验	P=0.000	P=0.000	P=0.000
拟合优度	0.2078	0.5042	0.7494
样本量	417	417	417
是否稳健	是	是	是

注：同表 4-3 的表注。

三、员工技能培训塑造创新的进一步分析

前文的基本计量结果，已经证实员工技能培训对产业创新能力具有塑造作用，那么，该结论在其他情况下是否仍然成立，需要在进一步的分样本检验中得到证实。具体而言：一是在公式（4-1）中，分别引入员工技能培训与研发人员数量的交互项、员工技能培训与研发投入强度的交互项，借此对产业的技术水平进行由低到高的线性趋势分解，以期检验产业异质性下的员工技能培训塑造创新的结论是否可靠。二是鉴于"智能""云""数据""物联"以及"机器学习"等关键词，所表征的人工智能技术具有较为明显的差异，所以，在技术异质性分样本中，检验员工技能培训塑造创新的结论是否可靠。

（一）产业异质性分析

基础资源理论认为，研发人员数量从人力资本角度影响产业的技术水平，研发投入强度则从机会成本角度影响产业的技术水平。人力资源虽不能等同于人力资本，但研发人员数量越多也越能表明该产业对知识和技术的需求较大，可在一定程度上视为高技术产业。同样，在消费需求更新迭代速度加快的背景下，研发投入也面临着沦为"沉没成本"的风险，但研发投入强度越大，也能从一个侧面说明该产业对技术创新的

需求较大,敢于承担投资失败风险的产业也正是高技术产业的一个鲜明特征。产业的技术水平不同,会影响人力资本需求结构的变化,这可能是由于技能与技术融合方式的区别或是融合程度的不同,因而对产业创新能力产生差异化的影响。

那么,本研究通过引入以下两个指标从不同的角度衡量产业技术水平的差异:一个是从人力资本的角度,即采用产业内研发人员数量的均值作为代理指标;另一个是从机会成本的角度,即采用产业内研发投入占销售收入的比重作为代理指标。参照现有文献的计算方法[①],在公式(4-1)中加入员工技能培训与产业技术水平的交互项,探讨员工技能培训在不同技术水平的产业背景下,对产业创新能力的塑造作用。交互项的引入,有效避免了简单将样本区分为低技术产业和高技术产业后,计量模型的回归系数不能直接进行数值比较所产生的困境,较为直观地展示了员工技能培训在不同产业技术水平的背景下,对产业创新能力的影响结果,具体如表4-6所示。

表4-6　员工技能培训创新绩效的产业异质性分析

解释变量	Panel A：使用研发人员数量测度产业技术水平		
	产业创新能力		
	（1）	（2）	（3）
员工技能培训×研发人员数量	0.3969*** （0.0443）	0.0494** （0.0199）	0.0676*** （0.0248）
控制变量	未控制	未控制	控制
时间固定效应	未控制	控制	控制
产业固定效应	未控制	控制	控制
拟合优度	0.2031	0.9906	0.9917
样本量	447	447	447

---

① 李坤望,邵文波,王永进. 信息化密度、信息基础设施与企业出口绩效——基于企业异质性的理论与实证分析[J]. 管理世界,2015（4）：60-73.

解释变量	Panel B：使用研发投入强度测度产业技术水平		
	产业创新能力		
	（1）	（2）	（3）
员工技能培训×研发投入强度	0.5816*** （0.0504）	0.0759** （0.0261）	0.0679** （0.0297）
控制变量	未控制	未控制	控制
时间固定效应	未控制	控制	控制
产业固定效应	未控制	控制	控制
拟合优度	0.2602	0.9908	0.9916
样本量	446	446	446

注：同表 4-3 的表注；"×"表示交互项。

Panel A 部分列示了使用研发人员数量测度产业技术水平的回归结果，具体来说：第（1）列列示了在未添加控制变量、时间固定效应和产业固定效应的情况下，员工技能培训与研发人员数量交互项的回归系数，在 1% 的显著性检验水平上为正数，表明随着产业技术水平的提高，员工技能培训更能塑造产业的创新能力。在此基础上，控制时间固定效应和产业固定效应之后，第（2）列列示了员工技能培训与研发人员数量交互项的回归系数，在 5% 的显著性检验水平上仍然为正数。虽然，交互项的回归系数出现了较大的波动，但拟合优度从第（1）列的 0.2031 一跃升至 0.9906，说明在控制了时间固定效应和产业固定效应之后，第（2）列的回归结果具有较强的解释力。

第（3）列进一步添加了控制变量，员工技能培训与研发人员数量交互项的回归系数，在 1% 的显著性检验水平上继续为正数，与第（2）列的回归系数并没有明显的差异，且拟合优度也仅从 0.9906 略微增长至 0.9917。这说明在添加了控制变量之后，交互项的回归系数没有发生实质性的变化，也在一定程度上揭示了控制变量对第（2）列回归结果的影响并不明显。Panel A 部分的回归结果提示，随着研发人员数量测度的产业技术水平的提高，企业对员工技能培训的投资也更能塑造产业创新能力。

Panel B 部分列示了使用研发投入强度测度产业技术水平的回归结果，具体来说：第（1）列列示了在未添加控制变量、时间固定效应和产业固定效应的情况下，员工技能培训与研发投入强度交互项的回归系数，在1%的显著性检验水平上为正数，表明随着产业技术水平的提高，员工技能培训更能塑造产业的创新能力。在此基础上，控制时间固定效应和产业固定效应之后，第（2）列列示了员工技能培训与研发投入强度交互项的回归系数，在5%的显著性检验水平上仍然为正。虽然，交互项的回归系数出现了较大的波动，但拟合优度从第（1）列的0.2602一跃升至0.9908，说明在控制了时间固定效应和产业固定效应之后，第（2）列的回归结果具有较强的解释力。

第（3）列进一步添加了控制变量，员工技能培训与研发投入强度交互项的回归系数，在5%的显著性检验水平上继续为正，与第（2）列的回归系数并没有明显的差异，且拟合优度也仅从0.9908略微增长至0.9916。这说明在添加了控制变量之后，交互项的回归系数没有发生实质性的变化，也在一定程度上揭示了控制变量对第（2）列回归结果的影响并不明显。Panel B部分的回归结果提示，随着研发投入强度测度的产业技术水平的提高，企业对员工技能培训的投资也更加能塑造产业创新能力。

综上所述，员工技能培训塑造产业创新能力的理论分析在产业异质性检验中仍然成立，说明表4-3列示的基本回归结果具有较高的可靠性。

（二）技术异质性分析

党的十九大报告，提出"加快建设制造强国，加快发展先进制造业，推动互联网、大数据、人工智能和实体经济深度融合"。进一步，2019年的《政府工作报告》，首次提出"智能+"概念，并且明确要求"打造工业互联网平台，拓展'智能+'，为制造业转型升级赋能"。因此，作为实体经济基础的制造业自然成为本书研究对象，以考察其与人工智能的融合发展程度。

首先，通过网络爬虫方法从企查查数据库中抓取与人工智能相关的企业信息，即运用Python软件中的Contains算法对"企业名称"和"经营范围"进行关键词搜索，一旦其中有与人工智能相关的关键词，就可以将该企业视为人工智能企业①。其次，基于制造业二位码，将网络爬虫方法所搜集的数据进行产业分类，获得 31 个细分产业。最后，将相关企业数据分别汇总至不同类型的产业层面，并按关键词将数据样本依次区分为"智能""云""数据""物联"以及"机器学习"等不同类型。那么，员工技能培训对产业创新能力的影响效应，在不同人工智能技术下是否存在差异，需要在经验层面得到进一步的分析。

表 4-7　员工技能培训创新绩效的技术异质性分析

解释变量	产业创新能力				
	（1）	（2）	（3）	（4）	（5）
	智能	云	数据	物联	机器学习
员工技能培训	0.4888***	0.5347***	0.6151***	0.6257***	–
	（0.1130）	（0.1116）	（0.1092）	（0.1221）	
控制变量	控制	控制	控制	控制	控制
时间固定效应	控制	控制	控制	控制	控制
产业固定效应	控制	控制	控制	控制	控制
拟合优度	0.7661	0.7592	0.7691	0.7681	–
样本量	425	442	411	349	–

注：同表 4-3 的表注；"–"表示缺失值。

表 4-7 列示了不同人工智能技术下，员工技能培训创新绩效的技术异质性分析结果，具体来说：第（1）列列示了在"智能"技术样本里，员工技能培训的回归系数在 1% 的显著性检验水平上为 0.4888，即企业投资员工技能培训的经费支出提高一个百分点，则意味着产业创新能力也将相应上升 0.4888%。第（2）列列示了在"云"技术样本里，员工技能培训的回归系数在 1% 的显著性检验水平上为 0.5347，即企业投资员工技能培训的经费支出提高一个百分点，则意味着产业创新能力也将相应上升 0.5347%。第（3）列列示了在"数据"技术样本里，员工技能培训的回归系数在 1% 的显著性检验水平上为 0.6151，即企业投资员工技能培训的经费支出提高一个百分点，则意味着产业创新能力也将相

① 一般而言，人工智能企业会在名称、经营范围中体现人工智能相关的特点，可能涉及"智能""云""数据""物联"以及"机器学习"等关键词。因此，基于此方法有助于在大样本数据中快速识别产业内的人工智能企业。

应上升 0.6151%。第（4）列列示了在"物联"技术样本里，员工技能培训的回归系数在 1% 的显著性检验水平上为 0.6257，即企业投资员工技能培训的经费支出提高一个百分点，则意味着产业创新能力也将相应上升 0.6257%。由于"机器学习"技术的样本量比较少，导致控制变量的回归系数不能有效收敛，故回归结果作缺失处理。一般来说，人工智能技术的运用刺激了技能需求的提高，从而驱动企业投资员工技能培训，以塑造企业对知识技术的吸收能力。

第三节 产业智能化背景下
员工技能培训塑造创新的计量分析

前文的计量分析，表明员工技能培训对产业创新能力具有塑造作用，那么，在智能化水平越高的产业中，员工技能培训的创新绩效是否会更大，需要得到相关数据的检验。鉴于此，研究将从研究设计、基本回归分析、稳健性检验以及进一步分析方面，完成产业智能化加持员工技能培训创新绩效的计量研究，以期在经验层面证实第二个理论分析。具体来说：一是采用最小二乘法，检验产业智能化与员工技能培训的交互项对产业创新能力是否存在显著的正向影响；二是在考虑了内生性问题后，运用两阶段最小二乘法来验证基本回归结果的稳健性；三是进一步论证，产业智能化加持员工技能培训的创新绩效会更明显的结论，在产业异质性和技术异质性分样本检验中是否仍然成立。

一、研究设计

（一）计量模型设定

研究使用制造业产业层面的数据，实证检验产业智能化加持员工技能培训的创新绩效是否会更大，在公式（4-1）的基础上，引入产业智能化与员工技能培训的交互项来予以测度，据此构建了如下所示的计量模型：

$$\text{Innovation}_{it} = \beta_0 + \beta_1 OJT_{it} + \beta_2 OJT_{it} * AI_{it} + \gamma Ctr_{it} + \omega_i + \mu_t + \varepsilon_{it}$$
$$\text{式（4-2）}$$

其中，i 代表制造业二位码产业；t 表示年份；Innovation 是被解释变量，表示产业创新水平；OJT、AI 是研究关注的两个核心解释变量，分别表示员工技能培训、产业智能化；OJT*AI 是交互项，表示产业智能化对员工技能培训的调节效应；Ctr 表示控制变量，用以缓解遗漏重要解释变量所带来的内生性问题；ω_i 表示产业固定效应，μ_t 表示时间固定效应；ε_{it} 是随机误差项。

在公式（4-2）中，如果 OJT 的估计系数 β_1 显著为正，说明员工技能培训具有显著的创新促进效应，并且 β_1 代表了促进效应的大小；如果 OJT*AI 的估计系数 β_2 显著为正，说明在智能化水平越高的产业中，员工技能培训能够带来更大的创新促进效应。但在产业智能化加持下，员工技能培训对产业创新的影响需要结合估计系数 β_1 和 β_2 来考虑，不能单纯依据 β_2 的数值大小进行解读。在式（4-2）中，如果对员工技能培训（OJT）求一阶导，可以得到如下所示的结果：

$$\frac{dInnovation}{dOJT} = \beta_1 + \beta_2 AI \qquad\qquad 式（4-3）$$

由公式（4-3）可知，产业智能化加持员工技能培训，对产业创新的边际影响为 $\beta_1 + \beta_2 AI$，这说明随着产业智能化水平的提升，$\beta_1 + \beta_2 AI$ 的值还会进一步提升。可能存在的解释是，产业智能化加持员工技能培训在塑造产业创新能力的过程中能够产生"1+1>2"的协同效应。

（二）变量度量

1. 被解释变量：产业创新能力（Innovation）

党的十九届五中全会，再次重申和强调了"坚持创新在我国现代化建设全局中的核心地位"，那么，塑造和提升产业工人技能素质的技能形成体系，也需要服务于国家创新驱动发展战略。员工技能培训作为产业工人技能形成的内部供给方式，是企业开发与积累人力资本的重要途径，成为塑造企业技术创新能力的重要因素[①]。鉴于此，本研究使用产业创新能力作为技能形成体系创新绩效的代理变量，以考察塑造产业工人技能的员工技能培训是否能够服务于创新驱动发展。测度产业创新能力的数据，源于复旦大学产业发展研究中心发布的《中国城市和产业创新力报告（2017）》，该指标充分考虑了专利的内在价值，有助于规避使

[①] 肖凤翔，张双志. 高管海外经历、员工技能培训与企业创新——来自中国微观企业数据的经验证据[J]. 统计与决策，2020（18）：180-184.

用专利数量和发明专利占比测算产业创新能力时可能会存在的误差。本章第二节论述了采用将不同年龄专利的平均价值汇总至产业层面,以度量产业创新能力的缘由,为避免赘述,这里不再重复说明。

2．解释变量：员工技能培训（OJT）

员工技能培训作为塑造产业工人技能的内部积累方式,通过职工教育培训经费的支出来衡量企业对人力资本形成与重视的程度,已成为目前文献研究中常用的代理变量指标。第三章第二节论述了采用产业内企业职工教育培训经费的平均值来度量员工技能培训的缘由及计算公式,这里不再进行赘述。

3．解释变量：产业智能化（AI）

一个行业内使用与人工智能相关的技术或产品的企业越多,说明人工智能与该行业的融合程度越高。使用人工智能技术或产品的企业占比越高,说明产业的智能化水平也就越高。本研究采用文本关键词提取技术从"企业名称"和"经营范围"中获得与人工智能相关的关键词,如果文本中包含了"智能""云""数据""物联"以及"机器学习"等关键词,可认为企业使用了与人工智能相关的技术或产品。第三章第二节论述了采用人工智能企业数占企业总数的比重,度量产业智能化的缘由和计算公式,这里不再重复说明。

4．控制变量（Ctr）

参考现有文献的通常做法,并结合具体的研究问题,选取产业规模、产业规模的平方、民营企业占比、市场进入率、出口交货值占比作为控制变量。具体的变量选取依据,在第三章第三节部分已有详细说明,此处不再重复论述。

（三）数据来源

研究所使用的统计分析数据,主要来源于"企查查"数据、国泰安数据库、上海证券交易所和深圳证券交易所的上市企业财务报表、《中国城市和产业创新力报告（2017）》《中国科技统计年鉴（2020）》以及国家统计局网站的国家数据资料库。接下来,对此进行具体说明。

一是产业创新能力的数据,来源于复旦大学产业发展研究中心发布的《中国城市和产业创新力报告（2017）》,该报告通过将不同年龄专利的平均价值汇总至产业层面,获得整体测度产业创新能力的数据,已获得学术界相关研究的佐证支撑和广泛使用。同时,考虑到该报告的数据只更新至 2016 年，为了与产业智能化等指标的数据同步，根据历年产业创新能力的增长率，预测和插补了 2017—2019 年的数据，以此形成 2001—2019 年的产业创新能力数据。

　　二是员工技能培训的数据，主要依据国泰安数据库的企业基本信息，检索上海证券交易所和深圳证券交易所的上市企业财务报表后，通过手动整理出企业对职工教育培训的经费支出，并将其汇总至产业层面，再除以该产业内的企业数量，从而获得产业内企业平均职工教育培训经费的支出，以此来代理员工技能培训变量。国泰安数据库是由深圳国泰安信息技术有限公司开发的金融经济数据查询系统，涵盖了基本信息、治理结构、财务信息、创新绩效、对外投资、社会责任等众多企业指标。

　　三是产业智能化的数据，来自企查查数据库。企查查是一个属于苏州朗动网络科技有限公司开发的全国企业信用信息查询系统，已获得国家工商总局的官方备案。截至 2020 年，企查查汇集了 8000 多万家企业的名称、官网、地址、高管信息、品牌产品、业务范围、经营状况、对外投资、发展历史等信息，为大规模快速识别人工智能类型企业提供了较为理想的数据检索来源。

　　最后，产业规模、民营企业占比、市场进入率、出口交货值占比等控制变量所需的数据，均来源于 2002—2020 年的《中国科技统计年鉴》和国家统计局网站的国家数据资料库。

　　综上所述，为保证研究数据的连贯性、有效性和精确性，本书将研究时间范围限定为 2001—2019 年，最终获得共计 19 年的数据样本。

二、产业智能化背景下员工技能培训塑造创新的基本计量结果

（一）基本计量结果与分析

表 4-8 列示了产业智能化加持员工技能培训创新绩效的基本回归结果，由于公式（4-2）中产业智能化与员工技能培训交互项的回归系数 β_2，表示在产业智能化加持下员工技能培训对产业创新能力的影响效应，所以研究将重点列示交互项的回归结果。根据计量经济学知识可知，交互项的回归系数不能直接反映其对被解释变量的影响大小，当回归系数在显著性检验水平上为正数时，即可表明其影响效应比单独回归时的影响效应更加明显。具体来说：

　　第（1）列列示了在未添加控制变量、时间固定效应和产业固定效应的情况下，产业智能化与员工技能培训交互项的回归系数，在 1% 的显著性检验水平上为正数，表明产业智能化加持下的员工技能培训更能塑造产业创新能力。在此基础上，控制时间固定效应和产业固定效应之后，第（2）列列示了产业智能化与员工技能培训交互项的回归系数，在 1% 的显著性检验水平上仍然为正数。虽然，交互项的回归系数出现了较大的波动，但拟合优度从第（1）列的 0.2983 一跃升至 0.9921，说明在控制了时间固定效应和产业固定效应之后，第（2）列的回归结果具有较强的解释力。第（3）列进一步添加了控制变量，产业智能化与员工技能培训交互项的回归系数，在 1% 的显著性检验水平上继续为正数，与第（2）列的回归系数几乎没有差异，且拟合优度也仅从 0.9921 略微增长至 0.9929。这说明在添加了控制变量之后，交互项的回归系数没有发生实质性的变化，也在一定程度上揭示了控制变量对第（2）列的回归结果并没有产生明显的影响。表 4-8 的回归结果提示，产业智能化加持下的员工技能培训更能塑造创新。

表 4-8　产业智能化加持员工技能培训创新绩效的基本结果

解释变量	产业创新能力		
	（1）	（2）	（3）
员工技能培训	0.4803***（0.0966）	0.0809**（0.0383）	0.0809*（0.0445）
产业智能化×员工技能培训	0.0773***（0.0095）	0.0247***（0.0023）	0.0240***（0.0024）
产业规模			-0.2015***（0.0710）
产业规模的平方			-0.0346***（0.0082）
民营企业占比			-0.0008（0.0028）
出口交货值占比			0.0006（0.0019）
市场进入率			0.0042（0.0093）
时间固定效应	未控制	控制	控制
产业固定效应	未控制	控制	控制
拟合优度	0.2983	0.9921	0.9929
样本量	447	447	447

注：同表 4-3 的表注；"×"表示交互项。

接下来，对控制变量的回归系数进行相关解读，以进一步丰富研究结论。产业规模的回归系数在 1% 的显著性检验水平上为-0.2015，且其平方项的回归系数在 1% 的显著性检验水平上为-0.0346，说明产业规模与产业创新能力之间存在"倒 U 型"曲线关系。换言之，产业创新能力一开始会随着产业规模的增长而增长，当产业发展到一定规模的时候，其创新能力就开始呈下降趋势。此外，民营企业占比、出口交货值占比和市场进入率的回归系数都没有通过显著性水平检验，故不对此进行过多的解释。

当然，员工技能培训、产业规模、产业规模的平方、民营企业占比、市场进入率、出口交货值占比等变量，在表 4-8 中的回归系数不能直接进行大小比较，需要借助相关的计量经济学方法予以分解。那么，研究引入 Shapley 分解法对此展开进一步研究，以便直观比较各变量对产业创新能力的贡献度。表 4-9 列示了相关的 Shapley 贡献度分解结果，第（1）列列示了各变量具体的 Shapley 值，第（2）列列示了 Shapley 值所占的比重。具体来说：产业智能化与员工技能培训交互项的贡献度最大，几乎占到总贡献度的 1/3；其次是员工技能培训的贡献度，也达到了17.22%；民营企业占比、出口交货值占比、产业规模、产业规模的平方、市场进入率的贡献度则依次降低。相较而言，Shapley 贡献度的分解结果，也在一定程度上说明随着产业智能化水平的提升，员工技能培训的创新绩效会更加明显，这也从侧面验证了理论分析的可靠性。

表 4-9　Shapley 贡献度的分解结果

解释变量	产业创新能力	
	Shapley 值 （1）	贡献度 （2）
员工技能培训	0.1049	17.22%
产业智能化×员工技能培训	0.1849	30.35%
产业规模	0.0581	9.54%
产业规模的平方	0.0579	9.51%
民营企业占比	0.0869	14.27%
出口交货值占比	0.0616	10.12%
市场进入率	0.0548	9%
总计	0.6093	100%

注："×"表示交互项。

　　表4-8的基本回归结果提示,产业智能化在员工技能培训塑造产业创新能力的过程中发挥着调节作用,随着产业智能化水平的提升,员工技能培训塑造产业创新能力的效应呈扩张趋势。如图4-2所示,员工技能培训在从低培训水平上升到高培训水平的过程中,无论是智能化高的产业还是智能化低的产业,其创新绩效都处于一个不断上升的状态。在智能化水平越高的产业中,员工技能培训能够带来更大的创新促进效应。当然,在智能化水平较低的产业中,员工技能培训对产业创新能力的提升效应也是较为明显的。人工智能作为新一代信息技术的代表,其与产业的融合发展,从技术维度刺激企业对员工技能培训的投资扩张,使得培训在提升员工技能水平的过程中,对产业创新能力的塑造作用更加明显。对此可能存在的解释是,产业智能化加持员工技能培训在塑造产业创新能力的过程中,能够产生"1+1>2"的协同效应。鉴于此,人工智能时代的企业经营,需要重新全面审视对员工进行技能培训的战略价值,可将其视为一种战略投资选择,而不仅仅是一种生产成本。技术与技能之间的互相协作,有助于实现创新绩效的递增,从而在创新驱动发展时代塑造企业的综合竞争力。

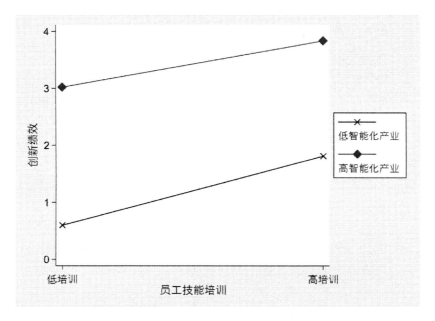

图4-2　产业智能化加持员工技能培训的创新绩效

（二）基本计量结果的内生性处理

一个行业内使用与人工智能相关的技术或产品的企业越多，说明人工智能与该行业的融合程度越高。那么，智能化在提升产业创新能力的同时，也会受到技术创新能力的反向推动作用。同理，员工技能培训在塑造产业创新能力的同时，技术创新能力强的产业也更愿意借助产业工人的人力资本实现产业转型升级，继而获取更为丰厚的经济回报。换言之，产业智能化加持员工技能培训与产业创新能力之间可能存在反向因果关系，将会导致表 4-8 列示的基本回归结果存在偏误。

计量经济学针对可能存在的内生性问题有很多解决方案，其中较为常用的就是寻找与员工技能培训、产业智能化相关，但不受产业创新能力影响的变量作为工具变量（IV）。当然，使用此方法解决内生性问题的前提，是能够找到一个合适且有效的工具变量，即工具变量需要同时满足相关性和外生性的条件。具体来说，相关性是指工具变量与内生解释变量相关，即 $\mathrm{Cov}(\mathrm{IV}_{it},\ \mathrm{AI}_{it}) \neq 0$；外生性是指工具变量与扰动项不相关，即 $\mathrm{Cov}(\mathrm{IV}_{it},\ \varepsilon_{it}) = 0$。寻找合适的工具变量对于实证研究来说通常是比较困难的，在现有文献中较为常用的工具变量是滞后变量（IV_1）[①]，即考虑使用产业智能化与员工技能培训交互项的滞后一期变量（IVJiaohu_1）作为工具变量。

一般而言，作为工具变量的滞后变量天然地与解释变量相关，自然满足了相关性；同时，与当期被解释变量相比，滞后变量可被视为已经发生了的"前定"事实，不会受到当期扰动项的影响，自然也满足了外生性。比较经典的案例是，格罗夫斯等学者在国际顶级经济学期刊《经济学季刊》上，使用了奖金比重的滞后值作为工具变量，考察中国国有企业改革中职工奖金激励制度对企业生产率的作用[②]。此后，使用解释变量的滞后变量作为工具变量来考察研究是否存在反向因果问题，已成为内生性检验的一种常见研究方法。

鉴于此，研究使用产业智能化和员工技能培训交互项的滞后一期变量（IVJiaohu_1）作为工具变量，考察产业智能化加持员工技能培训与产业创新能力之间是否存在反向因果关系。一般来说，i 产业的企业投

---

① 陈强. 高级计量经济学及 Stata 应用（第二版）[M]. 北京：高等教育出版社，2014：151.

② Groves T., Yongmiao Hong, McMillan J., Naughton B. Autonomy and Incentives in Chinese State Enterprises[J]. Quarterly Journal of Economics, 1994, 109(1): 183-209.

资员工技能培训经费越高，就越能塑造产业创新能力，反之，创新能力越高的 i 产业，越有意愿和能力投资员工技能培训以形成高人力资本，两者之间可能存在双向因果关系。换言之，产业智能化与员工技能培训交互项的滞后值，本身就与当期 i 产业的交互项存在相关性，但同期 i 产业的扰动项，不可能时光倒流地去影响已经前定的交互项，这就有效地满足了外生性的要求。照此解释，i 产业的智能化水平越高，员工技能培训就越能提升产业的创新能力；反之，创新能力越高的 i 产业越有意愿和能力投资智能化以获得更大的经济回报。鉴于此，使用产业智能化与员工技能培训交互项的滞后值作为工具变量，就能巧妙地解决产业智能化背景下员工技能培训与产业创新能力之间可能会存在的内生性问题。

　　基于工具变量的选取，本研究运用两阶段最小二乘法（2SLS 模型），重新回归公式（4-2），以期在经验层面检验理论分析的可靠性。表 4-10 列示了产业智能化加持员工技能培训塑造产业创新能力的工具变量回归结果。鉴于产业智能化与员工技能培训交互项的滞后一期变量是研究关注的核心，接下来以此变量的回归系数来列示内生性检验的结果，具体来说：

　　第（1）列列示了在未添加控制变量、时间固定效应与产业固定效应的情况下，产业智能化与员工技能培训交互项滞后一期变量的回归系数，在 1% 的显著性检验水平上为正数，表明随着产业智能化程度的提高，员工技能培训更能塑造产业的创新能力。在此基础上，控制时间固定效应与产业固定效应之后，第（2）列列示了产业智能化与员工技能培训交互项滞后一期变量的回归系数，在 1% 的显著性检验水平上仍然为正数。虽然，交互项滞后一期变量的回归系数出现了较大的波动，但拟合优度从第（1）列的 0.3000 一跃升至 0.9929，说明在控制了时间固定效应与产业固定效应之后，第（2）列的回归结果具有较强的解释力。第（3）列进一步添加了控制变量，产业智能化与员工技能培训交互项滞后一期变量的回归系数，在 1% 的显著性检验水平上为正数，与第（2）列回归结果的数值差异并不大，且拟合优度也仅从 0.9929 略微增长至 0.9937。这说明在添加了控制变量之后，交互项滞后一期变量的回归系数没有发生实质性的变化，也在一定程度上揭示了控制变量对第（2）列回归结果的影响并不明显。

关于工具变量的有效性检验，表 4-10 的第（1）至（3）列列示了 Kleibergen-Paap Wald rk F 统计结果的 p 值，显示了未识别检验通过了 1% 的显著性水平检验，拒绝了原假设，工具变量的回归不存在未识别问题；同时，第（1）至（3）列也列示了 Kleibergen-Paap rk LM 统计结果的 p 值，结果提示弱识别检验均通过了 1% 的显著性水平检验，拒绝了原假设，工具变量的回归不存在弱识别问题。也就是说，工具变量通过了未识别检验和弱识别检验。鉴于此，研究有充分理由认为两阶段最小二乘法回归，不存在弱工具变量，即产业智能化与员工技能培训交互项的滞后一期（IVJiaohu_1）变量作为工具变量是有效的。在考虑了内生性问题后，在智能化水平越高的产业中，员工技能培训能够带来更大的创新绩效，说明表 4-8 列示的基本回归结果具有稳健性。

表 4-10　产业智能化加持员工技能培训创新绩效的内生性问题处理

解释变量	产业创新能力		
	（1）	（2）	（3）
员工技能培训	0.4716*** （0.1004）	0.0952** （0.0403）	0.0957** （0.0475）
"产业智能化×员工技能培训"滞后一期	0.0744*** （0.0094）	0.0272*** （0.0026）	0.0247*** （0.0030）
控制变量	未控制	未控制	控制
时间固定效应	未控制	控制	控制
产业固定效应	未控制	控制	控制
弱识别检验	P=0.000	P=0.000	P=0.000
未识别检验	P=0.000	P=0.000	P=0.000
拟合优度	0.3000	0.9929	0.9937
样本量	417	417	417
是否稳健	是	是	是

注：同表 4-3 的表注；"×"表示交互项。

三、产业智能化背景下员工技能培训塑造创新的进一步分析

前文的基本计量结果已经证实，在智能化水平越高的产业中，员工技能培训越能带来更大的创新促进效应。那么，该结论在其他情况下是否仍然成立，需要在分样本回归检验中得到进一步的证实。具体而言：一是在公式（4-2）中，分别引入产业智能化、员工技能培训与研发人

员数量的交互项,产业智能化、员工技能培训与研发投入强度的交互项,借此对产业的技术水平进行由低到高的线性趋势分解,以期检验产业异质性下随着产业智能化水平的提升,员工技能培训的创新绩效会更加明显的结论是否可靠。二是鉴于"智能""云""数据""物联"以及"机器学习"等关键词,所表征的人工智能技术具有较为明显的差异,那么,在对产业智能化进行技术异质性区分的情况下,检验产业智能化加持员工技能培训更能塑造产业创新能力的结论是否可靠。

（一）产业异质性分析

基础资源理论认为,研发人员数量从人力资本角度影响产业的技术水平,研发投入强度则从机会成本角度影响产业的技术水平。人力资源虽不能等同于人力资本,但研发人员数量越多也越能表明该产业对知识和技术的需求较大,可在一定程度上视为高技术产业。同样,在消费需求更新迭代速度加快的背景下,研发投入也面临着沦为"沉没成本"的风险,但研发投入强度越大,越能从一个侧面说明该产业对技术创新的需求较大,敢于承担投资失败风险也正是高技术产业的一个鲜明特征。低技术产业可能由于其人力资本存量不高,会在一定程度上限制企业对技术创新的追求。可见,产业的技术水平不同会影响人力资本需求结构的变化,这可能是由于技能与技术融合方式的区别或是融合程度的不同,因而对产业创新能力产生了差异化的影响。

那么,研究通过引入以下两个指标,从不同的角度衡量产业技术水平的差异:一个是从人力资本的角度,即采用产业内研发人员数量的均值作为代理指标;另一个是从机会成本的角度,即采用产业内研发投入占销售收入的比重作为代理指标。参照现有文献的计算方法[①],在公式（4-2）中加入员工技能培训、产业智能化与产业技术水平的交互项,探讨产业智能化加持员工技能培训在不同技术水平产业中对创新能力的塑造作用。交互项的引入,有效避免了简单将样本区分为低技术产业和高技术产业后,计量模型的回归系数不能直接进行数值比较所产生的困境,较为直观地展示了产业智能化加持员工技能培训在不同技术水平产业中对创新能力的影响效应,具体如表4-11所示。

---

① 李坤望,邵文波,王永进. 信息化密度、信息基础设施与企业出口绩效——基于企业异质性的理论与实证分析[J]. 管理世界,2015（4）:60-73.

　　Panel A 部分列示了使用研发人员数量测度产业技术水平的回归结果，具体来说：第（1）列列示了在未添加控制变量、时间固定效应和产业固定效应的情况下，员工技能培训、产业智能化与研发人员数量交互项的回归系数，在 1% 的显著性检验水平上为正数，表明随着产业技术水平的提高，产业智能化加持下的员工技能培训更能塑造产业创新能力。在此基础上，控制时间固定效应和产业固定效应之后，第（2）列列示了员工技能培训、产业智能化与研发人员数量交互项的回归系数，在 1% 的显著性检验水平上仍然为正数。虽然，交互项的回归系数出现了较大的波动，但拟合优度从第（1）列的 0.2425 一跃升至 0.9920，说明在控制了时间固定效应和产业固定效应之后，第（2）列的回归结果具有较强的解释力。第（3）列进一步添加了控制变量，员工技能培训、产业智能化与研发人员数量交互项的回归系数，在 1% 的显著性检验水平上为正数，与第（2）列的回归系数几乎没有差异，且拟合优度也仅从 0.9920 略微增长至 0.9929。这说明在添加了控制变量之后，交互项的回归系数没有发生实质性的变化，也在一定程度上揭示了控制变量对第（2）列的回归结果并没有产生明显的影响。Panel A 部分的回归结果提示，随着研发人员数量测度的产业技术水平的提高，产业智能化加持下的员工技能培训也更加能塑造产业创新能力。

　　Panel B 部分列示了使用研发投入强度测量产业技术水平的回归结果，具体来说：第（1）列列示了在未添加控制变量、时间固定效应和产业固定效应的情况下，员工技能培训、产业智能化与研发投入强度交互项的回归系数，在 1% 的显著性检验水平上为正数，表明随着产业技术水平的提高，产业智能化加持下的员工技能培训更能塑造产业创新能力。在此基础上，控制时间固定效应和产业固定效应之后，第（2）列列示了员工技能培训、产业智能化与研发投入强度交互项的回归系数，在 1% 的显著性检验水平上仍然为正数。虽然，交互项的回归系数出现了较大的波动，但拟合优度从第（1）列的 0.2380 一跃升至 0.9919，说明在控制了时间固定效应和产业固定效应之后，第（2）列的回归结果具有较强的解释力。第（3）列进一步添加了控制变量，员工技能培训、产业智能化与研发投入强度交互项的回归系数，在 1% 的显著性检验水平上继续为正数，与第（2）列的回归系数并没有明显的差异，且拟合优度也仅从 0.9919 略微增长至 0.9927。这说明在添加了控制变量之后，交互项的回归系数没有发生实质性的变化,也在一定程度上揭示了控制变量对第(2)列的回归结果并没有产生明显的影响。Panel B 部分的回归结果提示,随着研发投入强度测度的产业技术水平的提高,产业智能化加持下的员工技能培训也更能塑造产业创新能力。

综上所述,产业智能化加持员工技能培训更能塑造产业创新能力的理论分析,在产业异质性检验中仍然成立,也在一定程度上说明表 4-8 列示的基本回归结果具有较高的可靠性。

表 4-11　产业智能化加持员工技能培训创新绩效的产业异质性分析

解释变量	Panel A：使用研发人员数量测度产业技术水平		
	产业创新能力		
	（1）	（2）	（3）
员工技能培训×产业智能化×研发人员数量	0.0534^{***} （0.0042）	0.0125^{***} （0.0011）	0.0124^{***} （0.0012）
控制变量	未控制	未控制	控制
时间固定效应	未控制	控制	控制
产业固定效应	未控制	控制	控制
拟合优度	0.2425	0.9920	0.9929
样本量	447	447	447
解释变量	Panel B：使用研发投入强度测度产业技术水平		
	产业创新能力		
	（1）	（2）	（3）
员工技能培训×产业智能化×研发投入强度	0.0896^{***} （0.0072）	0.0192^{***} （0.0019）	0.0185^{***} （0.0020）
控制变量	未控制	未控制	控制
时间固定效应	未控制	控制	控制
产业固定效应	未控制	控制	控制
拟合优度	0.2380	0.9919	0.9927
样本量	446	446	446

注：同表 4-3 的表注；"×"表示交互项。

（二）技术异质性分析

人工智能作为一项通用技术，需要在与具体产业融合发展的过程中才能衍生出特定的技术或产品，从而通过新产品、新工艺获取相应的经济效益。但产业内企业的技术水平参差不齐，不是所有的企业都有能力将人工智能技术顺利运用于其产品从研发、生产及销售的全链条经营网络之中。那么，这就为产业内涌现出一批为该产业服务的人工智能企业创造了有利契机。人工智能企业针对其所在产业的基本特征，开发出与之相适应的一套完整的人工智能技术应用方案，为"人工智能+产业"提供了技术可能性，其中可能涉及"智能""云""数据""物联"以及"机器学习"等关键词表征的专用技术。当前，人工智能发展在某些特定产业领域出现了高度专业化的发展趋势，但相关专利的技术通用性不强[①]。同样，国内的人工智能技术也主要运用于信息通讯、交通运输、生命医药科学等资本技术密集型产业[②]。鉴于此，测度产业智能化的思路，就可以相应调整为识别某一产业内人工智能企业数量的占比。也就是说，某一产业内的人工智能企业数量越多，则该产业其他企业就越能较为便捷地获取相关人工智能技术的应用方案，从而推动该产业整体的智能化程度。那么，不同的人工智能技术在与产业融合发展的过程中，能否继续加持员工技能培训带来更大的创新绩效，需要在经验层面得到相关证实。

表 4-12 列示了在产业智能化加持下员工技能培训创新绩效的技术异质性分析结果，由于不同人工智能技术与员工技能培训交互项的回归系数是本研究关注的核心，所以接下来将重点解读交互项的回归结果。具体来说：

第（1）列列示了员工技能培训与"智能"技术交互项的回归系数，在 1% 的显著性检验水平上为 0.0358，表明"智能"技术加持下的员工技能培训更能塑造产业创新能力。第（2）列列示了员工技能培训与"云"技术交互项的回归系数，在 5% 的显著性检验水平上为 0.0447，表明"云"技术加持下的员工技能培训更能塑造产业创新能力。第（3）列列

---

① Cockburn I. M., Henderson R. M., Stern S. The Impact of Artificial Intelligence on Innovation [R]. NBER Working Papers, 2018.

② 郭凯明. 人工智能发展、产业结构转型升级与劳动收入份额变动[J]. 管理世界, 2019（7）: 60-76.

示了员工技能培训与"数据"技术交互项的回归系数，在 1% 的显著性检验水平上为 0.1885，表明"数据"技术加持下的员工技能培训更能塑造产业创新能力。第（4）列列示了员工技能培训与"物联"技术交互项的回归系数，在 1% 的显著性检验水平上为 0.6822，表明"物联"技术加持下的员工技能培训更能塑造产业创新能力。第（5）列列示了员工技能培训与"机器学习"技术交互项的回归系数，在 1% 的显著性检验水平上为 62.1818，表明"机器学习"技术加持下的员工技能培训更能塑造产业创新能力。

虽然，计量经济学知识认为交互项的回归系数，不能直接反映其对被解释变量的影响大小，但当回归系数在显著性检验水平上为正数时，可表明其影响效应比单独回归时的影响效应更为明显。因此，表 4-12 列示的回归结果，仍然能够在一定程度上说明不同人工智能技术加持下的员工技能培训对产业创新能力的促进效应更大。相较而言，"智能"技术的回归系数明显小于"云""数据""物联"及"机器学习"技术的回归系数，说明"智能"类型的人工智能企业可能由于其专业性较强且技术应用较为狭窄，所以对提升产业内其他企业创新能力的作用较为有限。"机器学习"技术的回归系数明显较高，说明与其他人工智能技术相比，机器学习（深度学习）作为一种通用性技术，能够为产业内其他企业的智能化转型提供更多的技术或产品服务，进而提升产业的整体创新能力。可见，人工智能技术的运用刺激了技能需求的提高，从而驱动企业投资员工技能培训，以塑造企业对知识技术的吸收能力。此外，第（1）至（6）列的拟合优度均高于 0.99，在一定程度上说明公式（4-2）的回归结果具有较高的可信度。

表 4-12　产业智能化加持员工技能培训创新绩效的技术异质性分析

解释变量	产业创新能力				
	（1）	（2）	（3）	（4）	（5）
员工技能培训	0.0939**	0.0946*	0.0912**	0.0882**	0.1197**
	（0.0430）	（0.0517）	（0.0456）	（0.0442）	（0.0489）
智能×员工技能培训	0.0358***				
	（0.0034）				
云×员工技能培训		0.0447**			
		（0.0192）			

解释变量	产业创新能力				
	（1）	（2）	（3）	（4）	（5）
数据×员工技能培训			0.1885*** （0.0270）		
物联×员工技能培训				0.6822*** （0.0685）	
机器学习×员工技能 培训					62.1818*** （15.1507）
控制变量	控制	控制	控制	控制	控制
时间固定效应	控制	控制	控制	控制	控制
产业固定效应	控制	控制	控制	控制	控制
拟合优度	0.9932	0.9919	0.9927	0.9929	0.9919
样本量	447	447	447	447	447

注：同表 4-3 的表注；"×"表示交互项。

在科学技术迭代更新加快的时代，基于工作场所的学习，对于创新成果的商业化转化具有中介承载作用。但当前，企业对员工技能培训的投资一直处于低迷状态。鉴于此，结合上述实证结果，并从激励企业投资培训的角度出发，本研究提出如下几点建议思考。

一是降低企业参与培训的成本。将人力资源转化为人力资本，需要政府持续加大财政投入力度，并对开展员工技能培训的企业，在财政、金融、税收、土地、信用等方面，给予必要的政策配套组合支持。考虑到技能属于准公共产品，可能会引发企业对员工技能培训存在前期投资规模大、回报周期长且收益不确定等问题，这就需要政府根据强制性、非营利性和营利性，对劳动技能的培训项目予以区分，并据此制定不同类型的金融税收方案。

二是强化企业的社会责任意识。企业在产业工人技能塑造的过程中占据主体地位，但政府不能单纯地希冀企业按照《劳动法》《职业教育法》等法律，自觉足额提取和使用扎根教育培训经费，可考虑将企业是否举办或参与培训列入监测企业履行社会责任的指标清单。当然，人社部门在对履行社会责任贡献突出的企业进行表彰奖励的同时，也要及时跟进技术创新的趋势，不定期发布新职业的培训标准，以此引导企业从完善生产系统的角度重视培训工作的开展。

　　三是支持职业院校承担企业培训。"学历教育与培训并重"是凸显现代职业教育类型属性的根本特征，培训为学龄群体和非学龄群体提供了突破学历教育时空限制的终身学习方式。那么，确定培训在职业院校办学任务中的合法性和必要性，将教师承担职业技能培训的情况，作为绩效工资考核分配的重要依据，推进以职业院校为培训重点承担主体的终身职业技能培训制度的构建，有助于推动劳动技能要素加快向企业集聚，从而促进产教融合取得深度成果。

第五章　产业智能化背景下
员工技能培训的政策设计

政策主体、政策议题和政策工具所构成的政策系统，与公共治理密切相关，在某种意义上来说，公共治理就是对公共政策的设计过程[①]。那么,政策设计是指政策主体针对经济社会发展过程中存在的或正在发生的议题，进行政策议程转化的过程，议程协商的结果就是选择恰当的政策工具，通过调动和配置各种社会资源以达成所预设的政策议题[②]。可见，政策设计是不同政策主体交往互动的形塑结果，亦是制度从文本创设到规制落地的载体。

前文的实证结果表明,产业智能化对员工技能培训具有明显的提升效应，且产业智能化加持员工技能培训更能塑造创新。换言之，人工智能技术的运用刺激了技能需求的提高，从而驱动企业投资员工技能培训，以塑造企业对技术创新的吸收能力。因此，在技术·组织·制度的分析框架下，对员工技能培训的政策设计进行论述，具体的政策设计流程如图 5-1 所示。从多元平等的政策主体、协商共治的政策议题以及多管齐下的政策工具出发，对员工技能培训政策进行系统设计。研究提出"区块链+培训"的政策信息化构想，认为区块链在破解中心化治理难题的同时，有助于员工技能培训政策从理论设计到应用落地，从而增强技能形成体系的治理效能。具体而言，区块链的分布式账本赋能政策主体去中心化、共识算法赋能政策议题容错纠错、智能合约赋能政策工具自动执行。

---

① E. R. 克鲁斯克，B. M. 杰克逊. 公共政策词典 [M]. 唐理斌等译. 上海：上海远东出版社，1992：26.

② 陈振明主编. 公共管理学 [M]. 北京：中国人民大学出版社，2005：245.

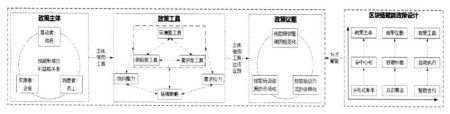

图 5-1　员工技能培训政策的设计流程图

第一节　多元平等的政策主体

　　一般而言，政府、立法机构、政党、利益团体、企业、智库、公民等是直接或间接参与政策制定、执行和监督的主体，亦可将其划分为官方的政策主体和非官方的政策主体①。20 世纪 90 年代，美国之所以迎来了经济和就业双赢的"黄金时代"，正是凭借高科技产业的兴起，引领其从资本密集型产品出口大国走向劳动密集型产品出口大国。当然，这里的劳动密集型产品是指知识密集型产品，知识已成为经济增长的内生动力。那么，作为知识重要组成部分的产业工人技能，需要以一种战略性眼光对其重新加以审视。工业 4.0 时代需要针对劳动技能的变革趋势重塑企业架构，适时强化企业投资员工技能培训的职责，以此改变"中心—边缘"主客二分式的传统技能管理模式。也就是说，技术进步驱动技能演化的逻辑，串联起理解技能形成的完整链条，而活跃于其中的利益攸关方正是叙事的主角。因此，员工技能培训政策的制定，应产生于政府、企业、员工之间的协商合作。具体来说，政府在培训政策中扮演统筹主体的角色，企业在培训政策中扮演实施主体的角色，员工在培训政策中扮演消费主体的角色。

一、政府：技能培训的统筹主体

　　职业教育和培训历来被视为学校教育体系之外的非学术主流选项，由于与一国经济社会发展的联系颇为紧密，受到政府、企业等利益攸关方不同程度的重视。其中，政府对技能形成体系中培训供给与技能赋值

---

　　① 詹姆斯·E.安德森. 公共决策[M]. 唐亮译. 北京：华夏出版社，1990：44-45.

存在的"市场失灵"问题的干预程度差异，形成了不同类型的职业教育和培训模式。沃尔夫冈·施特雷克根据政府在产业工人技能形成中的干预程度，将发达资本主义国家划分为"自由市场"和"嵌入社会"两种不同的发展模式[①]，前者也被称为以英国、美国为代表的"盎格鲁-撒克逊"模式，后者则被冠名为以德国、日本为代表的"莱茵"模式。

英国的经济社会发展表现为短期资本、离散雇主和对抗性劳资关系，其技能形成体系也遵循的是"志愿主义"原则，认为国家不应该干预学习者自由选择的发展志愿[②]，这也是该国陷入"低技能均衡发展"怪圈的主要原因。其实，劳动技能与企业的研发强度密切相关，科技创新塑造了高技能含量的工作岗位，也提升了企业对高技能劳动力的用工需求。德国的经济社会发展则表现为耐心资本、协作雇主和多样化劳资关系，并凭借成熟的"双元制"教育体系，创造了一大批享誉全球利基市场的"隐形冠军"企业。根植于德意志职业文化的职业教育和培训体系，为企业提供了一大批训练有素且灵活机动的高技能产业工人，也成为第二次世界大战后德国经济能够迅速崛起的主要影响因素。由此可见，如何有效平衡政府、企业等主体在技能形成体系中的作用，显然至关重要。一般来说，政府对教育，特别是对基础教育的干预通常是系统化的，舆论也普遍认为教育体系是形成国家综合竞争力的战略工具，应遵循供给导向的治理原则。

然而，职业教育和培训体系作为与经济社会发展联系最为密切的教育制度，更容易受到企业、员工等劳动力市场主体的需求影响[③]。奉行"雇主导向"原则的英国技能形成体系，在知识经济背景下就显得不那么符合时宜，在一定程度上导致了英国企业采取低技能、低工资和低附加值的恶性竞争策略。毕竟，技能始终是一个准公共产品，存在"知识外溢""挖人外因""搭便车"等集体行动困境。贝克尔也对此进行了深入探讨，认为技能培训存在市场失灵的主要原因，在于信贷约束对企业

[①] Streeck Wolfgang. Introduction: Explorations into the Origins of Nonliberal Capitalism in Germany and Japan[A]. W. Streek, K. Yamamura (eds.). The Origins of Nonliberal Capitalism: Germany and Japan[C]. NewYork: Cornell University Press, 2001.

[②] 杰克·基廷，艾略特·梅德奇，维罗妮卡·沃尔科夫，简·佩里. 变革的影响：九国职业教育与培训体系比较研究[M]. 杨蕊竹译. 北京：首都经济贸易大学出版社，2018：2-3.

[③] 杰克·基廷，艾略特·梅德奇，维罗妮卡·沃尔科夫，简·佩里. 变革的影响：九国职业教育与培训体系比较研究[M]. 杨蕊竹译. 北京：首都经济贸易大学出版社，2018：9.

投资培训存在成本—收益方面的不确定性影响。

为疏解企业对员工技能培训投资不足的困境，需要充分发挥政府的"有形之手"来弥补技能培训所面临的市场失灵问题。相对需求方的压力而言，相关制度设计与资源供给恰恰正是推动技能形成体系日趋完善的主导力量，可能其中会面临着供给过溢的问题，但也不能因此完全否认制度规制的有效性。对于新加坡这样一个自然资源匮乏的岛国，职业教育和培训能够在短短几十年的时间里取得世界一流的地位，无不与其政府制定战略和果断决策息息相关①。统一的劳动力市场是经济社会发展形成高技能均衡发展模式的关键，以高技能、高工资和高附加值为主要特征的企业经营策略，有助于通过人力资本禀赋塑造研发创新密集的知识，推动创新型国家的建设进程。鉴于此，强调政府在技能形成体系中的统筹主体作用，并不是忽视市场需求对技能结构转型升级的变革力量，而是强调"推动有效市场和有为政府更好结合"在技能治理领域的生动实践。

二、企业：技能培训的实施主体

20 世纪 90 年代，实现国家统一之后的德国，在全球化浪潮的冲击下，面临经济逐渐裹足不前、失业率开始攀升等问题，尤其是被德意志文化视为经济和社会资产的"双元制"教育体系，开始频繁受到舆论对其是否具备足够灵活性的质疑。素有中央集权传统的法国，虽然同样地处发达的西欧地区，却与英国和德国的发展模式迥然不同，在职业教育和培训以及劳动力市场的监管方面，表现出强烈的"全政府"（Whole-of-Government）路径。远在东南亚的新加坡，在家长制文化习俗背景下，也同样强调政府干预的重要性，但在经费保障、文凭主义、发展方向等方面也面临着诸多挑战。然而，远在大洋彼岸的美国，凭借计算机、半导体、生物制药等高科技产业，在 20 世纪 90 年代迎来了前所未有的经济和就业的双增长，被经济学家约瑟夫·斯莱格利茨赞誉为世界史上"最繁荣的十年"②。美国的繁荣清晰地传递出一个信号，即

---

① 华拉保绍. 新加坡职业技术教育五十年——如何构建世界一流技术与职业教育及培训体系[M]. 卿中全译. 北京：商务印书馆，2018：前言.

② 埃里克·莱曼，戴维·奥德兹. 德国的七个秘密：全球动荡时代德国的经济韧性[M]. 颜超凡译. 北京：中信出版集团，2018：69.

知识与企业家精神的结合，是确保创新思想实现商业化转变的强劲驱动力。

以"深度学习"算法的成熟为契机，人工智能在 21 世纪初迎来了第三次崛起①，也开启了工作方式的新纪元"人机共生"，信息技术加持下的劳动技能，将在很大程度上塑造企业的竞争优势。企业需要塑造一种鼓励员工不断学习的文化，以适应不断被技术创设的工作任务，从而在智能增强型工作场景中提升技术创新能力。当组织开始围绕技术重新设计工作时，新的社会效应也在发挥关键作用②。那么，产业工人人力资本作为塑造知识的三大支柱之一，也应在企业家精神的创新驱动中获得重塑与变革。人工智能技术进入劳动力市场的关键问题，不在于它是否会通过取代劳动力来引发工作岗位数量的变化，而在于其通过对工作任务的变革，创造新产品和新服务③。

随着工作岗位的日新月异，技能环境也正在发生巨大变化，技能短缺成为企业重塑全面竞争优势的主要障碍之一。因此，员工技能培训作为应对技能短缺的内部技能供给方式，有助于提高企业的人力资本积累，实现新技术在生产车间的加快扩散，继而形成有效推动企业转型升级的动力源泉。2002 年，德国政府修正了《员工发明法案》，强调发明者有权获取知识产权商业化后 1/3 的预期收益，借以废除了大学、企业等组织对研究发明的传统归属权④，也相应赋予了员工对研发创新成果的所有权。企业作为生产活动的一线组织者，在生产车间技术变革和技能需求的协同演变方面占有信息优势。因此，在工作场所组织和开展技能培训，有助于提升员工的技能素质，从而有效提高了企业的劳动生产率。

企业作为员工技能培训的实施主体，需要重新识别、评估与配置工作任务，以便为员工和机器创建新的角色，进而将劳动技能与新角色进

---

① 贾开,蒋余浩.人工智能治理的三个基本问题:技术逻辑、风险挑战与公共政策选择[J].中国行政管理,2017（10）:40-45.

② 艾丽卡·沃利尼,杰夫·施瓦兹,布拉德·丹尼,大卫·马隆.2020 德勤全球人力资本趋势报告[R].德勤有限公司（Deloitte）,2020.

③ 艾琳·舒克,马克·克尼克雷姆.智企业,新工作:打造人机协作的未来员工队伍[R].埃森哲公司（Accenture）,2018.

④ ArbNERrfG 2002. German Law on Employees' Invention[EB/OL].（2002-07-15）[2020-12-06].https://www.bmbf.de/pubRD/arbeitnehmererfindergesetz.pdf.

行匹配以发挥员工的最大价值。在一定范围内，具有不同技能水平的劳动力使用同一生产设备获得的产出结果是不一样的，企业需要推动员工队伍的整体转型，将劳动技能与新的工作任务重新进行匹配以此创造新的价值。人工智能技术的介入，使得员工逐渐摆脱了重复性、枯燥的程序性任务，那么企业需要通过调整组织结构，培育一种开放的创新文化来鼓励员工积极参与各种各样的项目团队，以此提升他们在工作任务设计过程中的自主权和决策权。"人机共生"加快推动员工的工作方式转向更加灵活的团队和技术"组合"，从而以新技能提高企业的创新水平①。

三、员工：技能培训的消费主体

薪酬收入与高等教育之间长期存在的相关性，被普遍存在的大学毕业生高失业率所严重削弱。2014 年 8 月，新加坡政府宣布实施"技能创前程计划"，开始系统性反思以学位授予为标志的高等教育，是否能够成为衡量知识经济发展质量的基准。即使是业已形成一流职业教育和培训体系的新加坡，仍然面临着技能短缺的问题，没有足够的人去从事需要技能的工作②。1996 年，《学习：内在的财富》开启欧洲终身学习时代的制度化建设进程，也推动了终身学习理念在各国政府、学术界、社会的广泛传播。虽然，德洛尔报告在理念上提倡全方位、持续一生的终身学习，但是各国政府在教育政策制定、预算安排与结果评价方面，依旧没能脱离富尔报告的终身教育范式，继续关心教育机构是否正规和教育方式是否正式③。

与"学习"相比，"教育"具有庞大的教师队伍、成熟的教材体系和稳定的教学方法，更容易受到施政者的青睐与偏好。这也使得 20 世纪 90 年代以来的终身学习，在实践中局限于青少年和成年人的职业教育与培训，终身学习似乎成为职业技能培训的同义词。重新审视富尔报

---

① 保罗·多尔蒂，吉姆·威尔逊. 人机协作：重新定义 AI 时代的工作[R]. 埃森哲公司（Accenture），2018.

② 华拉保绍. 新加坡职业技术教育五十年——如何构建世界一流技术与职业教育及培训体系[M]. 卿中全译. 北京：商务印书馆，2018：132.

③ Chris Duke. Lost Soul or New Dawn? Lifelong Learning Lessons and Prospects From East Asia[J]. Journal of Adult and Continuing Education, 2015, 21(1): 72-88.

告和德洛尔报告，会发现"终身教育"向"终身学习"嬗变的难点在于政策的应用，即如何大规模推行"学习+"的实践。终身学习不应该仅仅是为了获得更高的文凭学历，而是为了掌握更精深的知识和技能，以便更好地胜任工作岗位。奉行志愿主义的英国，近年来的改革也越来越重视员工作为技能培训"消费者"的身份，强调职业教育和培训的市场化，才能更好地满足终身学习者的培训需求。

深度学习算法的规模化运用，让发端于 1956 年达特茅斯会议的人工智能，迎来了第三次发展热潮，而这次人工智能的迅猛发展注定给人类社会带来前所未有的机遇和挑战。2015 年，联合国教科文组织发布《反思教育：向"全球共同利益"的理念转变？》，回应了人工智能时代如何实现"人的全面发展"，要求采取更加自由、灵活与开放的学习方法，构建人人皆学、处处能学、时时可学的终身学习体系。新一代信息技术的兴起，或许能革新现有学习方式，降低学分转换的成本，推动终身学习理念在全社会的广泛普及[1]。经济社会发展的不确定性趋势越发明显，也要求劳动者的技能随之更加多元化。

然而，尊重知识和技能的观念塑造，却在"文凭至上"的儒家文化中遭遇诸多困难，在促成这一转变的过程中，关于教育的价值评价显得尤为重要。对此，2020 年 10 月，中共中央、国务院印发《深化新时代教育评价改革总体方案》，从"破五维"入手，着力扭转不科学的教育评价导向，以期加快推进教育现代化。那么，强调基于工作场域的学习，并没有贬低学历文凭的意思，而是旨在创造一种让所有人都能够发挥自身潜能，在多种渠道中获得成功的机会[2]。终身学习文化的塑造，在重视每一项工作技能的同时，也要求劳动者不管是为了工作，还是出于兴趣，培育主动学习的习惯。因此，"消费者"身份的塑造，有助于刺激劳动者增加技能培训的投入和"选择"的欲望，从技能消费的需求视角推进技能培训供给侧结构的优化改革。例如，英国培训和企业委员会（TEC）推出的"培训信用卡计划"、新加坡政府为每一位年满 25 周岁及以上的公民建立技能创前程账户、深圳市政府开展的职业技能培训券

---

① 张双志. "区块链+学分银行"：为终身学习赋能[J]. 电化教育研究，2020（7）：62-68；107.

② 华拉保绍. 新加坡职业技术教育五十年——如何构建世界一流技术与职业教育及培训体系[M]. 卿中全译. 北京：商务印书馆，2018：136-137.

试点，都赋予了劳动者作为技能消费者的自由选择权，以此深化技能培训改革以及拓宽职业发展视野。

第二节　协商共治的政策议题

被决策者选中或决策者觉得有必要对之采取行动的社会议题，才有机会提上政策议程，从而成为政策议题①。换言之，政策议程是政策议题得以确立的关键一步，公共政策的制定是为了处理需要政府介入才能得以解决的社会议题，然而并非所有的社会议题都需要政府的介入。对此，查尔斯·琼斯将社会议题进入政策议程的途径区分为以下四种：政府主动、社会有限介入；社会主动、政府有限介入；政府和社会都主动；政府和社会都不主动②。

技能始终是一个准公共产品，存在"知识外溢""搭便车"等集体行动困境，需要依靠员工、企业、政府等政策主体的协同治理。政策主体之间的协商共治，规定了政策议题的划分维度，也预示着政策主体使用政策工具达成政策议题的效果。那么，通过对员工技能培训的要素进行系统化梳理，研究可以将政策议题分解为培训管理规范化、培训资源市场化以及培训方式多样化。属于政治议题范畴的培训管理规范化，旨在构建员工技能培训质量的评估监管机制；属于经济议题范畴的培训资源市场化，旨在构建以市场调节为基础的员工技能培训资源配置机制；属于社会议题范畴的培训方式多样化，旨在构建满足学习者个性化培训需求的技能教学机制。

一、政治议题：培训管理的规范化

"创新是第一动力、人才是第一资源"，业已成为社会发展共识，创新处于我国现代化建设全局的核心地位，要求人力资本加快转型升级，助推经济增长方式从要素驱动转向创新驱动③。技能形成体系作为塑造

---

① 詹姆斯·E.安德森．公共决策[M]．唐亮译．北京：华夏出版社，1990：69.

② 斯图亚特·S.那格尔．政策研究百科全书[M]．林明等译．北京：科学技术文献出版社，1990：94-96.

③ 王志刚．坚持创新在我国现代化建设全局中的核心地位[N]．学习时报，2020-11-06（001）.

人力资本的一项支撑性制度安排，也引起了理论界和实务界的高度重视。2017 年 6 月，中共中央、国务院印发《新时期产业工人队伍建设改革方案》，首次明确提出要构建产业工人技能形成体系，并将其上升为国家战略安排，要求打破条块分割，建立完善政府为主导、企业为主体、职业院校为重点、校企合作为基础、社会各方面包括工会广泛参与的多层次、多结构的职业教育培训格局。可见，产业工人技能形成体系是社会力量参与建构的结果，涉及技能供给制度、技能评价制度、技能投资制度以及技能使用制度。

技能型社会教育体系的构建，既是推进创新驱动战略的基础制度安排，也是产业工人共建共享经济社会发展成果的基本途径。党的十九届五中全会，在锚定二〇三五年远景目标的建议中，也再次重申构建终身职业技能培训制度的重要性。德国的技能形成体系，被公认为发达国家的成功典范，具备两个关键特征：企业主导产业工人的技能培训渠道和国家统一产业工人的技能认证标准①。其中，广受赞誉的"双元制"教育体系，有效衔接了供给侧的技能培训系统与需求侧的技能认证系统，通过企业、工会、政府等利益攸关方的协商合作，成功化解了劳动力市场存在的"挖人外因""搭便车"以及收益不确定等外部性问题，为产业工人的技能积累提供了制度保障。由此可知，规范化的培训管理有助于形成高质量的技能形成体系，助推"人口红利"向"人才红利"的跨越转型。

那么，借鉴德国的成功经验，从技能培训系统和技能认证系统分别论述培训管理的规范化架构。就技能培训系统而言，涉及组织机构、平台载体、运行体制等多个层面的供给内容，西方发达国家对此形成了不同的发展模式。英国和美国放任自由的技能形成体系形塑了劳动力市场的两级分化结构：一方面，更多的求职者趋向于凭借学历文凭以获取更高的薪酬收入；另一方面，对于那些被学历文凭筛选下来的求职者，其在"文凭至上"社会中的处境更加岌岌可危。德国由于其悠久的学徒培训历史，强调职业技能培训与基础知识教育的融为一体，形成了"企业+学校"的技能积累方式。日本则以终身雇佣制、年功序列制和工会组织

---

① 马振华. 技能积累与经济发展的关系模式——兼论我国技能积累的模式选择[J]. 工业技术经济，2009（8）：73-76.

为"三大神器"，建构起强有力的内部劳动力市场机制，也被称为基于企业的分裂式技能形成模式。

质言之，不同的校企合作模式在一定程度上形塑了技能形成体系的发展路径，这也是市场和政府在技能治理领域的博弈结果。从技能认证系统来说，涉及培训成果记录、认证及转换等多个层面的赋值内容，实质是学分银行制度的建立健全问题。将劳动者的技能培训成果进行记录、认证与转换，成为构建服务产业工人技能形成体系的关键纽带。与之相关的学分银行制度建设，就成为打造学习型社会的重要抓手和突破点。然而，当前学分银行制度的迟迟未能成型，已造成技能人才评价载体缺失、评价工作陷于停摆等诸多问题。那么，由企业自主开展技能人才评价，能有效衔接技能人才从培育、评价到使用的全过程，不失为一个合适的应时之举[①]。2020 年 11 月，人力资源社会保障部印发《关于支持企业大力开展技能人才评价工作的通知》，明确提出企业可根据产业发展和技术变革的需求，自主开发制定企业评价规范。

二、经济议题：培训资源的市场化

强调"雇主导向"是英国技能形成体系的一大特色，培训制度供给的长期缺位，导致英国经济在第二次工业革命后期，逐渐滑入低技能均衡发展的陷阱，英国也相应失去了全球经济的领导地位。然而，技能短缺却长期被英国政府单纯地视为一个技术性问题，员工、企业、政府等利益攸关方之间的较量，存在过于关注短期经济利益的短视行为。20世纪 80 年代，英国政府成立的培训与企业委员会（TEC）又重新强调企业在员工技能培训问题上的自主决定权，存在否定 1964 年颁布实施的《工业训练法》的政策意图，政策的钟摆开始在"放任"还是"干预"之间来回摇摆。劳动技能似乎在英国陷入了一种低端"锁定"的状态，其无论是最基本的劳动技能，还是高端专业化技能，都明显落后于德国、日本等制造业强国。技能低端锁定问题的解决，不仅需要考虑如何提高技能供给量，还需要考虑如何刺激技能需求量[②]。

① 赵军，董勤伟，徐滔，陈金刚. 企业技能人才自主评价体系的构建与开发实践：以国网江苏电力为例[J]. 中国人力资源开发，2020（9）：130-140.

② Paul E., Sukanya S., Chin-Ju T. Managing Work in the Low-Skill Equilibrium: A Study of UK Food Manufacturing[R]. SKOPE Research Paper, 2007.

　　企业的研发创新投入强度，决定了其能否为劳动力市场创造技能岗位（也就是所谓的"好工作"），当有好工作出现的时候，劳动力就会有足够的动力去参与技能培训，以提升自身的劳动技能去竞争好工作从而获取高工资[①]。同属低技能均衡发展模式的美国，却走出了一条与英国截然不同的劳动技能升级之路。在第三次工业革命浪潮中，美国以劳动密集型产品的大量出口迎来了高度繁荣的"黄金时代"，隐藏在其背后的内生动力正是技能塑造的"知识"，高度发达的社区学院为此培育了全球领先的高技能劳动者大军。可见，员工技能培训政策的推进不能单独依靠政府，需要对员工、企业等社会主体的资源进行优化配置，从而实现"有为政府与有效市场相结合"的技能治理新格局。

　　技能始终是一个准公共产品，存在"知识外溢""搭便车"等集体行动困境。那么，构建更加完善的培训资源市场化配置机制，是推动劳动技能从低端锁定迈向高端升级的主要路径。主客二分式的技能管理，就是从供给、认证到使用的全流程都需要通过政府的强制计划才能得以实现，而技能治理现代化的本质是发挥市场在培训资源配置中的基础性和决定性作用。赫伯特·A.西蒙认为"管理就是决策"，在实施决策方案过程中，一旦发生偏离预定的情况时，还要及时进行决策予以纠正[②]。换言之，技能治理也是一个对培训资源配置不断进行决策和实施决策的过程，其核心问题在于如何处理政府与市场之间的关系。

　　企业作为市场的主体，自然也是培训资源配置的主体，其中构建技能价格机制是市场配置资源的关键手段。因此，厘清企业和政府在技能价格议题方面的关系，是推动培训资源配置市场化进程的核心。技能价格机制是技能信息的传播者，能够有效地解决经济社会发展需要什么样的劳动技能、如何进行劳动技能供给以及怎样分配劳动技能这三大基本问题。借鉴马克思主义政治经济学原理可知，技能价格机制的实质，是对凝结在劳动者身上无差别的技能进行市场化的货币赋值。那么，为了对技能价格机制进行简化理解和论述，研究将其在一定程度上等同于技能认证机制。欧美发达国家在技能认证机制方面，推崇"竞争性分权模式"，通过企业与政府之间的协商合作，在确认劳动者所取得技能之实际价值

---

① Dennis J. Snower. The Low-Skill, Bad-Job Trap[R]. CEPR Discussion Papers, 1994.

② 赫伯特·A.西蒙. 管理决策新科学[M]. 李柱流等译. 北京：中国社会科学出版社，1982：30-35.

的同时,也能确保相关技能等级证书在劳动力市场发挥信号筛选作用[①]。

三、社会议题:培训方式的多样化

流水线车间出现的劳动去技能化,已不再适用于信息时代的生产系统,重拾“技艺”满足感的劳动再技能化成为工作领域的新趋势。人工智能作为新一代信息技术的集大成者,推动了自动化生产系统在人件、软件和硬件方面的重构,这必将对技术与技能的动态适配关系产生多重影响[②]。如果说人工智能仍然属于“技能偏向型”技术进步的话,那么技术变革所引发的劳动力需求规模减少趋势虽不可避免,但其对劳动力技能素质的要求却越来越高,特别是不容易被程序化生产设备所取代的创意类、情感类与社会类工作对劳动技能的要求越来越高。

所有工作都是由一连串的任务组成的,能够编码化的任务就会面临被生产机器所取代的命运,而人类最终能够承担的部分就是那些无法被编码的任务。换言之,人工智能最重要的影响不是改变了工作岗位的数量,而是重新设计了工作任务。企业需要重新识别、评估与配置工作任务,以便为员工和机器创建新的角色,进而将劳动技能与新角色进行匹配,以发挥员工的最大价值。托马斯·达文波特对此提出“人机共生”的概念,倡导把人类与复杂的机器结合起来实现生产系统的柔性运转,全方位构建智能增强的工作场景。知识生产模式 III 的“四重螺旋”(大学—产业—政府—公众)理念,赋予了知识生产赖以生存的适应性背景,强调公众在知识生产和技术创新中的重要性[③]。公众既是技术创新的用户群体,也是知识生产的重要主体,这也引发了以“学习者为中心”的教育转向,即教育系统应服务学习者的个性化、可持续与终身化学习。

那么,技术的升级意味着劳动者需要采取更加灵活和便捷的学习方式,以提升自身的知识、技能与能力,一个强调量身定制的、个性化的

① 吴刚,胡斌,黄健,邵程林. 新时期产业工人技能形成体系的国际比较研究[J]. 现代远距离教育,2019(2):52-63.

② 杨伟国,邱子童,吴清军. 人工智能应用的就业效应研究综述[J]. 中国人口科学,2018(5):109-119.

③ Carayannis E. G., Campbell D. F. J. Model 3: Meaning and Implications from a Knowledge Systems Perspective[A]. Carayannis E. G., Campbell D. F. J. Knowledge Creation, Diffusion, and Use in Innovation Networks and Knowledge Clusters: A Comparative Systems Approach Across the United States, Europe and Asia[C]. Westport, Connecticut: Praeger, 2006-12-20.

终身学习时代已经来临。以学校为中心的传统教育模式，通常将课程设计建立在对工作场所的假设之上，再通过自上而下的行政命令加以全面推行。可是，遵循摩尔定律以指数速度迭代更新的信息技术，可能会导致这些教科书上的假设在墨迹刚刚干燥之时，就面临着已经过时的困境[①]。对于人工智能时代的劳动力市场来说，无论是"人机交互"还是"人机协作"，都预示着工作场所的知识生产面临着深刻变革。劳动者为了适应智能时代的工作内容变化，需要采取更加灵活和便捷的学习方式，以提升自身的知识、技能与能力。非正规教育和非正式学习，为学习者提供了能够持续终身学习的有效途径。

2020 年 2 月，人力资源社会保障部、财政部共同印发《关于实施职业技能提升行动"互联网+职业技能培训计划"的通知》，要求探索线上学习和线下实践相融合的培训方式多样化，大力推行"互联网+"、翻转课堂、慕课（MOOC）、"云培训"等新型教学模式，为劳动者搭建能够随时随地在线学习的平台。但在线教学模式存在一个明显的不足，就是学习者缺乏现场体验感，而职业技能培训的最突出特点就是实操性。真正转型的学习成果，应该是指向学术图景与现实世界相结合的体验产物。那么，学习者在由虚拟现实相关的软硬件所呈现出的三维虚拟环境中进行学习，有助于其产生亲临对应真实环境的感受和体验。显然，兼具想象性、交互性和沉浸性的虚拟现实技术，为此问题的解决提供了一个比较合适的技术方案。

第三节　多管齐下的政策工具

政策工具的恰当选择，是政策设计至关重要的一环，关系到公共政策能否实现有效达成政策议题的效果。也就是说，政策工具的合理运用促进了技能形成体系的良性运转，也是利益攸关方达成培训管理规范化、培训资源市场化以及培训方式多样化的主要手段。那么，作为将政策议题转化为具体行动路径和工作机制的政策工具，自然成为公共管理

---

① 约瑟夫·E.奥恩. 教育的未来：人工智能时代的教育变革[M]. 李海燕，王秦辉译. 北京：机械工业出版社，2018：151.

学界研究的热点,对其划分标准进行探讨的文献可谓是汗牛充栋。罗斯韦尔和赛格菲尔德从政策工具的功能角度出发,将政策工具划分为供给型工具、需求型工具和环境型工具[1]。该政策工具划分标准具有较强的内容聚合度和使用区分度[2],在涉及人工智能政策、科技创新政策、政府和社会资本合作(PPP)政策等领域中得到广泛应用。为了对员工技能培训政策进行扁平化的降维处理,本研究亦采用该套划分标准来论述政策工具的选择。具体而言,供给型工具有助于塑造员工技能培训的推力,需求型工具有助于增强员工技能培训的动力,环境型工具有助于优化员工技能培训的环境。

一、供给型工具：塑造培训的推力

从19世纪开始,传统工匠、雇主以及早期工会之间所达成的联盟差异,成为形塑各国不同技能形成体系发展轨迹的根源[3]。技能既是生产系统的主要投入要素,也是劳资双方对生产车间控制权的争夺焦点,关于驱动其变迁与发展的机制远超出人力资本的议题范畴。同资产所有权一样,技能是将劳动者、雇主、职业经理人在生产车间区分开来的关键因素[4]。广受赞誉的德国"双元制"教育体系,有效衔接了技能从培训供给到资格认证的全过程,通过政府、企业、员工等利益攸关方的协商合作,成功化解了劳动力市场存在的"挖人外因""搭便车"和收益不确定等集体行动困境,为产业工人的技能积累提供了制度保障。可见,作为知识主要来源之一的劳动技能,需要政府介入提供培训政策的推力,以使其发展模式能够超越对短期经济增长的关切,从而在更长远的人力资本制度安排中,塑造对一国经济社会增长的长期贡献能力。

当前,我国的职业技能培训却在现实发展中,呈现低水平、小规模与碎片化的粗放型样态,不能有效发挥培育和提升劳动力技能素质的支

① Rothwell R., Zegveld W. Reindusdalization and Technology[M]. London UK: Longman Group Limited, 1985: 47-52.

② 蔺洁,陈凯华,秦海波,候沁江. 中美地方政府创新政策比较研究——以中国江苏省和美国加州为例[J]. 科学学研究,2015(7):999-1007.

③ 凯瑟琳·西伦. 制度是如何演化的：德国、英国、美国和日本的技能政治经济学[M]. 王星译. 上海：上海人民出版社,2010:前言.

④ 封凯栋,李君然. 技能的政治经济学：三组关键命题[J]. 北大政治学评论,2018(2):159-200.

撑作用。显然，职业技能培训的长期缺位，在一定程度上制约了产业工人技能形成体系的健康发展，也阻碍了产业的转型升级。鉴于此，《新时期产业工人队伍建设改革方案》《关于推行终身职业技能培训制度的意见》《职业技能提升行动方案（2019—2021 年）》《职业院校全面开展职业培训 促进就业创业行动计划》《关于实施职业技能提升行动"互联网+职业技能培训计划"的通知》《关于支持企业大力开展技能人才评价工作的通知》等一系列政策密集出台，这在职业技能培训的世界发展史上前所未有，彰显了决策者对职业教育发展的高度重视。

政策工具是政策主体将政策议题转化为政策实践的调节环节，其核心在于如何整合、优化和创新现有的社会资源以实现政策诉求[①]。那么，引入公共政策学领域的政策工具理论，对员工技能培训政策进行系统分析，以期为技能治理现代化的推进提供理论解释和实践指导。根据罗斯韦尔和赛格菲尔德的相关论述，将供给型政策工具进一步细分为人才培养、科技支持、财政补贴、教育培训、基础设施建设等次级政策工具，通过对课程开发、场地建设、师资配备、技术支撑等方面的供给侧投入以推动员工技能培训的良性发展。

2019 年，《政府工作报告》明确提出使用 1000 亿元失业保险基金结余在三年内实施 5000 万人次以上的职业技能提升行动，同时设立专项账户以便强化资金监管和使用情况的公开。也就是说，培训资金从投入到监管的全流程都由政府主导，其中是否会产生干扰员工技能培训科学有效开展的"权力寻租"或套取培训资金等问题，需要引起各方高度关注[②]。可见，政府以财政补贴次级政策工具为杠杆，撬动了整个社会的技能培训资源配置，也在一定程度上形成了以政府为中心的技能治理模式。然而，需要警惕的是如果供给型工具使用过溢的话，可能会存在强化政府在技能形成体系中的中心地位，而不利于调动员工、企业、社会培训机构等利益攸关方的参与积极性。因此，供给型政策工具去中心化的结构重塑，有利于构建高水平的技能形成体系，这既是塑造高技能均衡发展模式的客观需要，也是我国经济社会发展应对"人口红利"消逝和跨越"刘易斯拐点"的重要手段。

---

① 王辉. 政策工具选择与运用的逻辑研究——以四川 Z 乡农村公共产品供给为例[J]. 公共管理学报，2014（3）：14-23；139-140.

② 崔秋立. 增强职业技能培训针对性有效性[N]. 中国组织人事报，2019-05-31（004）.

二、需求型工具：增强培训的动力

第二次工业革命的生产动力，从蒸汽动力转变为以煤油、汽油为燃料的电力，一大批针对不同任务的专业化生产工具也随之出现，特别是流水线生产模式的运用，将工人的劳动局限为某项具体的标准化工序。任务分解的细化，在劳动者与资本家之间形成了一种新的角色——"职业经理人"，也就是泰勒所宣称的职业管理者，这样资本家通过职业经理人，实现对生产车间的严格控制和管理就成为可能。然而，多品种小批量的市场消费需求新格局，直接挑战了福特流水线奉行的以产定销模式，着眼于将一切与车间生产过程无关、多余的因素进行精简的日本精益生产系统开始成为主流。精益生产系统以人的技能为中心，视机器设备为提升劳动生产率的辅助手段[①]。可见，从去技能化到再技能化的演化进程，生动描述了劳资双方对生产车间控制权的争夺路径。

依附生产车间的员工技能培训，需要通过政府的政策加以引导，从而激发员工、企业、社会培训机构等主体的参与积极性。由菲利普·福斯特以"企业为本位"的技能培训理论可知，作为生产主体的企业比政府、职业学校、社会培训机构等更加了解培训"产品"的规格和特征[②]。那么，构建以企业为实施主体的培训格局，有助于增强员工技能培训的针对性和有效性，实现对产业转型升级背景下的劳动技能"提档升级"。同时，萨缪尔森加以完善的消费者理论，揭示了员工对于技能培训的需求源于不合理的人力资本结构，并根据市场需求导向对培训时间、学习方式、培训内容、证书含金量等具有明显的选择偏好。因此，关注员工对技能培训的消费需求，有助于调动其参与积极性，实现从"要我学"到"我要学"的跨越式转变。

根据罗斯韦尔和赛格菲尔德的相关论述，将需求型政策工具进一步细分为市场塑造、政府购买服务、示范工程建设、海外交流合作等次级政策工具，在员工、企业、政府等主体的积极参与中扩大和提升职业技

---

① 杨斌，魏亚欣，田凡. 技术进步与劳动技能的动态适配——基于生产系统"硬件—软件—人件"互补演化机制的分析[J]. 南开管理评论，2020（3）：4-13.

② 周正. 从巴洛夫到福斯特——世界职业教育主导思想转向及其启示[J]. 湖南师范大学教育科学学报，2006（1）：84-89.

能培训，以期为经济社会的高质量发展提供技能人才支撑①。就市场塑造而言，其主要凭借税收优惠、债券发行等手段，紧紧围绕人力资源市场的需求信息开展培训，从而发挥市场配置资源的基础性作用。例如，英国培训和企业委员会（TEC）推出的"培训信用卡计划"、新加坡政府为每一位年满25周岁及以上的公民建立技能创前程账户、深圳市政府近年来推行的职业技能培训券试点工作，都旨在通过培训券赋予劳动者作为技能消费者的自由选择权，以此形成技能培训市场的竞争机制。然而，培训券的引入可能会由于消费者选择偏好的存在，导致技能培训需求和工作岗位供给之间脱节的困境。

从政府购买服务来说，需要以规范化、持续化的制度建设，推进政府公平公正的购买企业、职业学校、社会培训机构等主体所提供的培训服务，以此深化技能培训改革以及拓宽职业的发展视野。就示范工程建设而言，根据企业、社会培训机构等市场主体比较看好的培训项目，政府可根据民生施政目标通过 PPP 模式，实现政府与社会资本的有效合作，从而以结构重组的方式推动行政力量对职业技能培训的有序引导。从海外交流合作来说，政府应积极完善中外职业技能培训交流平台的建设，借鉴欧美等发达国家的优秀案例，为国内技能现代化治理提供有益参考。

综上所述，在提升需求型政策工具应用水平的同时，不断优化其内部次级政策工具的结构调整，有助于为员工技能培训的高水平开展增添多元主体活力，从而增强员工技能培训政策的"拉力"作用。

三、环境型工具：优化培训的环境

2019 年的中央经济工作会议，提出"要推进先进制造业与现代服务业深度融合，坚定不移建设制造强国"，意味着推进工业化进程、加快产业转型升级，成为今后一段时期我国经济社会发展的主要任务。那么，围绕产业价值链的延伸、提升、创新来推动产业基础高级化和产业链现代化的进程，势必会面临作为通用技术的新一代信息技术，在对接传统产业生产技术的过程中所引起的组织模式适应问题。从历史经验来

---

① 国务院新闻办公室举行职业技能提升行动方案吹风会[EB/OL].（2019-05-10）[2020-12-13].
http://www.scio.gov.cn/32344/32345/39620/40379/index.htm.

看，产业的转型升级与劳动者的技能素质升级是同步进行的，劳动者的技能素质成为支撑制造业高质量发展的核心竞争要素[①]。也就是说，新技术、新产业、新业态、新模式的不断涌现，必然离不开高水平、专业化、复合型技术技能人才的人力资本支撑。在出现所谓的"强"人工智能之前，当前的人工智能尚不能实现对人类技能的完全替代，相反其可能会放大人类的某些物理能力和认知能力。

相比简单粗暴的"机器换人"，人机合作的生产率比单纯地只有人或只有机器的生产率高出 85%[②]。可见，人机交互式协作所带来的更加高效、灵活的工作方式，才是变革智能制造的主流方向。"智能+"的实质就是新一代信息技术嵌入企业生产系统的融合共生过程，也催生了一大批新兴职业的不断出现，扩大了劳动者对技能培训的需求，终身学习日趋成为主流的教育理念。劳动者为了适应智能时代的工作任务变化，需要采取更加灵活和便捷的学习方式，以提升自身的知识、技能与能力。非正规教育和非正式学习，为学习者提供了能够持续终身学习的有效途径。因此，政府需要及时出台相应的政策措施，为以员工技能培训为重要内容的终身学习创造良好的社会舆论环境。

根据罗斯韦尔和赛格菲尔德的相关论述，将环境型政策工具进一步细分为目标规划、策略性措施、金融融资、税收优惠、法规管制、组织保障、舆论引导等次级政策工具，通过构建一个有利于员工技能培训的政策环境，从技能培训供给和技能需求培育两个维度，塑造员工、企业、政府等主体协商共治的技能治理格局。整体来看，环境型政策工具虽然能为推进技能培训营造良好的社会氛围，但因其政策条款一般较为庞杂、宏观和笼统，不免在政策工具箱中沦为"鸡肋"[③]。那么，为了推进技能治理能力的现代化，需要对环境型政策工具进行内部结构的优化调整，以期形成员工技能培训政策的环境影响力。

首先，考虑到"目标规划"和"策略性措施"的象征意义大于实际

---

① "机器换人"，我们如何保住"饭碗"[EB/OL].（2019-04-04）[2020-12-13]. http://www. xinhuanet.com/local/2019/04/04/c_1124325044.htm.

② 人机合作生产率提高 数字经济让新职业更加鲜活[EB/OL].（2019-05-10）[2020-12-13]. http://www.scio.gov.cn/32344/32345/39620/40379/40386/Document/1654104/1654104.htm.

③ 张双志. 教育信息化2.0：议题构建与路径选择——基于政策工具分析的视角[J]. 教育学术月刊，2020（9）：57-63.

价值的特点，需要政府在推进政策实践的过程中，提供相应的配套措施予以支持。换言之，政府在注重顶层设计的同时，也要强调目标分解措施的落地，这样才能为技能培训提供立体化、层次化和具体化的行动方案。其次，从流程再造的角度塑造"金融融资"和"税收优惠"在技能培训领域的特色化。由于技能的准公共产品特性，其相关培训存在前期投资规模大、回报周期长且收益不确定等问题，这就需要政府根据强制性、非营利性和营利性来划分技能培训项目，并以此来制定不同类型的金融税收方案。最后，高度重视"法规管制""组织保障"以及"舆论引导"工具的差异化组合使用，提升员工技能培训政策的整体效能。政府不能单纯地希冀企业按照《劳动法》《职业教育法》等法律规定，自觉足额地提取和使用职工教育培训经费，而要通过紧跟技术创新的步伐及时发布新职业的培训标准，以此提高技能培训的标准化水平，才能有效降低员工、企业等利益攸关方投资技能培训的机会成本。

第四节　区块链赋能政策设计

一般来说，员工技能培训所面临的中心化治理难题，并不能单纯通过制度建设本身获得根本性解决。区块链推动了互联网从信息传输到价值传递嬗变[①]，也为产业智能化背景下员工技能培训的政策设计，建构了可行的数据确权方式和信任传递机制。2020年4月，国家发展和改革委员会首次明确将区块链列入新技术基础设施建设的范围，这意味着区块链获得了与大数据、云计算、物联网、人工智能等技术同等重要的地位，与其相关的场景应用也开始步入快速增长期。2020年11月，人力资源社会保障部印发《关于实施职业技能提升行动创业培训"马兰花计划"的通知》，明确提出利用大数据、区块链等新一代信息技术搭建创业培训管理服务平台，完善创业培训质量监控体系[②]。那么，以分布

---

① 黄舍予，吴元庆. 从"信息"到"价值"，区块链驱动互联网变革[N]. 人民邮电，2017-06-26（001）.

② 人力资源社会保障部关于实施职业技能提升行动创业培训"马兰花计划"的通知[EB/OL].（2020-11-16）[2020-12-13]. http://www.mohrss.gov.cn/gkml/zcfg/gfxwj/202011/t20201116_397331.html.

式账本、共识算法、智能合约等为底层支撑技术的区块链，为员工技能培训政策从理论设计到应用落地提供了一种技术层面的治理思路与方法路径，具体的技术逻辑思路如图5-2所示。简言之，分布式账本赋能政策主体的去中心化、共识算法赋能政策议题的容错纠错、智能合约赋能政策工具的自动执行。

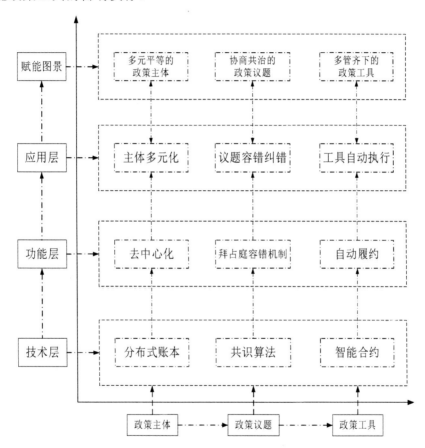

图 5-2　区块链赋能员工技能培训政策设计的技术逻辑

一、分布式账本：赋能主体多元化

在教育现代化语义下，对员工技能培训的政策主体进行考察和审视，发现中心化集权的"祛魅"与多中心分权的"赋魅"成为叙事的逻辑主线。一方面，员工技能培训的政策主体结构，从对主客二分结构的消解转向多元主体间共商协作结构的构建，也要求政府、企业、员工等主体顺势而变。另一方面，新一代信息技术的快速发展为员工、企业等社会主体平等参与技能治理提供了技术可能性，也有助于消解中心化的员工技能培训政策主体结构。互联网、大数据、人工智能等信息技术的兴起，推动了人类社会开始迈入创新驱动的高级知识经济时代，知识生产逻辑也由"三重螺旋"（大学—产业—政府）演进为"四重螺旋"（大学—产业—政府—公众）。知识生产模式 III 的"四重螺旋"理念，赋予了知识生产赖以生存的适应性背景，强调公众在知识生产创新中的重要性[①]。

员工既是知识创新的用户群体，也是知识生成的重要行为主体，这也引发了以"学习者为中心"的教育理念与实践转向，即教育系统应服务于学习者的个性化、可持续与终身化学习。然而，以服务器为中心的传统互联网，可能会在员工、企业等社会主体与政府之间形成"数据孤岛""信息断流"等中心化治理难题[②]。鉴于此，消解中心服务器与客户端之间藩篱的分布式账本技术[③]，在推动数字信息在链上节点之间的互通共享过程中，削弱了政府对技能资源信息的占有优势。基于对等协议 Ad Hoc 的分布式账本技术赋予了员工、企业等社会主体与政府在网络上具有平等的权限，这有助于塑造多元平等的技能治理新格局。

然而，分布式账本在解构以政府为中心的主客二分式技能治理结构的同时，也面临着由于中心处理器的缺失，导致多元平等政策主体对公共技能培训责任的消解风险。换言之，中心节点的缺失使得各个节点都可以参与数据读写权限规则的制定，从而引发链上节点之间不断发动西比尔（Sybil）攻击来争斗数据的记账权[④]。2017 年 6 月，中共中央、国务院印发《新时期产业工人队伍建设改革方案》，首次明确提出要构建

① Carayannis E. G., Campbell D. F. J. Model 3: Meaning and Implications from a Knowledge Systems Perspective[A]. Carayannis E. G., Campbell D. F. J. Knowledge Creation, Diffusion, and Use in Innovation Networks and Knowledge Clusters: A Comparative Systems Approach Across the United States, Europe and Asia[C]. Westport, Connecticut: Praeger, 2006-12-20.

② 朱婉菁. 区块链技术驱动社会治理创新的理论考察[J]. 电子政务，2020（3）：41-53.

③ 张秋霞，仰枫帆，张顺外，罗琳. 中继编码协作系统等效点对点传输模型的研究[J]. 通信学报，2012（12）：100-107.

④ 张双志，张龙鹏. 教育治理结构创新：区块链赋能视角[J]. 中国电化教育，2020（7）：64-72.

产业工人技能形成体系，并将其上升为国家战略安排，要求打破条块分割，建立完善政府为主导、企业为主体、职业院校为重点、校企合作为基础、社会各方面包括工会广泛参与的多层次、多结构的职业教育培训格局。

可见，在中国政治语境下，完全消解政府对技能治理现代化的主导权力是不符合时宜的，而是需要构建起政府、企业、员工等主体之间良性互动的技能治理体系。目前，介于完全去中心化公有链和中心化私有链之间的联盟链，以其部分去中心化的组织架构优势在不同场景中得以广泛应用①。上链节点根据组织协议指定中心节点负责数据的读写，有效避免了节点之间为了争夺数据读写权而陷入有限资源的"内卷化"怪圈，在协议框架上形成兼具公平、透明和信任的技能治理现代化结构。党的十九大报告明确提出"党政军民学，东西南北中，党是领导一切的"重大论述②，这也为保障技能治理现代化的培训政策主体结构的组成要素明确了方向。那么，塑造在党委核心领导下政府、企业、员工等利益攸关方协商共治的"一核多元"联盟链组织架构，不失为一种可行的实践方案。

二、共识算法：赋能议题容错纠错

一般而言，政策议题可分解为以下四种类型：议题情境、元议题、实质议题和正式议题。议题情境催生议题感知，感知搜索认定了元议题，元议题从议题界定视角发现实质议题，最终在议题陈述过程中建立正式的政策议题③。这里需要强调的是，元议题和实质议题是不同的议题类型，在两者的区分过程中要避免犯下致命的"第三类错误"，即应当解决正确的问题，却在解决错误的问题④。那么，为了降低发生此类错误的概率，政策议题需要构建起一个能够容错纠错的协商共治机制。随着工业 4.0 的方兴未艾，工作场域的非正式学习日益成为劳动者应对新技

---

① 张楠迪扬. 区块链政务服务：技术赋能与行政权力重构[J]. 中国行政管理，2020（1）：69-76.

② 薛万博. 怎么认识"党是领导一切的"写入党章？[EB/OL].（2018-01-25）[2020-11-29]. http://cpc.people.com.cn/n1/2018/0125/c123889-29787340.html.

③ 陈庆云主编. 公共政策分析（第二版）[M]. 北京：北京大学出版社，2011：101-103.

④ 丘昌泰. 公共政策：当代政策科学理论之研究[M]. 台北：台湾巨流图书公司，1995：227-229.

术挑战和维持自身职业发展能力的主要途径。人工智能时代的学习也更加强调灵活性，即学习应该突破时间与空间的限制。

因此，传统的主客二分式管理结构，在一定程度上限制了职业教育满足学习者个性化培训需求的供给能力，需要对此进行根本性的变革。教育现代化语义下的技能治理，应该着眼于消解员工、企业等社会主体在培训政策设计过程中的话语表达障碍，改善其因政策话语权的缺位而导致的"弱势群体"处境。共识算法对此提供了一个有效的技术解决方案，确保链上节点都能平等参与数据读写权限规则的制定过程。基于博弈论设计理念，将工作量证明算法（PoW）和股份权益证明算法（DPoS）的优势进行结合产生的双稳态纯权益证明共识算法（UPoS），解决了"不可能三角"困境，实现了安全性、可扩展性和去中心化的兼容①。换言之，技术的迭代更新为实现员工、企业、政府等主体达成员工技能培训政策，提供了有效的话语沟通机制。

共识算法的实现，有赖于诚实节点数量大于或等于 2/3，从而确保链上节点之间的数据读写可以真实有效地记录在公共账户之中。一旦不诚实节点的数量大于或等于 1/3 之时，它们就会通过实施 Sybil 攻击产生大量的冗余信息，以虚假信息的散布来干扰诚实节点之间的交易共识②。冗余信息的出现，一方面，可能会导致一笔钱被重复记录花了两次的"双花问题"，给业已达成的交易共识带来致命的威胁；另一方面，可能会导致链上待确认的交易数量激增，显著降低交易平台的工作效率。可见，希冀通过共识算法达成协商共治的培训政策话语结构，可能仍然是工具理性之于技能治理现代化的单向诉求。那么，构建话语一致性的技能治理共识需要突破工具理性的限制，超越技术本身重新回归价值理性不失为一种整合碎片化话语结构的可行路径。

然而，政策议程作为政策议题得以确立的关键一步③，在一定程度上取决于决策者的施政偏好，只有那些被决策者选中或决策者觉得必须对之采取行动的议题，才能进入政策议程的范畴④。产业工人的技能形

---

① 区块链不可能三角已可解决，Algorand 拥有两大核心优势 [EB/OL]. (2020-10-02) [2020-12-01]. https://ipfs.cn/live/info-176027.html.

② 郑敏，王虹，刘洪，谭冲. 区块链共识算法研究综述 [J]. 信息网络安全，2019（7）：8-24.

③ 陈庆云主编. 公共政策分析（第二版）[M]. 北京：北京大学出版社，2011：105.

④ 詹姆斯·E. 安德森. 公共决策 [M]. 唐亮译. 北京：华夏出版社，1990：69.

成体系作为一种制度安排，是社会力量参与建构的结果，涉及技能供给制度、技能评价制度、技能投资制度以及技能使用制度。那么，考虑到公共培训资源的有限性，涉及面如此广泛的技能形成体系就需要在施政过程中有所取舍。德国的技能形成体系之所以成为发达资本主义国家的成功典范，也主要在于政府集中优势解决了技能培训供给和技能资格认证的问题，通过员工、企业、政府等利益攸关方的协商共治，为产业工人的技能积累提供了制度保障。

三、智能合约：赋能工具自动执行

政策议题的解决需要政策工具的选择与实施，这是由政策议题的内涵特征所规定的工具理性诉求。政策工具作为衔接政策主体与政策议题的管理手段，在一定程度上是体现政策主体施政偏好的资源组合套餐。然而，政策工具的选择并非一种自由的选择行为，也不仅是经过计算的自身利益激励的推拉过程[①]。公共政策工具理论认为，政策主体基于自身的施政偏好，选取不同类型的政策工具达成既定的政策议题，即政策工具服务于政策议题[②]。一般而言，强制类、混合类和自愿类的类型划分，体现了政策主体对政策工具的干预程度；信息类、资财类、权威类与组织类的类型划分，揭示了政策工具所能调用的政策资源程度；而供给型、需求型和环境型的类型划分，预示了政策工具所带来的功能影响。可见，政策工具从选择到执行，不仅是一种组织达成合法性的努力，也是一种变迁和更新的仪式，需要一套关系性合约将各方行动流程化、规制化和智能化。

智能合约概念早在 1994 年就被尼克·萨博提出，其目的在于追求突破中心化治理模式束缚的智能化交易工具。由于 20 世纪 90 年代技术发展水平与计算应用场景的限制，很长一段时间内，智能合约的应用，仅停留在自动贩卖机、电子数据交换系统、销售终端系统（POS）等场景。直至 2014 年，通过去中心化以太虚拟机的图灵完备编程语言，实现点对点交易的以太坊（Ethereum）大大拓展了智能合约的应用场景。

---

① B. 盖伊·彼得斯，弗兰斯·K. M. 冯尼斯潘. 公共政策工具——对公共管理工具的评价 [M]. 顾建光译. 北京：中国人民大学出版社，2007：63.
② 张双志. 教育信息化 2.0：议题构建与路径选择——基于政策工具分析的视角[J]. 教育学术月刊，2020（9）：57-63.

智能合约可借助区块链的链式时间戳、分布式账本等底层技术获得转型与突破，区块链也可利用智能合约的可编程思想，实现从 2.0 到 3.0 的跨越式技术演进[①]。

　　基于智能合约重新审视政策工具，发现前置于政策议题的工具，并不能完整勾勒技能的实践生成，而在技能形成过程中构建起来的政策工具选择，更有可能实现技能积累的价值预设。换言之，智能合约通过可编程思想，将政策议题的建构和政策工具的选择算法化，将员工、企业、政府等利益攸关方事先约定的培训合约，转化为一套以数字形式指定的代码承诺，合约参与方可不依赖中心系统实现技能治理的自动履约，极大地降低了技能治理成本和提升了治理效果。然而，智能合约的本质是算法，自然会受到算法自身固有的技术逻辑规制。"算法黑箱"的存在，可能会给智能合约带来风险挑战，继而导致政策工具不能有效实现政策主体所欲达成的政策议题。数据输入、计算过程与结果输出构成了算法的完整运行链条，每一个环节存在的技术瑕疵共同造成了算法黑箱的产生[②]。

　　就数据输入而言，由于员工、企业、政府等所掌握的信息资源不对称，那么，存在结构性缺陷的数据，所运算得到的结果也可能会带有偏差，这也被称为技能治理领域的"数据鸿沟"现象。从计算过程来说，深度学习算法的成熟助推了人工智能的第三次崛起，也让机器具有自我运算学习的能力，这就存在一段连算法编程人员都不一定知晓的运算过程，在一定程度上削弱了政策主体对政策工具自动履约的把控能力。就结果输出而言，算法的设计初衷是为了在较短时间内获取数据运算的结果，那么擅长描述线性结果的算法，可能无法勾勒事物之间存在的非线性关系，即因果关系。因此，为了规避技能治理领域的"技术悖论"困境，应从员工、企业、政府等利益攸关方的协商共治之中，设计良善的政策体系以实现技能"善治"。

---

① 贾开.区块链治理研究：技术、机制与政策[J].行政论坛，2019（2）：80-85.

② 肖凤翔，张双志.算法教育治理：技术逻辑、风险挑战与公共政策[J].中国电化教育，2020（1）：76-84.

第六章　研究结论与启示

"人机共生"将开启产业智能化背景下工作方式的新纪元，劳动技能将在很大程度上塑造企业的竞争优势。企业需要培育一种鼓励员工不断学习的文化，以适应不断被技术变革的工作任务，从而在智能增强型工作场景中提升创新绩效。那么，第二章"技术→组织→制度"分析框架的建构，有助于厘清产业智能化背景下，员工技能培训研究的内容安排，也为相关理论分析的开展提供了逻辑架构。第三章在技术—组织维度下，对产业智能化提升员工技能培训进行了理论分析，并运用计量分析方法对此进行了实证检验。第四章先基于组织—制度维度，对员工技能培训的创新绩效进行理论分析，接着在技术—组织—制度维度下，对产业智能化加持员工技能培训的创新绩效进行理论分析，并运用计量分析方法对此进行实证检验。

实证结果提示，产业智能化在提升员工技能培训的同时，也会对员工技能培训的创新绩效产生调节作用。换言之，随着产业智能化水平的提升，企业对员工技能培训的投资力度会逐渐增大，员工技能培训的创新绩效也会更加明显。第五章在前文研究的基础上，从政策主体、政策议题与政策工具维度出发，对产业智能化背景下员工技能培训的政策设计进行论述。接下来，本章将系统性归纳全书的研究结论，并据此提出相应的实施路径，最后，在客观分析研究可能存在的创新点和局限的同时，对未来有待完善的研究空间进行说明。

第一节　研究结论

基于分析框架提出的理论分析，能否在经验层面获得成立，需要通过微观数据的计量分析结果予以验证。运用计量经济学模型对产业智能化背景下，员工技能培训的提升效应和创新绩效分别进行实证检验，并通过内生性问题处理、进一步的分样本研究以验证基本回归结果的可靠性。综合来看，全书的研究结论可具体表述为：产业智能化具有技能偏向性，产业智能化提升员工技能培训，员工技能培训有助于塑造创新，产业智能化加持员工技能培训更能塑造创新，"区块链+"有助于员工技能培训政策从理论设计到应用落地的顺畅衔接。

一、技能偏向型的产业智能化

阿西莫格鲁认为，技术进步的偏向性源于技术创新的逐利特征，当一项新技术的运用所带来的产品附加值越高时，企业就会相应以较高的工资薪酬聘用掌握该技术的劳动力[①]。那么，在产品价格和市场规模的加持下，劳动力市场的技术进步偏向性就由此产生[②]。20世纪初就已出现端倪的高技能偏向型技术进步，在第二次世界大战后得以加速发展，特别是50年代后期在美国的制造业表现得尤为明显，出现了较强的行业内技能升级现象[③]。当然，发达国家出现的技能偏向型技术进步现象，也在波兰、匈牙利、希腊等中东欧国家不同程度地显现出来[④]，国内学者的相关研究，也揭示了中国在改革开放后发生的技术进步带有明显的高技能偏向性[⑤]。人工智能作为新一代信息技术的集大成者，在与产业融合发展的过程中仍然具有技能偏向性，只不过在劳动力市场的工作岗位中，呈现出高技能和低技能快速增长，而中等技能凹陷的"沙漏型"两极化现象。

中国严格的户籍管理制度、高居不下的房价及生活成本等因素，导致劳动力市场出现了只有高技能工作岗位数量大幅增加的单极化现象[⑥]。本书第三章第二节的图 3-5，绘制了人工智能在与产业融合发展

---

① Acemoglu D. Directed Technical Change[J]. Review of Economic Studies, 2002, 69(4): 781-809.

② 高文静. 偏向型技术进步与技能溢价关系研究动态[J]. 劳动经济评论，2017（2）：58-74.

③ Autor D. F., Katz L. F., Krueger A. Computing Inequality: Have Computers Changes the Labor Market[J]. Quarterly Journal of Economics, 1998, 113(4): 1169-1213.

④ Esposito P., Stehrer R. The Sector Bias of Skill-Biased Technical Change and the Rising Skill Premium in Transition Economies[J]. Empirica, 2009, 36(3): 351-364.

⑤ 董直庆，蔡啸，王林辉. 技能溢价：基于技术进步方向的解释[J]. 中国社会科学，2014（10）：22-40；205-206.

⑥ 孙早，侯玉琳. 工业智能化如何重塑劳动力就业结构[J]. 中国工业经济，2019（5）：61-79.

的过程中，企业对员工技能培训投资的拟合关系呈线性上升趋势，说明产业智能化提升了员工技能培训。图 3-6 在区分产业技术水平差异之后，显示人工智能与低技术产业的融合比其与高技术产业的融合，更能驱动企业投资员工技能培训。鉴于此，本书的第一个研究结论在一定程度上佐证了已有文献的观点，即产业智能化具有技能偏向性。这也塑造了新型的工作方式"人机共生"，强调人工智能在拓展人类能力的同时，人类也在不断优化人工智能的技术性能，其明显区别于福特流水线生产环境下的"机器换人"。

大数据、人工智能、区块链等数字技术，在以指数级速度进行创新的同时，也日益融入经济社会发展各领域的全过程。随之产生的数字经济，无论是发展速度之迅猛、辐射范围之广阔，还是影响程度之深入，都是前所未有的，数字技术已成为推动资本、劳动力、数据、土地等市场要素资源优化配置的关键力量。那么，劳动技能作为市场要素资源之一，自然也深受数字技术的支配控制。根据前文的分析梳理可知，技术进步与劳动技能之间存在一种波动式动态演化的趋势，技术是驱动技能变革的内生动力。信息时代的劳动"再技能化"趋势在数字经济时代仍然存在，因其内在的技术逻辑并没有发生根本性的变化。因此，数字经济时代加大人力资本投资，推动劳动技能转型升级具有重大的战略价值。

数字技术的广泛使用所带来的"机器换人"，并非当前劳动力市场面临的主要问题，技术引发工作任务变革的不确定性才是问题的关键。作为与普通教育同等重要的职业教育，主要涵盖了学历教育和职业技能培训，也被视为与经济社会发展联系最为紧密的类型教育。德国前总理默克尔也对此说到："德国经济稳定的核心要素在于职业教育与培训，因为我们产生了一支为现代工业而准备的高素质的劳动队伍。"[①]因此，"增强职业技术教育适应性"的着力点，是坚持职业教育的"就业导向"定位，千方百计地为劳动者技能的转型升级，提供高质量的职业教育资源支撑。其中，作为非正式学习组成部分的培训，凭借其不受时空限制的优势，能为劳动者提供持续性的终身学习资源。

---

① 马兆远．智造中国[M]．北京：北京联合出版公司，2022：198．

二、产业智能化提升员工技能培训

资本与技能劳动的互补，可追溯至 20 世纪初福特流水线生产模式产生之时，这与技术进步的技能偏向性研究的时间点基本吻合，说明资本—技能的互补，在一定程度上就是技术—技能的互补。其实，服务于资本获利需要的技术进步，可被视为资本深化的过程，技术内化于资本和劳动技能之中，也不断调整着资本和劳动技能的结构①。阿西莫格鲁的研究也指出，高技能偏向性技术进步是指技术进步导致高技能劳动相对于低技能劳动的边际产出更高，即高技能劳动的相对工资上升更快②。大卫·奥拓尔也认为人工智能进入劳动力市场的关键问题，不在于它是否会通过取代劳动力来引发工作岗位数量的变化，而在于其通过对工作任务的变革来创造新产品和新服务③。随着工作岗位的日新月异，技能环境也正在发生巨大变化，技能短缺成为企业重塑全面竞争优势的主要障碍之一。

员工技能培训作为应对技能短缺的内部技能供给方式，有助于提高企业的人力资本积累，实现新技术在生产车间的加快扩散，继而形成有效推动企业转型升级的动力机制。鉴于此，本书第三章第三节采用最小二乘法，发现产业智能化与员工技能培训的回归系数 0.0735 通过了 1% 的显著性水平检验。为了规避产业智能化与员工技能培训之间可能存在的反向因果关系，在内生性问题处理部分使用两阶段最小二乘法进行回归分析，并没有发现基本回归结果存在偏误的情况。进一步，在分样本检验中发现以下两点结论：一是随着产业技术水平的提升，产业智能化更能促进企业投资员工技能培训；二是对人工智能技术进行"智能""云""数据""物联"以及"机器学习"等关键词区分后，产业智能化对员工技能培训的提升效应仍然存在。简言之，人工智能技术的运用刺激了技能需求的提高，从而驱动企业投资员工技能培训。

"加大人力资本投资，增强职业技术教育适应性"，成为产业智能化

---

① 申广军."资本—技能互补"假说：理论、验证及其应用[J]. 经济学（季刊），2016（4）：1653-1682.

② Acemoglu D. Patterns of Skill Premia[J]. Review of Economic Studies, 2003, 70(2): 199-230.

③ 艾丽卡·沃利尼，杰夫·施瓦兹，布拉德·丹尼，大卫·马隆. 2020 德勤全球人力资本趋势报告[R]. 德勤有限公司（Deloitte），2020.

背景下推进技能转型升级的重要举措。增强职业教育适应性，应重点思考如何构建起高质量的职业技能培训体系，从培训的视角为劳动者提供能够持续终身的人力资本投资，以满足数字经济时代劳动技能不断迭代更新的内生需求。2021年12月，人力资源社会保障部、教育部、发展改革委、财政部联合印发《"十四五"职业技能培训规划》，将"健全完善终身职业技能培训体系"列为五项重点任务之首，这也是决策层第一次将培训提升至国家发展战略的高度予以重视。因此，职业院校要自觉贯彻学历教育与培训并重并举的法定责任，优化职业教育的供给结构，以塑造一大批知识型、技能型、创新型的劳动者大军。

三、员工技能培训有助于塑造创新

创新不一定非得是从无到有的突变型创新，也可以是基于已有产品和工艺进行的累积型创新[①]。那么，专注于中低端技术的中小型企业，主要凭借高技能产业工人实现将技术、知识、管理等进行混合式创新，继而在为大型企业服务的产业供应链中实现市场价值的不断攀升[②]。纵观德国制造业的发展史，可以发现创新并不一定来源于制度化的内部研发活动，传统企业可以充分组合各种非研发投入要素来实现某种程度上的创新，以构筑企业的持续竞争优势。也就是说，创新不一定源于企业巨额投资研发活动换取的突变型产品创新，也可以源于企业对生产流程进行改造的累积型工艺创新。其中，员工技能培训作为德国中小型企业形成创新能力的主要措施，在正式或非正式的开放、多维和立体学习中整合、吸收和利用知识，从而在塑造组织吸收能力的过程中提升了企业创新绩效。鲁皮塔和巴克斯也通过一系列实证研究，验证了以高技能、高工资以及高附加值为主要特征的高技能均衡发展模式是塑造德国制造业创新能力的主要因素[③]。

2020年，党的十九届五中全会明确提出"坚持创新在现代化建设

---

① 毕克新，黄平，李婉红. 产品创新与工艺创新知识流耦合影响因素研究——基于制造业企业的实证分析[J]. 科研管理，2012（8）：16-24.

② 奥利弗·索姆，伊娃·柯娜尔主编. 德国制造业创新之谜：传统企业如何以非研发创新塑造持续竞争力[M]. 工业4.0研究院译. 北京：中国工信出版集团，2016：20-22.

③ Rupietta C., Backes-Gellner U. High Quality Workplace Training and Innovation in Highly Developed Countries[R]. University of Zurich, Institute for Strategy and Business Economics（ISU），2012.

全局中的核心地位"，创新在我国经济社会建设中的作用愈发凸显。那么，员工技能培训作为产业工人技能形成体系的内部积累方式，在中国情境下是否能够塑造创新，需要在经验层面得到证实。鉴于此，本书第四章第二节采用最小二乘法，发现员工技能培训与产业创新能力的回归系数 0.1353 通过了 1% 的显著性水平检验。为了规避员工技能培训与产业创新能力之间可能存在的反向因果关系，在内生性问题处理部分使用两阶段最小二乘法进一步进行回归分析，并没有发现基本回归结果存在偏误的情况。此外，在产业异质性和技术异质性的分样本检验中，员工技能培训对创新的塑造作用仍然存在，这也提示基本回归结果具有较强的稳健性。

四、产业智能化加持员工技能培训更能塑造创新

1987 年，克里斯托夫·弗里曼在《技术政策与经济业绩：来自日本的经验》中，首次提出"国家创新体系"的概念，超越了技术概念范畴的"创新"，强调借助多元公共性组织机构组成的国家网络以推动创造、扩散和运用新技术[①]。技术创新动态理论模型，将创新区分为产品创新和工艺创新[②]，产品创新属于"突变型"技术进步，需要大量的研发创新投入和高学历科技创新人才作为支撑，而工艺创新则属于"累积型"技术进步，需要一大批会操作、懂维修先进机器设备和生产线的高技能人才作为支撑。换言之，从产品创新到商业化生产之间存在一段"知识距离"，员工的高技能素质则是缩短这段知识距离的有效工具，其在革新工艺生产流程中达成提升劳动生产率的目的。因此，英国科技委员会在 2019 年 8 月提交的《为提高生产力而进行技术扩散》报告中，认为领导和管理能力的不足、技能和知识的广泛差距所引起的技术扩散传播障碍，是英国生产力低迷的主要原因，明确建议英财政部，商业、能源和工业战略部以及教育部联合制定相应政策法规，以鼓励企业雇主支

---

① 张倩红，刘洪洁. 国家创新体系：以色列经验及其对中国的启示[J]. 西亚非洲，2017（3）：28-49.

② James M. Utterback, William J. Abernathy. A Dynamic Model of Product and Process Innovation [J]. Omega, 1975, 3(6): 639-656.

持新技术运用和投资员工技能培训[①]。

鉴于此,本书第四章第三节在公式(4-1)中,引入产业智能化与员工技能培训的交互项,以探讨产业智能化在员工技能培训塑造产业创新能力过程中的调节作用。实证结果表明,员工技能培训与产业智能化在塑造产业创新能力的过程中,能够产生"1+1>2"的协同效应。图4-2也形象揭示了员工技能培训在从低培训水平上升到高培训水平的过程中,无论是智能化高的产业还是智能化低的产业,其创新绩效都处于一个不断上升的状态。进一步,对基本回归结果进行内生性问题处理、产业异质性和技术异质性的分样本检验,都提示该实证结果的可信度较高。简言之,随着产业智能化水平的提升,员工技能培训的创新绩效会更加明显。

2021年,国际机器人联合会(International Federation of Robotics)发布《世界机器人2021工业机器人》报告,数据显示中国的工业机器人密度从2015年的49台每万人,快速增长至2020年的246台每万人,中国的机器人密度在全球排名也因此从五年前的第25位提升至第9位[②]。伴随着工业机器人的数量激增,生产车间的自动化进程得以加快推进,这将深刻改变劳动者与生产机器的相处方式。流水线生产车间的劳动"去技能化"已成为过去式,而如何推动"人机共生"背景下的劳动"再技能化",成为当前劳动力市场亟待解决的关键议题。而职业技能培训凭借"干中学"的独特属性,突破了学历教育的"时空限制",在灵活多变中承担起重塑劳动技能的重任。在不久的将来,随着《"十四五"职业技能培训规划》的深入实施,以企业为主体的职业技能培训将为生产车间变革带来技能的赋能效应。

五、区块链推进培训政策从设计到落地

欧洲工商管理学院与世界知识产权组织在共同发布的《2016年全球产业创新指数》中,明确提出创新是各国摆脱停滞状态所必须采纳的关键途径,世界经济论坛在其最新的《全球竞争力报告》中,也认为产

[①] Correspondence: Diffusion of Technology for Productivity[EB/OL].(2020-02-28)[2020-11-10].https://www.gov.uk/government/publications/diffusion-of-technology-for-productivity.

[②] 张双志.产业智能化背景下员工技能培训的创新绩效研究[J].终身教育研究,2022(2):57-65.

业创新指数的高低决定了一国经济社会发展的程度和层次。作为高技能均衡发展代表的德国，以其悠久的"双元制"教育体系享誉全球，也揭示了企业对员工技能培训的投资是塑造组织吸收能力的主要途径。然而，以离岸外包为代表的经济全球化运动，开始侵蚀发达国家传统行业和企业的竞争力，德国也爆发了大规模企业裁员的浪潮。在德语中作为"天职"存在的职业文化，其核心概念也遭受了侵蚀和撼动①。正在缩短的技能半衰期也导致员工职业生涯长期性与动态性之间的对立越发明显，第二次世界大战后从一片废墟中振兴起来的德国，第一次质疑其一直珍视的"双元制"教育体系②，开始思考如何建立一个更有价值的劳动技能供应链。20 世纪 90 年代，美国迎来了经济和就业双赢的"黄金时代"，也凭借高科技产业的兴起引领其从资本密集型产品出口大国走向劳动密集型产品出口大国。

　　当然，这里的劳动密集型产品是指知识密集型产品，知识已成为经济增长的内生动力。那么，作为知识重要组成部分的产业工人技能，需要以一种战略性眼光对其重新加以审视。企业在根据短期发展需求进行员工技能培训的同时，也要构建一套完整的技能形成体系，以系统性和持续性地适应员工技能素质的快速发展。例如，2008 年国际金融危机的爆发，致使洛施公司的销售额下降了 20%，然而该公司却没有进行大规模裁员，反而是利用生产淡季这个空窗期，对员工实施技能培训计划，为企业在后来重新夺回高档汽车织物面料的冠军宝座，奠定了长期人才储备。鉴于此，第五章在前文研究的基础上，从政策主体、工具与议题维度出发，对员工技能培训政策进行了系统性架构。为了促进员工技能培训政策从理论设计到应用落地的顺畅衔接，需要借助以数字化信任为主要特征的区块链，为其提供可行的技术框架，以实现政策主体的去中心化、政策议题的容错纠错以及政策工具的自动执行。简言之，技能形成体系的灵活变通，有助于保证劳动技能供给始终在以企业为主体的方向上高效运行。

---

① 2017 德勤全球人力资本趋势报告[R]. 德勤有限公司（Deloitte），2017.

② 埃里克·莱曼，戴维·奥德兹. 德国的七个秘密：全球动荡时代德国的经济韧性[M]. 颜超凡译. 北京：中信出版集团，2018：60-61.

第二节　实施路径

第五章从多元平等的政策主体、协商共治的政策议题以及多管齐下的政策工具出发,对产业智能化背景下的员工技能培训政策进行了系统化设计，并论述"区块链+"在破解中心化治理难题的过程中，推进员工技能培训政策从理论设计到应用落地的技术逻辑,以期在工具层面增强技能形成体系的治理效能。然而,员工技能培训政策的设计过程是基于理论分析框架的学理术语进行论述的,可能与推动政策落地的实践诉求存在一定的距离。那么,将员工技能培训政策重新转换为更加清晰明确的实施路径就显得尤为必要。鉴于此,本章第一节归纳了全书研究的五点结论,这也为实施路径的提出提供了论点支撑。接下来,对由研究结论衍生出来的实施路径依次进行说明。

一、发挥技能人才作用，助推智能制造发展

从贝克尔到阿西莫格鲁为代表的一大批经济学家,都认为劳动技能有助于推动一国经济社会的发展,特别是对于长期经济增长来说是不可忽视的因素。从全球来看,技能短缺是制造业发展史上一个绕不开的"怪圈",劳动技能似乎总是滞后于制造业转型升级的步伐。那么,产业工人技能形成体系的构建,成为应对技能短缺问题的关键举措,一大批高素质产业工人的塑造,有助于推动制造业迈向中高端发展阶段。然而,员工技能培训作为产业工人技能形成的内部积累方式,却面临着技能识别滞后和技能投资不足的两大问题。

就技能识别滞后而言,人工智能技术最关键的影响,不是改变了工作岗位的数量,而是对工作任务进行重新设计。随着机器承担起更多的重复性繁重任务,员工就可以抽出更多的时间和精力用于更高层次的项目任务,传统的工作岗位描述也因此显得不合时宜[1]。换言之,工作岗位的日新月异导致企业对技能需求的识别成果,所能发挥的时间和作用显得十分有限,这也直接影响到企业对未来战略投资的洞察力。

---

[1] 孙早,侯玉琳.工业智能化如何重塑劳动力就业结构[J].中国工业经济,2019(5):61-79.

从技能投资不足来说，作为准公共产品的劳动技能，的确存在收益不确定的风险，一旦预期培训收益不能被有效保障，企业就不会愿意投资员工技能培训。阿西莫格鲁从压缩工资结构的视角，纠正和完善了贝克尔非此即彼的二元选择理论，揭示了企业投资员工技能培训的获利来源。然而，在成本—收益机制的影响下，员工技能培训存在投资短视倾向，明显不利于企业的长远战略发展。

"创新是第一动力、人才是第一资源"，已成为发展共识，人力资源供给侧的结构性改革，有助于促进劳动力与技术、资本、管理等资源要素的优势互补，从而打造支撑高质量发展的新引擎。智能制造作为人工智能与制造业融合的产物，已成为全球先进制造业的主要发展方向①。然而，技能识别滞后和技能投资不足的困境，导致企业在应对技能短缺问题上明显准备欠佳。这需要塑造一种新的具有持续性的员工技能培训机制予以保障，既能考虑到工作岗位调整的动态性，亦能涉及员工应对技能半衰期缩短的弹复能力。

德勤、埃森哲、IBM、普华永道、摩根大通、亚马逊等世界500强企业，均在2019年启动了规模庞大的员工技能培训投资计划。其中，最引人注目的是亚马逊承诺投资7亿美元，资助包括亚马逊技术学院、机器学习大学、职业选择计划、亚马逊学徒计划等在内的诸多培训项目，以确保2025年前实现10万名员工的技能升级②。员工参与技能培训，不仅能够提升其工资薪酬获得相应的培训收益，也能从人力资本视角塑造企业面对持续不断的变化所应具备的弹复力。美国制造商达力集团在注模生产车间引入轻型机器人，并基于人机协同工作的理念，重新评估了工作任务和劳动技能的适配度，使得员工在提升工作效率的同时，实现企业销售收入翻两番的经营成果③。同样，日本零售业巨头迅销公司也为其员工配置了基于人工智能技术的设备，实现了2017年度利润同比增长接近39%的惊人成绩④。由此可见，通过整合人工智能技术与人

---

① 黄鑫. 加快制造业数字化网络化智能化[N]. 经济日报，2020-11-02（004）.

② 艾丽卡·沃利尼，杰夫·施瓦兹，布拉德·丹尼，大卫·马隆. 2020 德勤全球人力资本趋势报告[R]. 德勤有限公司（Deloitte），2020.

③ Tingley K. Learn to Appreciate Our Robot Colleagues[EB/OL].（2017-02-23）[2020-10-08]. https://www.nytimes.com/2017/02/23/magazine/learning-to-love-our-robot-co-workers.html.

④ 2017 Fast Retailing Show Results[EB/OL].（2017-12-21）[2020-10-08]. http://www.fastretailing.com/eng/ir/financial/summary.html.

类智慧打造的未来员工队伍,将会为企业创造前所未有的收入增长和创新成果。

二、整合优化资源配置,构建技能形成体系

2017 年 6 月,中共中央、国务院印发《新时期产业工人队伍建设改革方案》,明确提出产业工人是创新驱动发展的骨干力量,也是实施"制造强国"战略的有生力量,并要求"构建产业工人技能形成体系",着力提升产业工人的劳动技能。这是"技能形成体系"概念,第一次出现在中央文件之中,既体现了国家对产业工人技能素质的重视,也彰显了产业工人技能对推动国家发展的作用。技能培训系统和技能认证系统,是构成产业工人技能形成体系的主体要素。而如何应对技能形成体系中,技能培训供给与技能资格赋值存在的"市场失灵"问题,是导致不同国家技能形成路径差异化的根源所在。工具理性导向的技能形成体系,强调发挥治理效能,以英国为代表的低技能均衡发展模式和以德国为代表的高技能均衡发展模式,从产业工人的人力资本角度形塑了不同类型国家的发展绩效。

目前,人工智能在与产业融合发展的进程中,深刻重塑了全球制造业的格局,也使得关注制造与创新的"再工业化"话题引起了学术界的热议。德国的工业 4.0 战略、日本的机器人新战略、美国的先进制造领导力战略等一系列政策的出台,表明创新加持下的制造业再发展,已成为发达国家工业战略安排的优先选项。在人工智能发展背景下,"小单快返"模式将消费互联网和制造业紧密地连接了起来,迫切需要员工具有快速且敏捷的反应能力,以探索一个在消费需求高度碎片化时代的新制造机制。所以,党的十九届五中全会在锚定二〇三五年远景目标的建议中,对职业教育和培训提出了新的更高要求,"技能型社会教育体系"的构建成为国家经济战略举措①。

对于构建技能形成体系来说,技能资源的优化配置显得至关重要。本书第一章第二节主要概念界定部分,指出技能形成体系作为一种制度安排,是社会力量参与建构的结果,涉及技能供给制度、技能评价制度、

---

① 坚定信心 乘势而上 奋力开创教育高质量发展新局面——教育部直属机关传达学习党的十九届五中全会精神大会召开[EB/OL].(2020-11-05)[2020-12-01]. http://www.moe.gov.cn/jyb_xwfb/gzdt_gzdt/moe_1485/202011/t20201105_498442.html.

技能投资制度以及技能使用制度。其中，技能供给制度和技能评价制度是构建技能形成体系的核心环节。就技能供给制度而言，其指涉技能培训的途径问题，可分为内部技能供给方式和外部技能供给方式。内部技能供给方式以员工技能培训为主，外部技能供给方式以职业学校培训和市场化培训为主。从技能评价制度来说，其指涉技能资格的赋值问题，可分为职业资格认证标准和技能等级认证标准。职业资格认证标准以准入类认证和水平类认证为主，技能等级认证标准以从初级工、中级工、高级工到技师、高级技师的五级认证为主。

《新时期产业工人队伍建设改革方案》要求打破条块分割，建立完善政府为主导、企业为主体、职业院校为重点、校企合作为基础、社会各方面包括工会广泛参与的多层次、多结构的职业教育培训格局。具体而言：首先，政府要加大对人力资本的财政投入力度，并且对开展员工技能培训的企业要在财政、金融、税收、土地等方面给予必要的政策支持；其次，高度重视企业在产业工人技能形成体系中的主体作用，推动劳动技能要素向企业聚集，促进产教融合取得深度成果；最后，确立职业技能培训在职业学校办学任务中的主体地位，将教师承担职业技能培训的情况，作为其绩效工资考核的重要依据，推进以职业学校为培训重点承担主体的终身职业技能培训制度的建设。

三、统筹实训基地建设，推动员工技能培训

2017 年 10 月，党的十九大报告正式明确要"完善职业教育和培训体系"，将培训上升为职业教育的主体部分之一。为了推进一大批知识型、技能型、创新型劳动者大军的建设，国务院在 2018 年 5 月颁布的《关于推行终身职业技能培训制度的意见》中，明确提出充分发挥企业主体作用，全面加强企业员工岗位技能提升培训。随后，国务院在《职业技能提升行动方案（2019—2021 年）》中，再次将企业员工技能提升培训列为行动方案的第一要务。至此，以企业为主体构建技能形成体系，已成为我国应对"人口红利"消逝，加快形成和塑造"人才红利"，特别是"工程师红利"的施政重点[①]。然而，劳动技能始终是一个准公共

---

① 张双志. 中国终身职业技能培训政策文本研究——基于政策主体、工具与目标的分析框架[J]. 中国职业技术教育，2020（9）：88-96.

产品，存在"知识外溢""挖人外因""搭便车"等集体行动困境。

贝克尔对此进行了深入探讨，认为技能培训存在市场失灵的主要原因，在于信贷约束对企业投资培训存在成本—收益方面的不确定性影响。所以，为了疏解企业对员工技能培训投资不足的问题，需要充分发挥政府的有形之手，以弥补技能培训所面临的市场失灵问题。党的十九届五中全会，明确要求"推动有效市场和有为政府更好结合"，这一新论述的提出表明有为政府能够提升市场在资源配置中的有效性。因此，国家发展改革委、教育部、人力资源社会保障部、国家开发银行联合印发《关于加强实训基地建设组合投融资支持的实施方案》，就是有效市场和有为政府在技术技能人才培养领域协同治理的生动案例。

实训基地建设作为深化产教融合改革的重要抓手，在有效衔接教育链、人才链和产业链、创新链的过程中，创设了吸引行业企业多主体、多渠道参与实训基地建设的相关议题，为推动教育、人才、科技、产业等要素的相互融合提供了平台支撑。然而，实训基地从场地建设、设备购买、人员配置到维护更新环节，都面临着大量的资金投入缺口，这无论是对于企业还是职业学校来说，无疑都是沉重的财务负担。从企业治理方面来说，员工技能培训是缩短研发创新到绩效产出之间"知识距离"的有效手段。本书第四章实证分析结果的稳健性，有助于让企业坚信开展员工技能培训是有重要商业价值的，从而激发企业投资员工技能培训的内驱动力，使得政府构建起以企业为主体的职业技能提升行动政策更能发挥杠杆效应，推动一大批高素质技术技能人才的培育。

在理想状态下，实训基地的建设要坚持多主体原则，提供多样化的组合建设清单。例如，依托职业学校、应用型本科学校等"以教为主"的实训基地，依托行业企业联合职业学校、高等学校等"以产为主"的实训基地，以及政府主导主建的公益性实训基地[①]。然而，在成本—收益原则的规制下，实训基地建设仍然出现了"校热企冷"的困境，考验着地方政府如何因地制宜、主动出击推动实训基地的高水平建设。典型案例是，深圳市将实训基地的建设纳入社会民生项目清单，在全国率先探索出"政府出补贴、企业出场地、校企共建共享"的建设模式。截至

---

① 国家发展改革委有关负责人就《关于加强实训基地建设组合投融资支持的实施方案》答记者问[EB/OL].（2018-11-07）[2021-01-25]. http://www.scio.gov.cn/xwfbh/gbwxwfbh/xwfbh/fzggw/Document/1641005/1641005.htm.

2019 年，深圳市政府聚焦云计算、大数据、人工智能等新兴行业，累积投入资金 3.5 亿元共建成 219 个实训基地[①]。

四、完善学分银行制度，赋值技能培训成果

互联网引领的信息技术革命，推动人类社会开始迈入创新驱动的高级知识经济时代，知识生产逻辑也从"三重螺旋"（大学—产业—政府），演进为"四重螺旋"（大学—产业—政府—公众）。知识生产模式 III 的"四重螺旋"理念，赋予了知识生产赖以生存的适应性背景，强调公众在知识生产和技术创新中的重要性[②]。公众既是技术创新的用户群体，也是知识生产的重要主体，这也引发了以"学习者为中心"的教育理念与实践转向，即教育系统应服务于学习者的个性化、可持续与终身化学习。大数据、人工智能、区块链等新技术在教育领域的广泛应用，引发了传统教育教学的颠覆性变革，突破了限制学习者个性化学习的时空约束，推动"终身教育"向"终身学习"的教育理念嬗变。

就人工智能时代的劳动力市场而言，无论是"人机交互"还是"人机协作"，都预示着工作场所的知识生产面临着深刻变革。劳动者为了适应智能时代的工作任务变化，需要采取更加灵活和便捷的学习方式，以提升自身的知识、技能与能力。非正规教育和非正式学习，成为学习者能够持续终身学习的有效途径。那么，学历教育之外所获得的学习成果，如何在教育体制内实现记录、认证与转换，成为服务全民终身学习制度建设必须解决的核心问题[③]。兼具学分累积、兑换和转移功能的"学分银行"，无疑是沟通普通教育与职业教育、学校教育与继续教育、正规教育与非正规教育等不同类型学习成果的教育管理制度。

学分银行模拟了商业银行的存储功能和交易流程，将学习者从各类学习经历中所取得的学习成果通过一定的标准转换为"知识货币"（也

---

① 深圳：深港拟共建粤港澳大湾区特色职业教育园区[EB/OL].（2020-10-29）[2021-01-25]. http://www.gd.gov.cn/gdywdt/zwzt/ygadwq/gfxy/content/post_3116767.html.

② Carayannis E. G., Campbell D. F. J. Model 3: Meaning and Implications From a Knowledge Systems Perspective[A]. Carayannis E. G., Campbell D. F. J. Knowledge Creation, Diffusion, and Use in Innovation Networks and Knowledge Clusters: A Comparative Systems Approach Across the United States, Europe and Asia[C]. Westport, Connecticut: Praeger, 2006-12-20.

③ 刘剑青，方兴，马陆亭. 从终身教育（学习）理念到学分银行建设[J]. 中国电化教育，2015（4）：132-135.

称为"学分"），继而实现知识货币之间的记录、认证与转换。学分的出现，有效避免了学习者重复与低效的学习，实现了不同类型与等级学习成果之间的价值转换，有助于学习者在不浪费时间与资源的前提下，获得更高层次的教育资格。学习者可以借助学分银行实现对学分的灵活管理，自由选择学习内容、学习时间、学习地点、学习方式等，便于获得维持自身发展所需要的知识、技能与能力。

那么，学分银行欲实现商业银行所具有的合法性与权威性，就必须建立严谨、科学、规范、可行的学分管理标准和运行体系。学分规则的建立，为各级各类学习成果之间的等值认证、持续累积与自由转换，提供了清晰明确的可操作程序。终身学习理念将正规教育、非正规教育与非正式学习，都视为学习方式的一种组成部分，没有高低贵贱之分，通过这些方式所获得的各级各类学习成果，皆可按照一定标准规则进行等值转换，继而输出学习者所需要的教育资格证书。可见，将学习者的学习成果进行记录、认证与转换，成为构建服务全民终身学习体系的关键性纽带。与之相关的学分银行建设，就成为打造学习型社会的重要抓手和突破点。如何借助区块链，实现学分数据上链后的透明可信、隐私保护和不可篡改，成为推动学分记录、认证与转换的关键技术问题。显然，"区块链+"能够助推学分银行的建设与发展，这也成为当前实务界构建服务终身学习体系的重要议题①。

五、以信息技术为媒介，提升培训政策效能

政策效能是政策主体使用政策工具，以达成其自身属性所规定的政策议题的效果与能力，本质就是政策活动合目的有效性的程度。作为知识主要来源之一的劳动技能，在一国经济社会的长期增长过程中，存在生产效率的边际递增效应，引发一大批经济学家对此进行广泛研究。德国广受赞誉的"双元制"教育体系，有效衔接了技能培训系统与技能认证系统，通过企业、工会、政府等利益攸关方的协商合作，成功化解了劳动力市场存在的"知识外溢""挖人外因""搭便车"等集体行动困境，为产业工人的技能积累提供了制度保障。然而，我国的技能培训却在现

---

① 张双志."区块链+学分银行"：为终身学习赋能[J]. 电化教育研究，2020（7）：62-68；
107.

实发展中，呈现出低水平、小规模与碎片化的粗放型样态，不能有效发挥培育和提升劳动力技能素质的支撑作用。

显然，技能培训的长期缺位，在一定程度上制约了产业工人技能形成体系的健康发展，也相应阻碍了产业的转型升级。高水平、大规模与系统化的技能形成体系构建，既是塑造高技能均衡发展模式的客观需求，也是我国经济社会发展应对"人口红利"消逝和跨越"刘易斯拐点"的重要手段。劳动技能水平的提升，不仅从人力资本的角度满足了产业转型升级与经济迈向高质量发展的诉求，也相应提升了劳动者应对结构性失业风险的抗压能力。鉴于此，2018 年 5 月国务院印发《关于推行终身职业技能培训制度的意见》，明确提出力争在 2020 年后基本满足劳动者的培训需要，努力培养造就一支规模宏大的高技能人才队伍和数以亿计的高素质劳动者。

然而，当前的员工技能培训政策，存在主体中心化、工具结构失衡以及议题话语单向化等难题，不利于终身职业技能培训制度的有序推进，未来需要进一步增强政策文本的可操作性[①]。一般而言，员工技能培训所面临的中心化治理难题，并不能单纯通过制度建设本身获得根本性解决。据此，本书提出"区块链+培训"的政策信息化构想，认为区块链在破解中心化治理难题的同时，有助于员工技能培训政策从理论设计到应用落地，从而增强技能形成体系的治理效能。推动互联网从信息传输到价值传递嬗变的区块链[②]，为员工技能培训的政策设计，建构了可行的数据确权方式和信任传递机制。也就是说，以分布式账本、共识算法、智能合约等为支撑技术的区块链，为员工技能培训政策的设计困境，提供了一种技术层面的治理思路。

就政策主体而言，分布式账本一方面通过非对称加密技术，为政府、企业、员工等节点的数据上链提供了一组公钥和私钥，赋予相关数据独一无二的数字身份证，从而确保了数据的安全可信；另一方面则借助点对点传输，消解了中心服务器与链上节点之间的藩篱，实现了各主体之间的对等式互联互通。从政策议题来说，共识算法通过引入拜占庭容错算法（PBFT），为政府、企业、员工等链上节点之间的数据读写权限提

---

① 张双志. 中国终身职业技能培训政策文本研究——基于政策主体、工具与目标的分析框架[J]. 中国职业技术教育，2020（9）：88-96.

② 诺力. 区块链：信息互联网到价值互联网[N]. 计算机世界，2016-06-20（022）.

供有效达成共识的话语沟通机制,在一定程度上消除了政策话语的符号障碍。就政策工具而言,智能合约的可编程化,有助于政府、企业、员工等利益相关者将事先约定的合约数字化,有效提升了政策工具与政策议题之间的匹配度。简言之,分布式账本赋能政策主体的去中心化,共识算法赋能政策议题的容错纠错,智能合约赋能政策工具的自动执行。

第三节 研究创新、局限与展望

一、可能存在的创新点

创新既彰显了一部学术著作的研究价值,也是评价一部学术著作的重要标准。本书的研究问题是,探讨产业智能化是否会提升企业对员工技能培训的投资力度,继而从人力资本的角度带来创新绩效。显然,该问题的解决为加快推进"制造强国"战略的中国实践提供了相关学理思考。综合来看,暂且认为本书可能存在的创新之处有以下三点。

首先,围绕学校开展的职业教育研究,是当前研究的重点,但面对日益频繁的技术更新,企业开展员工技能培训成为推动技能转型升级的重要举措,但已有文献对此却关注不足。本书将员工技能培训的研究,置于产业智能化这一新的技术和产业发展背景下,从理论分析、提升效应、创新绩效与政策设计方面进行探讨,丰富了当前职业教育的研究。2021 年 4 月,习近平总书记对职业教育作出重要指示,强调"加快构建现代职业教育体系,培养更多高素质技术技能人才、能工巧匠、大国工匠"。《国家职业教育改革实施方案》也明确提出"完善学历教育与培训并重的现代职业教育体系,畅通技术技能人才成长渠道"。那么,作为现代职业教育重要主体的企业,自然也是推动培训高质量发展的利益攸关方。企业投资员工技能培训,不仅有助于为自身塑造持续性的竞争优势,还能有效填补市场需求与人才培养之间存在的技能缺口。

其次,拓展了"技术→组织→制度"的分析框架,在理论和实证方面对产业智能化背景下员工技能培训的提升效应和创新绩效展开了逻辑一致的研究,认为人工智能所带来的产业变革使得企业的组织行为选择是加强员工技能培训,以构建"人机共生"的生产系统,由此塑造技能形成体系，这一组织制度因素会给企业带来明显的创新绩效。实证结果也表明，随着产业智能化水平的提升，企业对员工技能培训的投资力度会逐渐增大，员工技能培训的创新绩效也会更加明显。也就是说，产业智能化与员工技能培训在提升产业创新能力的过程中，产生了"1+1>2"的协同效应。

最后，借助区块链中的分布式账本、共识算法、智能合约等技术理念，从政策主体、议题、工具三个维度，设计如何在产业智能化背景下，推动员工技能培训的政策体系，为破解培训所面临的中心化治理难题提供技术架构。简言之，区块链赋能员工技能培训政策，有助于在技术层面推进政策主体的去中心化、政策议题的容错纠错和政策工具的自动执行。构建以政府为主导、企业为主体、社会伙伴广泛参与的新时代产业工人技能形成体系，既是服务创新驱动发展战略的重要任务，也是牵引全书研究内容展开的价值导向。

二、研究局限

由于对研究方法的熟练程度，本书主要通过实证研究法开展产业智能化背景下的员工技能培训研究，在通过多种研究方法来进一步丰富研究结论方面尚有欠缺。实证研究法作为一种科学的研究范式在精神、规则和方法的有机结合中，对推动教育学走向科学具有深刻意义[①]，《教育部关于加强新时代教育科学研究工作的意见》在创新科研范式和方法方面，也明确提出加强实证研究法的运用，坚持以事实和证据为依据，对重大问题持续跟踪，注重长期性、系统性研究。实证研究法作为一种通过计量模型和样本数据，以可视化呈现社会现象的工具技术，在一定程度上有助于把握住普遍性、客观性的规律，但也要指出的是实证研究所提倡的因果关系逻辑，不一定能够全面解释社会现象。也就是说，在大力推进实证研究的同时，也不能忽略对其他研究范式的运用，毕竟研究方法的选取，是为研究问题的解决而服务的，脱离了问题导向的研究方法，有陷入就方法而方法窠臼的可能性。理论研究法、比较研究法、跨学科研究法各有其擅长的研究领域，具体来说：理论研究法可在学理逻

---

① 袁振国. 实证研究是教育学走向科学的必要途径[J]. 华东师范大学学报（教育科学版），2017（3）：4-17；168. 该文荣获第八届高等学校科学研究优秀成果奖（人文社会科学）的二等奖，对推进教育科研范式的创新产生了重要的学术影响。

辑和理论思辨中，探索教育的本质规律；比较研究法可在积极吸纳国际教育研究前沿和优秀成果中，为我国教育事业发展提供有益的案例借鉴；跨学科研究法可在认知科学、脑科学、生命科学等自然科学与教育科学的交叉融合中，不断拓展教育科研的广度和深度。

三、未来展望

鉴于上述说明，本书未来将采用案例研究法，进一步丰富研究结论。一般来说，理论贡献是判断一部学术著作质量高低的主要标准。理论贡献的评估，可从理论构建和理论检验两个维度切入，其中理论检验更适合于定量研究，而旨在通过文献和案例构建相关理论的案例研究，其评估标准自然就是理论构建维度。这里的理论构建，可从以下三个层面来理解：第一，基于文献驱动来弥补现有研究的缺口或者纠正存在于文献之中的悖论，以期提出新的解释机制来构建理论；第二，基于现象驱动来研究某个特殊的案例，以期在深化现有文献认识的基础上拓展理论的边界；第三，既基于现有文献结论，又紧跟现实发展，通过全新的视角来论述新的洞见，从而构建起新的理论。当然，基于归纳逻辑开展的案例研究，也容易陷入就事论事的窠臼，在一定程度上导致其理论贡献的缺失，但这与研究者的研究能力、写作水平、数据处理等息息相关。可见，在今后的深入研究中，笔者仍需通过精读相关经典范文，切实提升运用案例研究开展学术创作的能力，以期进一步拓展产业智能化背景下员工技能培训的研究结论。

参考文献

中文部分

著作类:

[1]奥利弗·索姆，伊娃·柯娜尔主编．德国制造业创新之谜：传统企业如何以非研发创新塑造持续竞争力[M]．工业 4.0 研究院译．北京：中国工信出版集团，2016.

[2]埃里克·莱曼，戴维·奥德兹．德国的七个秘密：全球动荡时代德国的经济韧性[M]．颜超凡译．北京：中信出版集团，2018.

[3]安东尼·塞尔登，奥拉迪梅吉·阿比多耶．第四次教育革命：人工智能如何改变教育[M]．吕晓志译．北京：机械工业出版社，2019.

[4]B. 盖伊·彼得斯，弗兰斯·K. M. 冯尼斯潘．公共政策工具——对公共管理工具的评价[M]．顾建光译．北京：中国人民大学出版社，2007.

[5]布莱恩·贝克尔，马克·休斯里德，理查德·贝蒂．重新定义人才：如何让人才转化为战略影响力[M]．曾佳，康志军译．杭州：浙江人民出版社，2016.

[6]陈庆云主编．公共政策分析（第二版）[M]．北京：北京大学出版社，2011.

[7]陈强．高级计量经济学及 Stata 应用（第二版）[M]．北京：高等教育出版社，2014.

[8]陈强．Python 语言：从入门到精通[M]．北京：机械工业出版社，2020.

[9]丹尼尔·F. 史普博．企业理论：企业家、企业、市场与组织内生化的微观经济学[M]．贺小刚，李靖等译．上海：格致出版社，2014.

[10]国务院发展研究中心课题组．借鉴德国工业 4.0 推动中国制造

业转型升级[M]．北京：机械工业出版社，2018.

[11]加里·贝克尔．人力资本（第三版）[M]．陈耿宣等译．北京：机械工业出版社，2016.

[12]哈里·布雷弗曼．劳动与垄断资本——二十世纪中劳动的退化[M]．方生，朱基俊等译．北京：商务印书馆，1978.

[13]赫伯特·A.西蒙．管理决策新科学[M]．李柱流等译．北京：中国社会科学出版社，1982.

[14]何俊志，任军锋，朱德米.新制度主义政治学译文精选[M]．天津：天津人民出版社，2007.

[15]胡博，刘荣，丁维岱，段美霞等编著．Stata 统计分析与应用（修订版）[M]．北京：电子工业出版社，2013.

[16]贺国庆，朱文富等著.外国职业教育通史（上卷）[M]．北京：人民教育出版社，2014.

[17]贺国庆，朱文富等著.外国职业教育通史（下卷）[M]．北京：人民教育出版社，2014.

[18]华拉保绍.新加坡职业技术教育五十年：如何构建世界一流技术与职业教育及培训体系[M]．卿中全译．北京：商务印书馆，2018.

[19]杰伊·B.巴尼，德文·N.克拉克．资源基础理论：创建并保持竞争优势[M]．张书军，苏晓华译．上海：格致出版社，2011.

[20]杰克·基廷，艾略特·梅德奇，维罗妮卡·沃尔科夫，简·佩里.变革的影响：九国职业教育与培训体系比较研究[M]．杨蕊竹译.北京：首都经济贸易大学出版社，2018.

[21]杰弗瑞·莱克.丰田模式：精益制造的 14 项管理原则[M]．李芳龄译．北京：机械工业出版社，2016.

[22]贾根良．演化经济学导论[M]．北京：中国人民大学出版社，2015.

[23]卡尔·马克思．资本论（第一卷）[M]．中共中央马克思恩格斯列宁斯大林著作编译局译．北京：人民出版社，2004.

[24]凯文·拉古兰德，詹姆斯·J.休斯.未来的就业：技术性失业与解决之道[M]．艾辉，冯丽丽译．北京：中国工信出版集团，2018.

[25]凯瑟琳·西伦．制度是如何演化的：德国、英国、美国和日本的技能政治经济学[M]．王星译．上海：上海人民出版社，2010.

[26]雷·马歇尔,马克·塔克.教育与国家财富:思考生存[M].顾建新,赵友华译.北京:教育科学出版社,2003.

[27]马丁·费尔德斯坦.20世纪80年代美国经济政策[M].王健等译.北京:经济科学出版社,2000.

[28]迈克尔·波特.国家竞争优势[M].李明轩,邱如美译.北京:华夏出版社,2002.

[29]潘海生.企业参与职业教育的内在机理研究[M].北京:中国社会科学出版社,2018.

[30]丘昌泰.公共政策:当代政策科学理论之研究[M].台北:台湾巨流图书公司,1995.

[31]斯图亚特·S.那格尔.政策研究百科全书[M].林明等译.北京:科学技术文献出版社,1990.

[32]托马斯·达文波特,茱莉娅·柯尔比.人机共生:智能时代人类胜出的5大策略[M].李盼译.杭州:浙江人民出版社,2018.

[33]许竞.职业技能形成:跨学科理论与国际比较[M].北京:社会科学文献出版社,2019.

[34]徐恪,李沁.算法统治世界:智能经济的隐形秩序[M].北京:清华大学出版社,2017.

[35]沃尔特·W.鲍威尔,保罗·J.迪马吉奥主编.组织分析的新制度主义[M].姚伟译.上海:上海人民出版社,2008.

[36]王星.技能形成的社会建构:中国工厂师徒制变迁历程的社会学分析[M].北京:社会科学文献出版社,2014.

[37]乌尔里希·森德勒主编.工业4.0:即将来袭的第四次工业革命[M].邓敏,李现民译.北京:机械工业出版社,2014.

[38]W.理查德·斯科特.制度与组织:思想观念、利益偏好与身份认同[M].姚伟等译.北京:中国人民大学出版社,2020.

[39]约瑟夫·熊彼特.经济发展理论——对于利润、资本、信贷、利息和经济周期的考察[M].何畏,易家详等译.北京:商务印书馆,2022.

[40]约翰·康芒斯.制度经济学[M].北京:商务印书馆,1997.

[41]约瑟夫·斯蒂格利茨.喧嚣的九十年代[M].张明等译.北京:中国金融出版社,2005.

[42]约翰·B.福斯特,J.斯坦利·梅特卡夫主编.演化经济学前沿:竞争、自组织与创新政策[M].贾根良,刘刚译.北京:高等教育出版社,2005.

[43]约瑟夫·E.奥恩.教育的未来:人工智能时代的教育变革[M].李海燕,王秦辉译.北京:机械工业出版社,2018.

[44]中共中央马克思恩格斯列宁斯大林著作编译局.马克思恩格斯选集(第一卷)[M].北京:人民出版社,2012.

[45]张兴.技术进步、就业与养老保障[M].北京:社会科学文献出版社,2017.

[46]詹姆斯·E.安德森.公共决策[M].唐亮译.北京:华夏出版社,1990.

[47]詹姆斯·E.米德.效率、平等和财产所有权[M].沈国华译.北京:机械工程出版社,2015.

期刊类:

[1]艾志红.吸收能力的理论演化与研究述评[J].技术经济与管理研究,2017(1):38-42.

[2]毕青苗,陈希路,徐现祥,李书娟.行政审批改革与企业进入[J].经济研究,2018(2):140-155.

[3]陈明生.人工智能发展、劳动分类与结构性失业研究[J].经济学家,2019(10):66-74.

[4]陈晓,郑玉璐,姚笛.工业智能化、劳动力就业结构与经济增长质量——基于中介效应模型的实证检验[J].华东经济管理,2020(10):56-64.

[5]程博,熊婷.在职培训、儒家文化影响与企业创新[J].广东财经大学学报,2018(1):72-85.

[6]程承坪.人工智能最终会完全替代就业吗?[J].上海师范大学学报(哲学社会科学版),2019(2):88-96.

[7]曹静,周亚林.人工智能对经济的影响研究进展[J].经济学动态,2018(1):103-115.

[8]邓智平.技术话语与工人的自主性:人机对抗的合法性消解——基于珠三角地区"机器换人"的实证研究[J].学术论坛,2019(5):

1-8.

[9]董直庆，蔡啸，王林辉．技能溢价：基于技术进步方向的解释[J]．中国社会科学，2014（10）：22-40；205-206.

[10]封凯栋，李君然．技能的政治经济学：三组关键命题[J]．北大政治学评论，2018（2）：159-200.

[11]裴政，罗守贵．人力资本要素与企业创新绩效——基于上海科技企业的实证研究[J]．研究与发展管理，2020（4）：136-148.

[12]高文静．偏向型技术进步与技能溢价关系研究动态[J]．劳动经济评论，2017（2）：58-74.

[13]高全喜．英国宪制中的妥协原则——以英国宪制史中的"光荣革命"为例[J]．苏州大学学报（哲学社会科学版），2017（4）：55-62；191.

[14]郭凯明．人工智能发展、产业结构转型升级与劳动收入份额变动[J]．管理世界，2019（7）：60-76.

[15]何艳玲，汪广龙．中国转型秩序及其制度逻辑[J]．中国社会科学，2016（6）：47-65；205.

[16]黄乃静，于明哲．机器学习对经济学研究的影响研究进展[J]．经济学动态，2018（7）：115-129.

[17]黄解宇．流程管理发展的两大革命——从福特的流水线到哈默的流程再造[J]．科技管理研究，2005（11）：229-231；235.

[18]韩民春，韩青江，冯钟．工业机器人技术进步对就业的影响分析：一个理论模型框架[J]．广东财经大学学报，2019（6）：4-10.

[19]惠宁，葛鹏飞．产业规模、R&D投入与软件产业发展的关联度[J]．改革，2015（6）：100-109.

[20]贾根良．第三次工业革命与新型工业化道路的新思维——来自演化经济学和经济史的视角[J]．中国人民大学学报，2013（2）：43-52.

[21]贾根良，楚珊珊．制造业对创新的重要性：美国再工业化的新解读[J]．江西社会科学，2019（6）：41-50；254-255.

[22]贾男，张亮亮，甘犁．不确定性下农村家庭食品消费的"习惯形成"检验[J]．经济学（季刊），2012（1）：327-348.

[23]贾开，蒋余浩．人工智能治理的三个基本问题：技术逻辑、风险挑战与公共政策选择[J]．中国行政管理，2017（10）：40-45.

[24]李昕,关会娟,谭莹.技能偏向型技术进步、各级教育投入与行业收入差距[J].南开经济研究,2019(6):86-107.

[25]李彦龙.税收优惠政策与高技术产业创新效率[J].数量经济技术经济研究,2018(1):60-76.

[26]李坤望,邵文波,王永进.信息化密度、信息基础设施与企业出口绩效——基于企业异质性的理论与实证分析[J].管理世界,2015(4):60-73.

[27]李群,蔡芙蓉,栗宪,张宏如.工匠精神与制造业经济增长的实证研究[J].统计与决策,2020(22):104-108.

[28]刘政,姚雨秀,张国胜,匡慧姝.企业数字化、专用知识与组织授权[J].中国工业经济,2020(9):156-174.

[29]雷钦礼,王阳.中国技能溢价、要素替代与效率水平变化的估计与分析[J].统计研究,2017(10):29-41.

[30]雷钦礼,李粤麟.资本技能互补与技术进步的技能偏向决定[J].统计研究,2020(3):48-59.

[31]马振华.技能积累与经济发展的关系模式——兼论我国技能积累的模式选择[J].工业技术经济,2009(8):73-76.

[32]马飒.生产要素国际流动:规律、动因与影响[J].世界经济研究,2014(1):3-9;87.

[33]马双,甘犁.最低工资对企业在职培训的影响分析[J].经济学(季刊),2014(1):1-26.

[34]蔺洁,陈凯华,秦海波,候沁江.中美地方政府创新政策比较研究——以中国江苏省和美国加州为例[J].科学学研究,2015(7):999-1007.

[35]蒲艳萍,顾冉.劳动力工资扭曲如何影响企业创新[J].中国工业经济,2019(7):137-154.

[36]邱子童,吴清军,杨伟国.人工智能背景下劳动者技能需求的转型:从去技能化到再技能化[J].电子政务,2019(6):23-30.

[37]齐绍洲,林屾,王班班.中部六省经济增长方式对区域碳排放的影响——基于Tapio脱钩模型、面板数据的滞后期工具变量法的研究[J].中国人口·资源与环境,2015(5):59-66.

[38]任力,向宇.中国民营企业政商关系、多元化与企业绩效研究

[J]．福建论坛（人文社会科学版），2019（8）：67-77.

[39]孙早，侯玉琳．政府培训补贴、企业培训外部性与技术创新——基于不完全劳动力市场中人力资本投资的视角[J]．经济与管理研究，2019（4）：47-63.

[40]孙早，侯玉琳．工业智能化如何重塑劳动力就业结构[J]．中国工业经济，2019（5）：61-79.

[41]孙志军，薛磊，许阳明，王正．深度学习研究综述[J]．计算机应用研究，2012（8）：2806-2810.

[42]申广军．"资本—技能互补"假说：理论、验证及其应用[J]．经济学（季刊），2016（4）：1653-1682.

[43]邵红伟，靳涛．收入分配的库兹涅茨倒 U 曲线——跨国横截面和面板数据的再实证[J]．中国工业经济，2016（4）：22-38.

[44]苏洋，张俊瑞，赵红，汪方军．其他综合收益的信息含量：基于会计稳健性的中介效应分析[J]．财贸研究，2020（6）：85-97.

[45]汤学良，吴万宗．员工培训、出口与企业生产率——基于中国制造业企业数据的研究[J]．财贸研究，2015（5）：65-74.

[46]王万珺，沈坤荣，周绍东，秦永．在职培训、研发投入与企业创新[J]．经济与管理研究，2015，36（12）：123-130.

[47]王立宏．演化经济学技术-制度二分法的理论演化[J]．山东社会科学，2011（1）：104-108.

[48]王永海，刘慧玲．所得税税率变动与公司风险承受——基于我国 A 股上市公司的经验证据[J]．会计研究，2013（5）：43-50；95.

[49]王星，徐佳虹．中国产业工人技能形成的现实境遇与路径选择[J]．学术研究，2020（8）：59-64；177.

[50]王家庭，李艳旭，马洪福，曹清峰．中国制造业劳动生产率增长动能转换：资本驱动还是技术驱动[J]．中国工业经济，2019（5）：99-117.

[51]王辉．低技能均衡的研究述评[J]．中国人力资源开发，2017（2）：137-144.

[52]王斌，谭清美．要素投入能推动高技术产业创新成果的转化吗？[J]．科学学研究，2015（6）：850-858.

[53]王雁琳．英国技能短缺问题的因素分析[J]．比较教育研究，

2005（8）：50-55.

[54]魏守华，姜宁，吴贵生.本土技术溢出与国际技术溢出效应——来自中国高技术产业创新的检验[J].财经研究，2010（1）：55-66.

[55]许辉."世界工厂"模式的终结？——对"机器换人"的劳工社会学考察[J].社会发展研究，2019（1）：143-162；245.

[56]许怡，叶欣.技术升级劳动降级？——基于三家"机器换人"工厂的社会学考察[J].社会学研究，2020（3）：23-46；242.

[57]肖凤翔，张双志.民营企业员工培训的经济回报研究——基于企业利润的视角[J].中国职业技术教育，2019（3）：53-59.

[58]肖凤翔，张双志.企业员工技能培训的影响因素研究——基于第十一次民营企业调查数据的分析[J].职业技术教育，2019（4）：51-56.

[59]肖凤翔，张双志.高管海外经历、员工技能培训与企业创新——来自中国微观企业数据的经验证据[J].统计与决策，2020（18）：180-184.

[60]叶飞帆，华尔天.精益企业理念与精益生产实现模式研究[J].管理工程学报，1998（2）：3-5.

[61]杨斌，魏亚欣，田凡.技术进步与劳动技能的动态适配——基于生产系统"硬件—软件—人件"互补演化机制的分析[J].南开管理评论，2020（3）：4-13.

[62]杨伟国，邱子童，吴清军.人工智能应用的就业效应研究综述[J].中国人口科学，2018（5）：109-119.

[63]姚建华，徐偲骕.新"卢德运动"会出现吗？——人工智能与工作/后工作世界的未来[J].现代传播（中国传媒大学学报），2020（5）：45-50.

[64]张双志.中国终身职业技能培训政策文本研究——基于政策主体、工具与目标的分析框架[J].中国职业技术教育，2020（9）：88-96.

[65]张双志."区块链+学分银行"：为终身学习赋能[J].电化教育研究，2020（7）：62-68；107.

[66]张龙鹏，张双志.技术赋能：人工智能与产业融合发展的技术创新绩效[J].财经科学，2020（6）：74-88.

[67]张志强.在岗培训提升企业绩效和员工的议价能力吗？——基于中国制造业企业的证据[J].中央财经大学学报，2018（10）：105-113.

[68]张建立.日本年轻人缘何压力山大——从日本终身雇佣制的瓦解说起[J]．人民论坛，2020（5）：126-127.

[69]张涛.国家竞争优势的来源——知识生产、知识资本化和制造基础[J]．探索与争鸣，2019（7）：136-146；160.

[70]张倩红，刘洪洁.国家创新体系：以色列经验及其对中国的启示[J]．西亚非洲，2017（3）：28-49.

电子资源类：

[1]多部门印发国家产教融合建设试点实施方案[EB/OL]．（2019-10-10）[2020-12-15].

http://www.gov.cn/xinwen/2019/10/10/content_5438011.htm.

[2]国务院关于推行终身职业技能培训制度的意见[EB/OL].（2018-05-08）[2020-12-15].

http://www.gov.cn/zhengce/content/2018-05/08/content_5289157.htm.

[3]国务院关于印发国家职业教育改革实施方案的通知[EB/OL].（2019-02-13）[2020-12-15].

http://www.gov.cn/zhengce/content/2019-02/13/content_5365341.htm.

[4]国务院新闻办公室举行职业技能提升行动方案吹风会[EB/OL].（2019-05-10）[2020-12-13].

http://www.scio.gov.cn/32344/32345/39620/40379/index.htm.

[5]国家统计局关于印发《高技术产业（制造业）分类（2017）》的通知[EB/OL].（2018-12-18）[2020-09-29].

http://www.stats.gov.cn/tjsj/tjbz/201812/t20181218_1640081.html.

[6]国家发展改革委有关负责人就《关于加强实训基地建设组合投融资支持的实施方案》答记者问[EB/OL].（2018-11-07）[2021-01-25].

http://www.scio.gov.cn/xwfbh/gbwxwfbh/xwfbh/fzggw/Document/1641005/1641005.htm.

[7]教育部办公厅等十四部门关于印发《职业院校全面开展职业培训 促进就业创业行动计划》的通知[EB/OL].（2019-11-18）[2020-12-15].

http://www. moe.gov.cn/srcsite/A07/zcs_zhgg/201911/t20191118_408707.html.

[8]"机器换人"，我们如何保住"饭碗"[EB/OL].（2019-04-04）[2020-12-13].

http://www.xinhuanet.com/local/2019-04/04/c_1124325044.htm.

[9]人力资源社会保障部　财政部关于实施职业技能提升行动"互联网+职业技能培训计划"的通知[EB/OL].（2020-02-26）[2020-12-18].

http://www.gov.cn/zhengce/zhengceku/2020-02/26/content_5483629.htm.

[10]人力资源社会保障部关于实施职业技能提升行动创业培训"马兰花计划"的通知[EB/OL].（2020-11-16）[2020-12-13].

http://www.mohrss.gov.cn/gkml/zcfg/gfxwj/202011/t20201116_397331.html.

[11]人机合作生产率提高　数字经济让新职业更加鲜活[EB/OL].（2019-05-10）[2020-12-13].

http://www.scio.gov.cn/32344/32345/39620/40379/40386/Document/1654104/1654104.htm.

[12]深圳：深港拟共建粤港澳大湾区特色职业教育园区[EB/OL].（2020-10-29）[2021-01-25].

http://www.gd.gov.cn/gdywdt/zwzt/ygadwq/gfxy/content/post_311667.html.

[13]薛万博.怎么认识"党是领导一切的"写入党章[EB/OL].（2018-01-25）[2020-11-29].

http://cpc.people.com.cn/n1/2018/0125/c123889-29787340.html.

[14]中共中央、国务院《关于构建更加完善的要素市场化配置体制机制的意见》[EB/OL].（2020-04-09）[2020-10-24].

http://www.gov.cn/zhengce/2020-04/09/content_5500622.htm.

[15]中共中央、国务院印发《新时期产业工人队伍建设改革方案》[EB/OL].（2017-06-19）[2020-09-29].

http://www.gov.cn/xinwen/2017-06-19/content_5203750.htm.

报纸类：

[1]崔秋立.增强职业技能培训针对性有效性[N].中国组织人事报，2019-05-31（004）.

[2]桂从路.新服务 数字技术开创未来——生活新亮点折射"十三五"辉煌成就⑤[N].人民日报，2020-10-20（005）.

[3]龚惠文.构建产业工人技能形成体系 造就一支高素质的产业工人队伍——《新时期产业工人队伍建设改革方案》系列解读（三）[N].工人日报，2017-06-23（001）.

[4]黄舍予，吴元庆.从"信息"到"价值"，区块链驱动互联网变革[N].人民邮电，2017-06-26（001）.

[5]黄鑫.加快制造业数字化网络化智能化[N].经济日报，2020-11-02（004）.

[6]刘典.加快数据要素市场运行机制建设[N].经济日报，2020-09-04（012）.

[7]谌力.区块链：信息互联网到价值互联网[N].计算机世界，2016-06-20（022）.

[8]王星.制度优化促本土技能形成[N].中国社会科学报，2017-05-17（005）.

[9]王磊，刘泉红，曾铮.健全基础性制度，培育数据要素市场[N].经济日报，2020-10-28（011）.

[10]王志刚.坚持创新在我国现代化建设全局中的核心地位[N].学习时报，2020-11-06（001）.

[11]周武英.日韩贸易摩擦冲击半导体产业链[N].经济参考报，2019-07-16（003）.

其他类：

[1]2020德勤全球人力资本趋势报告[R].德勤有限公司（Deloitte），2020.

[2]第四次工业革命来临——你准备好了吗？[R].德勤有限公司（Deloitte），2018.

[3]新型生产劳动力：应对转移劳动力需求[R].世界经济论坛，

2018.

[4]悬而未决的 AI 竞赛：全球企业人工智能发展现状[R]. 德勤有限公司（Deloitte），2019.

[5]中国城市和产业创新力报告（2017）[R]. 复旦大学产业发展研究中心，2017.

[6]智企业，新工作：打造人机协作的未来员工队伍[R]. 埃森哲公司（Accenture），2018.

外文部分

著作类：

[1]A. L. Booth, D. J. Snower (Eds.). Acquiring Skills, Market Failures, Their Symptoms and Policy Responses[M]. Cambridge UK: Cambridge University Press, 1996.

[2]Hermann Simon. Hidden Champions of the Twenty-First Century: The Success Strategies of Unknown World[M]. Heidelberg Germany: Springer, 2009.

[3]Joseph S. Stiglitz. The Roaring Nineties: A New History of the World's Most Prosperous Decade[M]. New York: Norton, 2004.

[4]Kirsty Hughes. The Role of Technology, Competition and Skills in European Competitiveness[M]. Cambridge UK: Cambridge University Press, 1993.

[5]Michael L. Derouzos, Richard K. Lester, Robert M. Solow. Made in America: Regaining the Productive Edge[M]. Cambridge MA: MIT Press, 1989.

[6]Matthias Pilz (Eds.). The Future of Vocational Education and Trainning in a Changing World[M]. Heidelberg Germany: Springer, 2012.

[7]Nedelkoska L., Quintini G. Automation, Skills Use and Training[M]. Paris: OECD Publishing, 2018.

[8]Oeij P., Rus D., Pot F. D. Workplace Innovation: Theory, Research

and Practice [M]. Heidelberg Germany: Springer, 2017.

[9]Schwab K. The Fourth Industrial Revolution [M]. New York: Crown Business, 2017.

期刊类：

[1]Acemoglu D. Training and Innovation in an Imperfect Labour Market [J]. The Review of Economic Studies, 1997, 64 (3): 445-464.

[2]Acemoglu D., Pischke, Jorn-Steffen. Beyond Becker: Training in Imperfect Labour Markets [J]. The Economic Journal, 1999, 109 (2): F112-F142.

[3]Acemoglu D. Labour Market and Capital-Augmenting Technical Change [J]. Journal of European Economic Association, 2003, 1 (1): 1-37.

[4]Acemoglu D. Equilibrium Bias of Technology [J]. Econometrica, 2007, 75 (5): 1371-1409.

[5]Acemoglu D. When Does Labor Scarcity Encourage Innovation? [J]. Journal of Political Economy, 2010, 118 (6): 1037-1078.

[6]Acemoglu D., Gancia G., Zilibotti F. Competing Engines of Growth: Innovation and Standardization [J]. Journal of Economic Theory, 2012, 147 (2): 570-601.

[7]Acemoglu D., Restrepo P. The Race Between Man and Machine: Implications of Technology for Growth, Factor Shares, and Employment [J]. American Economic Review, 2018, 108 (6): 1488-1542.

[8]Acemoglu D., Restrepo P. Automation and New Tasks: How Technology Displaces and Reinstates Labor [J]. Journal of Economic Perspectives, 2019, 33 (2): 3-30.

[9]Acemoglu D., Restrepo A. Unpacking Skill Bias: Automation and New Tasks [J]. AEA Papers and Proceedings, 2020, 110 (5): 356-361.

[10]Autor David H., Frank Levy, Richard J. Murnane. The Skill Content of Recent Technological Change: An Empirical Exploration [J]. Quarterly Journal of Economics, 2003, 118 (4): 1279-1333.

[11]Autor David H. Why Are There Still So Many Jobs? The History and Future of Workplace Automation [J]. Journal of Economic Perspec-

tives, 2015, 29 (3): 3-30.

[12]Akhtar P., Moore P. The Psychosocial Impacts of Technological Changein Contemporary Workplaces, and Trade Union Responses[J]. International Journal of Labour Research, 2016, 8 (1/2): 101-131.

[13]Baron R. M., D. A. Kenny. The Moderator-Mediator Variable Distinction in Social Psychological Research: Conceptual, Strategic, and Statistical Considerations[J]. Journal of Personality and Social Psychology, 1986, 51 (6): 1173-1182.

[14]Beaudry, Paul, David A. Green, Benjamin M. Sand. The Great Reversal in the Demand for Skill and Cognitive Tasks[J]. Journal of Labor Economics, 2016, 34 (S1): 199-247.

[15]Brougham D., Haar J. Smart Technology, Artificial Intelligence, Robotics, and Algorithms (STARA): Employees' Perceptions of Our Future Workplace[J]. Journal of Management & Organization, 2018, 24 (2): 239-257.

[16]Bal P. M., Dóci E., et al. Manifesto for the Future of Work and Organizational Psychology[J]. European Journal of Work and Organizational Psychology, 2019, 28 (3): 289-299.

[17]Cohen W. M., Levinthal D. A. Innovation and Learning: The Two Faces of R&D[J]. The Economic Journal, 1989, 99 (397): 569-596.

[18]Carlos Peraita. Testing the Acemoglu-Pischke Model in Spain[J]. Economics Letters, 2001, 72 (1): 107-115.

[19]Chris Duke. Lost Soul or New Dawn? Lifelong Learning Lessons and Prospects From East Asia[J]. Journal of Adult and Continuing Education, 2015, 21 (1): 72-88.

[20]Carl Benedikt Frey, Michael A. Osborne. The Future of Employment: How Susceptible are Jobs to Computerisation?[J]. Technological Forecasting & Social Change, 2017, 114 (1): 254-280.

[21]Cyrus Bina. A Note on Technical Change, Skill Formation, and Economic Instability[J]. International Journal of Political Economy, 2020, 49 (1): 83-91.

[22]David J. Teece, Gary Pisano, Amy Shuen. Dynamic Capabilities

and Strategic Management[J]. Strategic Management Journal, 1997, 18 (7): 509-533.

[23]David J. Teece. Explicating Dynamic Capabilities: The Nature and Microfoundations of (Sustainable) Enterprise Performance[J]. Strategic Management Journal, 2007, 28 (6):1319-1350.

[24]Finegold D., Soskice D. The Failure of Training in Britain: Analysis and Prescription[J]. Oxford Review of Economic Policy, 1988, 4 (3): 21-53.

[25]Foss N. J. Realism and Evolutionary Economics[J]. Journal of Social and Evolutionary Systems, 1994, 17 (1): 21-40.

[26]Faraj S., Pachidi S., Sayegh K. Working and Organizing in the Age of the Learning Algorithm[J]. Information and Organization, 2018, 28 (1): 62-70.

[27]Ferràs-Hernández X. The Future of Management in a World of Electronic brains[J]. Journal of Management Inquiry, 2018, 27 (2): 260-263.

[28]Groves T., Yongmiao Hong, McMillan J., Naughton B. Autonomy and Incentives in Chinese State Enterprises[J]. Quarterly Journal of Economics, 1994, 109 (1): 183-209.

[29]Grossman Gene M., Elhanan Helpman, Ezra Oberfield, Thomas Sampson. Balanced Growth Despite Uzawa[J]. American Economic Review, 2017, 107 (4): 1293-1312.

[30]Goodman B., Flaxman S. European Union Regulations on Algorithmic Decision Making and a "Right to Explanation"[J]. AI Magazine, 2017, 38 (3): 50-57.

[31]Giuliano Bonoli, Patrick Emmenegger. The Limits of Decentralized Cooperation: Promoting Inclusiveness in Collective Skill Formation Systems?[J]. Journal of European Public Policy, 2020, https://doi. org/10.1080/13501763.2020.1716831.

[32]Huang M. H., Rust R. T. Artificial Intelligence in Service[J]. Journal of Service Research, 2018, 21 (2): 155-172.

[33]James M. Utterback, William J. Abernathy. A Dynamic Model of

Product and Process Innovation[J]. Omega, 1975, 3 (6): 639-656.

[34]Jinyoung Kim, Cyn-Young Park. Education, Skill Training, and Lifelong Learning in the Era of Technological Revolution: A Review[J]. Asian-Pacific Economic Literature, 2020, https://doi.org/10.1111/apel.12299.

[35]Karabarbounis Loukas, Brent Neiman. The Global Decline of the Labor Share[J]. Quarterly Journal of Economics, 2014, 129 (1): 61-103.

[36]Kellogg K., Valentine M., Christin A. Algorithms at Work: The New Contested Terrain of Control[J]. Academy of Management Annals, 2020, https://doi. org/ 10.5465/annals.2018.0174.

[37]Larry E. Jones, Rodolfo E. Manuelli. Endogenous Growth Theory: An Introduction [J]. Journal of Economic Dynamics and Control, 1997, 21 (1): 1-22.

[38]Lehdonvirta V. Flexibility in the Gig Economy: Managing Time on Three Online Piecework Platforms[J]. New Technology, Work and Employment, 2018, 33 (1): 13-29.

[39]Markus M. L. Datification, Organizational Strategy, and IS Research: What's the Score?[J]. Journal of Strategic Information Systems, 2017, 26 (3): 233-241.

[40]Noorliza Karia, Muhammad Hasmi Abu Hassan Asaari. The Effects of Total Quality Management Practices on Employees' Work-Related Attitudes[J]. The TQM Magazine, 2006, 18 (1): 30-43.

[41]Nunn N. Relationship-Specificity, Incomplete Contracts, and the Pattern of Trade[J]. Quarterly Journal of Economics, 2007, 122 (2): 569-600.

[42]Neeley T. B., Leonardi P. M. Enacting Knowledge Strategy Through Social Media: Passable Trust and the Paradox of Nonwork Interactions[J]. Strategic Management Journal, 2018, 39 (3): 922-946.

[43]Paul M. Romer. Endogenous Technological Change[J]. Journal of Political Economy, 1990, 98 (5): S71-S102.

[44]Parker S. K., Andrei D. M., Van den Broeck A. Poor Work Design Begets Poor Work Design: Capacity and Willingness Antecedents of Individual Work Design Behavior[J]. Journal of Applied Psychology,

2019, https://doi. org/10.1037/apl0000383.

[45]Redding S. The Low Skill, Low-quality Trap: Strategic Comple-mentarities Between Human Capital and R&D[J]. Economic Journal, 1996, 106 (435): 458-470.

[46]Richard Doner, Ben Ross Schneider. Technical Education in the Middle Income Trap: Building Coalitions for Skill Formation[J]. The Journal of Development Studies, 2020, 56 (4): 680-697.

[47]Spenner K. I. Skill: Meanings, Methods, and Measures[J]. Work and Occupations, 1991, 18 (2): 123-147.

[48]Schildt H. Big Data and Organizational Design: The Brave New World of Algorithmic Management and Computer Augmented Transparency[J]. Innovation, 2017, 19 (1), 23-30.

[49]Sharon K. Parker, Gudela Grote. Automation, Algorithms, and Beyond: Why Work Design Matters More Than Ever in a Digital World[J]. Applied Psychology: An International Review, 2020, https://doi. org/10.1111/apps.12241.

[50]Thoenig Mathias, Thierry Verdier. A Theory of Defensive Skill-Biased Innovation and Globalization[J]. American Economic Review, 2003, 93 (3): 709-728.

[51]Tomczak D. L., Lanzo L. A., Aguinis H. Evidence-Based Recommendations for Employee Performance Monitoring[J]. Business Horizons, 2018, 61 (2): 251-259.

[52]William J. Abernathy, James M. Utterback. A Dynamic Model of Product and Process Innovation[J]. Omega, 1975, 3 (6): 639-656.

[53]Waschull S., Bokhorst J. A. C., Molleman E., Wortmann J. C. Work Design in Future Industrial Production: Transforming Towards Cyber-Physical Systems[J]. Computers & Industrial Engineering, 2020, https://doi. org/10.1016/j. cie.2019.01. 053.

[54]Zeira J. Workers, Machines, and Economic Growth[J]. Quarterly Journal of Economics, 1998, 113 (4): 1091-1117.

[55]Zammuto R. F., Griffith T. L., et al. Information Technology and the Changing Fabric of Organization[J]. Organization Science, 2017, 18

(5): 749-762.

电子资源类：

［1］ArbNERrfG 2002. German Law on Employees' Invention [EB/OL]. (2002-07-15)［2020-12-06］.

https://www.bmbf.de/pubRD/arbeitnehmererfindergesetz.pdf.

［2］Correspondence: Diffusion of Technology for Productivity [EB/OL]. (2020-02-28)［2020-11-10］.

https://www.gov.uk/government/publications/diffusion-of-technology-for-productivity.

［3］HEFCE. Foundation Degrees: Key Statistics 2001-02 to 2018-15. Higher Education Funding Council for England［EB/OL］. (2019-11-30)［2020-12-15］.

https://web archive.nationalarchives.gov.uk/*/http:/www.hefce.ac.uk/.

［4］Tingley K. Learn to Appreciate Our Robot Colleagues［EB/OL］. (2017-02-23)［2020-10-08］.

https://www.nytimes.com/2017/02/23/magazine/learning-to-love-our-rob ot-co-workers.html.

［5］2017 Fast Retailing Show Results ［EB/OL］. (2017-12-21)［2020-10-08］.

http://www. fastretailing. com/eng/ir/financial/summary.html.

其他类：

［1］Acemoglu D., Restrepo P. Robots and Jobs: Evidence from US Labor Markets［R］. NBER Working Paper, 2017.

［2］Acemoglu D., Restrepo P. Artificial Intelligence, Automation and Work［R］. NBER Working Papers, 2018.

［3］Acemoglu D., Restrepo P. Unpacking Skill Bias: Automation and New Tasks［R］. NBER Working Papers, 2020.

［4］Auto D., Salomons A. Robocalypse Now: Dose Productivity Growth Threaten Employment?［R］. Paperpared for the ECB Forumon Central Banking, 2017.

[5]Aghion P., Jones B. F., Jones C. I. Artificial Intelligence and Economic Growth [R]. NBER Working Papers, 2017.

[6]Carayannis E. G., Campbell D. F. J. Model 3: Meaning and Implications from a Knowledge Systems Perspective[A]. Carayannis E. G., Campbell D. F. J. Knowledge Creation, Diffusion, and Use in Innovation Networks and Knowledge Clusters: A Comparative Systems Approach Across the United States, Europe and Asia[C]. Westport, Connecticut: Praeger, 2006-12-20.

[7]Cockburn I. M., Henderson R. M., Stern S. The Impact of Artificial Intelligence on Innovation[R]. NBER Working Papers, 2018.

[8]Dennis J. Snower. The Low-Skill, Bad-Job Trap[R]. CEPR Discussion Papers, 1994.

[9]Harry P. Bowen, Edward E. Leamer, Leo Sveikauskas. Multicountry, Multifactor Tests of the Factor Abundance Theory[R]. NBER Working Paper, 1986.

[10]Kate L. F., Margo R. A. Technical Change and the Relative Demand for Skilled Labor: The United States in Historical Perspective[C]. Human Capital in History: The American Record[M]. Chicago US: University of Chicago Press, 2014:15-27.

[11]Lewandowski P., Keister R., Hardy W., Górka, S. Routine and Ageing? The Intergenerational Divide in the Deroutinisation of Jobs in Europe[R]. IZA Discussion Papers, 2017.

[12]Paul E., Sukanya S., Chin-Ju T. Managing Work in the Low-Skill Equilibrium: A Study of UK Food Manufacturing[R]. SKOPE Research Paper, 2007.

[13]Per Hjertstrand, Pehr-Johan Norbäck, Lars Persson. Skill Formation, Temporary Disadvantage and Elite Education[R]. CESifo Working Paper, 2020.

[14]Rupietta C., Backes-Gellner U. High Quality Workplace Training and Innovation in Highly Developed Countries[R]. University of Zurich, Institute for Strategy and Business Economics (ISU), 2012.

[15]Streeck Wolfgang. Introduction: Explorations into the Origins of

Nonliberal Capitalism in Germany and Japan[A]. W. Streek, K. Yamamura (Eds.). The Origins of Nonliberal Capitalism: Germany and Japan[C]. NewYork US: Cornell University Press, 2001.